心一堂彭措佛緣叢書・索達吉堪布仁波切譯著文集

大圓滿前行廣釋（五）

華智(巴珠)仁波切　原著

索達吉堪布仁波切　漢譯及講解

Śūnyatā

書名：大圓滿前行廣釋(五)
系列：心一堂彭措佛緣叢書・索達吉堪布仁波切譯著文集
原著：華智（巴珠）仁波切
漢譯：索達吉堪布仁波切
責任編輯：陳劍聰

出版：心一堂有限公司
地址/門市：香港九龍尖沙咀東麼地道六十三號好時中心LG六十一室
電話號碼：+852-6715-0840　+852-3466-1112
網址：www.sunyata.cc　publish.sunyata.cc
電郵：sunyatabook@gmail.com
心一堂 彭措佛緣叢書論壇：　http://bbs.sunyata.cc
心一堂 彭措佛緣閣：　　　　http://buddhism.sunyata.cc
網上書店：　　　　　　　　http://book.sunyata.cc

香港及海外發行：香港聯合書刊物流有限公司
地址：香港新界大埔汀麗路三十六號中華商務印刷大廈三樓
電話號碼：+852-2150-2100
傳真號碼：+852-2407-3062
電郵：info@suplogistics.com.hk

台灣發行：秀威資訊科技股份有限公司
地址：台灣台北市內湖區瑞光路七十六巷六十五號一樓
電話號碼：+886-2-2796-3638
傳真號碼：+886-2-2796-1377
網絡書店：www.bodbooks.com.tw
台灣讀者服務中心：國家書店
地址：台灣台北市中山區松江路二〇九號一樓
電話號碼：+886-2-2518-0207
傳真號碼：+886-2-2518-0778
網絡網址：http://www.govbooks.com.tw/

中國大陸發行・零售：心一堂・彭措佛緣閣
深圳地址：中國深圳羅湖立新路六號東門博雅負一層零零八號
電話號碼：+86-755-8222-4934
北京流通處：中國北京東城區雍和宮大街四十號
心一店淘寶網：http://sunyatacc.taobao.com/

版次：二零一五年四月初版，平裝

定價：　港幣　　一百二十八元正
　　　　新台幣　四百九十八元正

國際書號 ISBN 978-988-8316-50-2

目錄

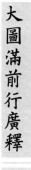

目
錄

第六十四節課

《大圓滿前行》的「因果不虛」中，正在講十不善業。前面介紹了身體、語言的不善業，今天開始講意不善業。

戊三（意惡業）分三：一、貪心；二、害心；三、邪見。

己一、貪心：

在日常生活中，對於特別喜歡的他人財物，心裡打著「這財物為我所有該多好」的如意算盤，並且三番五次地思量：「我用什麼辦法才能將它弄到手呢？」諸如此類凡對別人的財物生起謀求之心，都是屬於貪心。

比如，你自己沒有轎車，看到別人開著豪華轎車，心裡就特別羨慕，很想把它據為己有；或者，見別人房子裝修得特別華麗，自己卻沒有這種條件，就很想把這個房子變成自己的；或者，看別人存了很多錢，千方百計想把這些裝進自己腰包，這些都是貪心。

當然，從廣義上講，貪人、貪法、貪財物，均屬於貪心的範疇，但此處的貪心，主要是從貪財的角度宣說的。這種煩惱，一般人不認為是罪業，反而覺得自己有追求，是種上進的表現。但實際上，人若有了這種貪心，則很容易墮入地獄。誠如《正法念處經》所言：「貪心甚為惡，令人到地獄。」因此，我們以後看到別

大圓滿前行廣釋

1

人的財物，盡量不要生起貪念，而應該替他感到歡喜，麥彭仁波切在《君規教言論》中也說：「無論他人財多少，勿生貪心當歡喜。」否則，貪心太重的人，縱然擁有一點財產，最終也很容易失壞。

記得《毗奈耶經》中有一則公案①：從前有個人，生了一個相貌端嚴的女兒。女兒長大後，父親就過世了，轉生為鵝王。女兒沒有父親之後，生活日益貧窮，感受了很多痛苦。鵝王見此，每天飛到寶洲銜一顆寶珠，早晨放在女兒家門口。女兒發現後，以吝嗇心一直不捨得用，日積月累，就攢了不少寶珠。有一天，她不禁懷疑：「這些寶珠到底是誰給我的？」於是就一早起來，躲在門後觀察，結果發現是鵝王送的。女兒心想：「牠每天都送一顆寶珠，那肚子裡可能還藏著很多，我要想辦法把牠抓住，這樣就會有更多寶珠了。」隨後她馬上布網，準備抓牠。鵝王見女兒不知恩圖報，反而還恩將仇報，於是便展翅飛走了，再也沒有回來。一位天人見後，專門說了個偈頌：「不應作多貪，貪是罪惡事，若作多貪者，所獲皆散失。」

①《根本說一切有部苾芻尼毗奈耶》云：「古昔，於婆羅痆斯城中有一金寶作師，娶妻未久，遂誕一女，容儀端正，顏色超絕，甚可愛樂。女年長大，其父命過，遂生鵝趣，得為鵝王。女受貧苦，甚大艱辛。父為鵝王憶前生事，作心觀女。若為存濟，遂見貧窮，受諸苦惱。戀愛女故，飛往寶洲，銜一寶珠，於晨朝時置女門下。女收寶珠，遂深藏舉。鵝王如是，每且常送。女亦收藏，竟不費用。如是其女，有多寶珠，念曰：誰與我珠？即於後夜側門伺候，遂見鵝來，便作是念：此鵝身中並是寶藏，每來門首棄一而去，作何方便我當捉得總取寶珠？為求鵝故，密張羅網。鵝王見網，作如是念：此罪惡物，不識恩情，而欲害我。便即飛去，更不重來。天說頌曰：不應作多貪，貪是罪惡事，若作多貪者，所獲皆散失，汝今為捉鵝，寶珠便斷絕。」

第六十四節課

所以，在這個世間上，相續中有貪心的人，就算擁有再多錢財，也始終有種貧窮感，不會有真正的快樂。《佛所行讚》中說得非常好：「富而不知足，是亦為貧苦；雖貧而知足，是則第一富。」腰纏萬貫的人倘若不知足，天天貪得無厭，這也是一種貧苦；身無分文的窮人如果有了滿足感，那就是世界上的第一富翁。

學院有些修行人，生活特別簡樸，不管是穿的衣服、吃的食物、用的資具，全都極其簡單，這些給他帶來的是什麼？是自在、快樂。而有些世間人對佛理一無所知，雖然擁有的錢財富可敵國，可心裡還是空空蕩蕩，一直不能滿足。所以，如果不能調整心態，想完全依賴物質來滿足自己、充實自己，確實有非常大的困難。

因此，我們務必要認識到，內心中的快樂、智慧，遠遠超過外在的一切財富。儘管物質可以偶爾帶來快樂，但卻不能從根本上解決痛苦。佛教為什麼又叫「內明學」？就是因為它屬於內在的智慧，不像其他學問只研究外在的東西，只能解決部分問題，而佛教卻可以解除所有煩惱，這樣一來，內心有了證悟的話，世界就會變得格外美好。

己二、害心：

對他人懷恨在心，滿懷憤怒地想：「我要用武器或語言去損害他。」見他擁有榮華富貴便不高興，暗自詛

大圓滿前行廣釋

咒：「這個人不安樂、不幸福、沒有這樣的功德該多好！」當他遭遇不幸、受到挫折時，自己就在一旁幸災樂禍。像這樣凡是對別人生起損惱的心理，都屬於害心之列。

正所謂「心善地道亦賢善，心惡地道亦惡劣」，好人和壞人的區別，是以心好、心壞來分的，而不是因為皮膚好、很有錢、口才棒，就被劃入好人的行列中。假如一個人常懷有嗔恨心，在這種心態的驅使下，所做的事情肯定不如法，甚至還會特別過分、令人髮指。這樣的人，會讓周圍千千萬萬的人受到不同程度的傷害，而且在毀壞他人的同時，也將毀壞自己。甚至，有時候還沒有害得了別人，反而先害了自己。

三國時期，吳王手下有個太監，心術不正又心胸狹窄，是個喜歡記仇的小人。他和掌管庫房的庫吏素有嫌隙，一直懷恨在心，總想伺機報復。有一次，夏天特別熱，吳王讓這個太監去庫房把浸著蜂蜜的蜜汁梅取來。為了陷害庫吏，他從那裡取了蜜汁梅後，悄悄找幾顆老鼠屎放了進去，然後再獻給吳王。

吳王發現後勃然大怒，詢問這個太監時，他故意把罪責推到庫吏身上。吳王又召庫吏來審問，庫吏嚇得臉色慘白，磕頭如搗蒜，拼命辯解不是自己瀆職。

吳王素來非常聰明，觀察事物也深入細緻，為了把這件事弄明白，他命人把鼠屎切開，發現鼠屎外面是濕

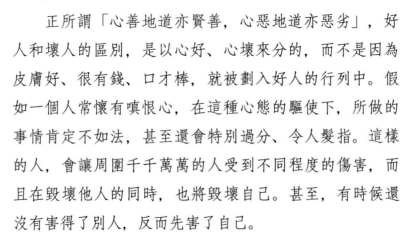

的，裡面卻是乾的，由此推斷是太監在搞鬼。為什麼呢？因為假如鼠屎早就掉在蜜中，浸的時間長了，一定已經濕透了，而它卻是內乾外濕，很明顯是臨時放進去的。最後，這個太監的陰謀被揭穿後，因欺君罔上而掉了腦袋。

所以，害別人就是害自己，尤其是我們修行人，千萬不可心存惡念。現在個別淨土宗的人，由於對聞思佛法特別排斥，平時跟他人有矛盾、互相生嗔心也從不對治，這樣的人想要往生淨土，可能比較困難。六祖在《壇經》中說過：「心地但無不善，西方去此不遙。若懷不善之心，念佛往生難到。」倘若你沒有不善心，內心清淨、善良，往生極樂世界則指日可待；但若對同行道友、身邊的人，帶有毒蛇般的害心，今天跟這個吵架，明天跟那個吵架，那不要說往生，就連今生中大家看到你，也會唯恐避之不及。

有些人雖然名為「居士」，但人格還不如沒有皈依的人；有些人儘管剃著光頭，出家好多年了，然而相續中惡心遍布，連世間善良品行都沒有。尤其是現在末法時代，個別學佛的人表面上拿著念珠、道貌岸然，說起話來也頭頭是道，但實際上心腸特別壞。這種人不但念佛不能往生，而且今生來世都會感受無量的痛苦。麥彭仁波切說：「害心後世常受苦，無緣無故遭他害。」如果你無緣無故遭到誹謗、損惱，那很可能是往昔生害心

大圓滿前行廣釋

的果報。《諸法集要經》亦云:「由心樂損害,人神咸不護。」一個喜歡損害別人的人,護法天神都不會護持,還會招來人與非人的種種危害。所以,世間上特別痛苦、遭受打擊的人,往往也跟其前世或今生的業力有關。

己三(邪見)分二:一、無有因果之見;二、常斷見。

庚一、無有因果之見:

《俱舍論》、《大乘阿毗達磨》中都講過,若認為行持善法沒有功德,造惡業沒有任何過患,前世後世不存在,三寶沒有功德,佛沒來過這個世界,上有天堂、下有地獄是謊言……這就稱為無有因果的邪見,特別可怕。假如你的見解沒有擺正,那學佛肯定只是一種形象,絕不可能深入其中。

庚二、常斷見:

總的來說,邪見可分為62種或360種等。這方面的道理,全知無垢光尊者在《如意寶藏論》中有詳細描述,《宗派寶藏論》也講過一些。雖說邪見有這麼多種,但這只是個大概數字,因為眾生的邪見各不相同,算起來也有無量無邊,不過,若將所有邪見歸納起來,完全可以歸攝於常見和斷見中。

一、常見：

認為神我常有，大自在天、遍入天是造世主，上帝、真主能創造一切……這些看法都叫常見。《釋量論.成量品》中對常有的主物就進行了駁斥，我們學《中觀莊嚴論釋》、《中觀根本慧論》、《入中論》等時，也分析過這種觀點不成立。為什麼呢？因為在勝義中，根本不可能有一法常有不變。

所以，從狹義上講，承認造物主常有的宗教，都可以叫邪道。但從廣義上講，世界各大宗教和睦共處、互相學習、彼此包容，也是應該值得提倡的。不過在這種原則下，佛教抉擇見修行果的不共觀點時，絕不能與之混為一談。就像藏傳佛教的各大教派，總體上雖然全是佛教，但舊派、新派也要建立各自的觀點，也應該有不同的分析。所以，佛教在抉擇自己的見解時，不能跟隨、依止其他宗教，否則，對你們而言，別的倒不一定有害，但對解脫確實有障礙。其他宗教表面上雖有好的地方，但跟佛教比起來，實際上還是差別很大。

前不久，我在北京大學遇到一個知識分子，他是學基督教的。我在講佛教的不共偉大之處時，他直言不諱地說：他認為自己的宗教很好，有什麼不好的地方，讓我一針見血地指出來。當時我就回答：「別的地方也不好說，但我只是指出一點：你們宗教對人類中的異教徒、非人類中的動物都有損害，這跟佛教的慈悲理念大

相徑庭。如果你覺得我講得不對，想以教理進行辯論，那我們可以心平氣和地探討……」他是個有智慧的人，聽了這番話後，相信有些地方也在思考中。當然，我並不是為了凸顯佛教殊勝，就一味地貶低其他宗教。誠如《勝出天神讚》中所言②，誰的宗教最符合真理，我們就應該皈依它、追隨它，這才是智者的選擇。

二、斷見：

斷見，是指認為一切諸法自然而生，前世後世、因果不虛、了脫生死等均不存在的觀念。這種邪見的來源，是往昔非天與天人發生戰爭時，由於天人本性信仰因果，不願意殺生造惡業，所以在接近失敗時，為了激勵天人作戰，天人的師長故意造了一部無有前世後世的邪論，後來被外道的蟻穴師傳播至人間。

他們怎麼說的呢？如《黑自在書》云：「猶如日出水下流，豆圓荊棘長而利，孔雀翎豔諸苦樂，誰亦未造自性生。」他們聲稱一切萬法皆無因而生，有五種比喻足以證明這一點：一、太陽從東方升起，不是誰牽上去的；二、河水向下流淌，不是誰引下去的；三、所有豌豆都是圓形，不是誰搏成的；四、一切荊棘刺又長又尖、非常鋒利，這也不是誰用刀削造的；五、孔雀的羽

---

②《勝出天神讚》云：「我不執佛方，不嗔淡黃等，誰具正理語，認彼為本師。」

毛五彩斑斕、絢麗多彩，這並不是哪個畫家繪製的，而是它的本性就是如此。同樣，世間各種喜怒哀樂、善惡吉凶，也都是由其本性造成的。因此，他們一口咬定往昔業力、前生後世等不存在。

這種道理非常無聊，我們學《中觀莊嚴論釋》時也剖析過。當然，沒有聞思過佛法的人，乍聽起來好像言之有理，但如果真正去觀察，就會發現此比喻根本不成立。因為這些事物都是由各自因緣形成的，因緣具足時才出現，不具足時，包括荊棘刺的鋒利也不會產生，因此這些並不是自性而生。

退一步說，即便外境的這些現象自性而生，也不能說明內心的苦樂也是如此。為什麼呢？因為要想比喻成立，必須是兩個東西有共同特點，可這些比喻並不具足這一點。因此，眾生的苦樂應該是因緣所生，依靠前面所造的善、惡之因，才會產生後面的樂與苦。

當然，若想成立這種觀點，首先必須要確立本師為量士夫，然後在此基礎上，量士夫所說的因果不虛之理才會被人接受。或者也可以通過辯論，將他們的說法駁斥為不定因，以此無法證明前世後世不存在。這方面的教理、公案，我們以前也講過很多，大家在推理時都可以引用。

不然的話，如果認為斷見派的宗旨千真萬確，並且依止而隨行；或者，雖然沒有隨行，但認為佛陀的經教、

上師的言教、智者的論典不真實，滿腹懷疑或妄加誹謗，這些都屬於邪見。我們就算現在沒有，但有些上師講過，有時候因自己福報不夠，以後也很容易產生。尤其是邪見種子沒有徹底燒毀的人，原本內心的智慧就很淺薄，再加上外道或愚者言論的影響，很可能就會捨棄如意寶般的佛教，去隨行對今生來世有極大損害的宗義。所以，在座的各位在抉擇見解時，三思而行極為重要！

以上全部講完了十不善業。在這十種不善業中，要數殺生和邪見最為嚴重，如云：「殺生之上無他罪，十不善中邪見重。」尤其是邪見，《成實論》③中說：「意業勢力，勝身口業。」又云：「於諸罪中，邪見最重。」所以，意業的力量，遠遠勝過身體和語言造業的程度。

那麼，這裡為什麼說殺生和邪見是最嚴重的惡業呢？作者就此作了一個簡單分析。

殺生：一般而言，除了地獄眾生以外，誰都貪生怕死。當然，有些人感情上、生活上出現問題時，生存的痛苦遠遠超過死亡，此時也會選擇自殺。（不過，有些人自殺只是嚇唬別人，自己根本不想死。那天我就看見一個人，她哭

---

③《成實論》：又作《誠實論》。訶梨跋摩著，鳩摩羅什譯，收於《大正藏》第三十二冊。為成實宗之根本經典。「成實」即「成四諦之實」之意。論中說明宇宙各種現象之存在皆為無實體之假相，最後終歸於空，修如是觀可體解四諦之理，以八聖道滅除所有煩惱，最後到達涅槃。在印度，此論未見流傳，梵文原本早已佚失，現存梵本是從漢譯本還譯的。

著鬧著要自殺，我說：「你自殺就自殺吧，那邊有房子，你去吊嘛。」她就把腰帶解下來，掛在房梁上，偷偷地看我們——我們誰也沒有管，就在那邊一直說話。於是她又把腰帶放下來，也不想死了，很「高興」地就回去了。）除此之外，每個有情最珍愛的莫過於生命，一旦受到威脅，必定會全力以赴地保護它。

尤其是我們作為人類，如果對其他眾生的生命不屑一顧、隨意踐踏，那麼的確非常惡劣。意大利文藝復興時期的著名畫家達.芬奇說過：「鄙視生命的人，不配擁有生命。」他還說：「人的確是禽獸之王，其殘暴勝於所有動物。我們靠其他生靈的死而生活，我們都是墳墓。」法國著名思想家、文學家、哲學家伏爾泰也說：「如果牠們會說話，我們還敢殺牠們嗎？」這句話講得很到位，我們在吃動物時，倘若牠們會說話，相信沒有人敢去殺。然而，正是因為牠們不會說話、無力反抗，人們才肆無忌憚地摧毀牠們的寶貴生命。

其實，殺生的罪業極為可怕，殺害一個眾生，需要償還五百次命債。《念住經》還說：「殺害一個眾生，需在地獄住一中劫。」所以，無論在什麼情況下，我們佛教徒都不能殺害眾生。前段時間，我遇到一個學佛的人，說家裡來了很多螞蟻，準備去買殺蟲劑。我聽了之後，覺得這些人根本沒意識到生命的可貴。原來有些人也問過我，說經堂裡柱子是木質的，長了許多白蟻該不

大圓滿前行廣釋

該殺？我當時就回答：「不該殺，換個水泥柱子就可以。眾生的生命更寶貴！」所以，只要能明白生命的可貴，就會想出各種辦法來解決問題。否則，不要說這些眾生侵害了你，就算沒有侵害你，但你為了一時的口腹之欲，也會肆意殺害牠們，這樣一來，一條生命需要用五百世來償還，如此果報特別可怕。

尤其是現在有些人，以塑佛像、印佛經、建佛塔等善舉為藉口而殺生，這種罪業更為嚴重。帕單巴尊者亦云：「依惡建造三寶像，將被後世風吹走。」不久前，我聽說一個特別不好的消息，是不是真的也不知道。說是藏地有位上師為了修佛塔，弄到很多牛羊，並將其賣到肉聯廠來賺錢。藏地還有些人為朝拜拉薩覺沃佛，先是拼命地殺生，再用賺來的錢去那裡懺悔，這種行為真的特別愚癡。

漢地有些人也是如此，看到螞蟻、蟑螂、老鼠時，一邊念佛一邊把牠打死，還美其名曰「是在超度牠」，這種做法極不合理。如果你想利益眾生，在牠耳邊念佛號就可以了，又何必要殺死牠呢？試想：假如別人念一句「阿彌陀佛」，再把你殺掉，那你的感覺怎麼樣？每個人不妨思維一下。

去年，美國總統奧巴馬在白宮演講時，一隻蒼蠅多次落在他臉上，他不堪其擾就把牠拍死了，此舉引起了動物保護主義者的強烈不滿。今年奧巴馬在演講時，又

第六十四節課

飛來一隻蒼蠅，一會兒停在他頭上，一會兒落在臉頰上，甚至還一度停在他嘴唇上「歇腳」。但他吸取了上次的教訓，任由蒼蠅不停地徘徊，也不敢再痛下殺手。

在對待蒼蠅等眾生的態度上，我覺得印光大師做得特別好。以前他居住的寮房有蒼蠅、蚊蟲、跳蚤，侍者想將這些清出去，但印祖阻止道：「這些是我的善知識，留牠們在此地，證明我的德行不夠，不能感化牠們。」後來據說他到70歲之後，所居住的地方，再也沒有這些小含生了。有些法師言，這也是他的功德力所感。因此，在戒殺這一問題上，對比了印祖的行為之後，有些佛教徒還是要繼續改進，否則，某些現象的確不容樂觀。

關於殺生罪業的可怕，《雜寶藏經》中講過一則公案④：從前有一個富翁，他很想吃羊肉，但又怕兒子反對，就打妄語說他家這麼富裕，是因田頭一棵樹的樹神庇佑，故必須要殺羊供神。兒子信以為真，就在樹旁建一座小廟，經常殺羊供養樹神。不久後那富翁死了，因惡業所感，投生為自家的羊。第二年兒子又要殺羊祭

大圓滿前行廣釋

④《雜寶藏經》云：「昔有老公，其家巨富。而此老公，思得肉食，詭作方便，指田頭樹，語諸子言：今我家業，所以諧富，由此樹神恩福故爾，今日汝等，宜可群中取羊以用祭祠。時諸子等，承受教敕，尋即殺羊禱賽此樹，即於樹下，立天祠舍。其父後時，壽盡命終，行業所追，還生己家羊群之中。時值諸子欲祀樹神，便取一羊，適得其父，將欲殺之。羊便咽咽笑而言曰：而此樹者，有何神靈？我於往時，為思肉故，妄使汝祀，皆共汝等，同食此肉。今償殃罪，獨先當之。時有羅漢，遇到乞食，見其亡父受於羊身，即借主人道眼，令自觀察，乃知父。心懷懊惱，即壞樹神，悔過修福，不復殺生。」

神，恰好選中了這一隻。此羊咩咩叫著，死也不肯被牽出去。正在此時，門外來一阿羅漢化緣，見此情景，便加持兒子看到此羊為其父親的轉世。了知這種因果報應後，兒子十分懊惱，趕緊摧毀了神廟，從此斷惡行善，永不殺生。

　　所以，人有時候在邪見的控制下，好像在供養、做善事，但實際上根本不是。過去藏地有種不好的習慣：把上師、僧眾請到家中念經，認為宰殺眾生、用血肉供養，是在行善。如今其他地方也有這種做法，有些施主特別恭敬某位上師，得知他極愛吃海蝦，每次一來，就給他準備很多蝦。而這位上師也吃得狼吞虎嚥，甚至蝦鬚粘在鬍子上都沒發覺。弟子們見後很高興，爭先恐後地讚歎：「啊，上師您真好看，我給您拍個照吧……」其實，這種做法必將使施主、上師都染上殺生的罪過，施主的供養成了不清淨供養，上師本人也成了邪命養活，此舉不但沒有功德，反而罪業遠遠超過了所行的善事。

　　你們漢地歷來推崇吃素，這是個很好的傳統，但個別居士為了讓上師歡喜，每次都要「大開殺戒」，點些活物來供養上師，這種行為很不如法。除非你上師像薩繞哈巴、欽則益西多吉、敦珠法王那樣，是特別了不起的成就者，有起死回生的超度能力，否則，一般人接受這樣的供養，不可能不被殺生的罪業染污。而且措珠仁波切還說，就算你有弘法利生的能力，這樣做外表看起

14

來也不雅觀。其實，如果你常為上師殺生吃葷，一定會對上師的長久住世和弘法事業有障礙。除非上師的確能將所殺眾生超度到極樂世界，像帝洛巴尊者那樣，吃一個就超度一個，這樣的降伏在佛教中也開許。反之，沒有這種能力的人，務必要竭盡全力斷除殺生，不然，就會像《大智度論》所言：「莫奪他命，奪他命世世受諸苦痛。」

邪見：《毗奈耶經》、《四分律》中都說，對我們而言，即使生起一剎那的邪見，也將失毀一切戒律，不能列入佛教徒或出家人的群體中。而且，縱然你原來具足暇滿人身，但從此之後，也不算是閒暇的人身了。一旦自相續已被邪見染污，即便兢兢業業地奉行善法，也不能踏上解脫之道。為什麼呢？因為若想趣入解脫，必須對生死輪迴、善惡因果有最基本的正見，如果你連這些都不承認，那行持善法完全是流於形象，而並非解脫之因。

所以，聖天論師說：「寧毀犯尸羅，不損壞正見。」寧可毀壞戒律，也千萬不能令自己的正見有損。龍猛菩薩亦云：「邪見者行善，其果亦難忍。⑤」邪見者就算行持一些善事，裝模作樣地磕頭、修法，實際上所得的果報也仍是痛苦。此外，《成實論》中還說：「行善者將命終時，生邪見心，則墮地獄。行不善者死時，起正見心，則

⑤《親友書》云：「若持邪見縱行善，亦具難忍之苦果。」

15

生天上。」可見，一念之差有時候特別關鍵。

　　北宋時期的無德禪師，教徒十分嚴格。一次，他座下一位沙彌在走夜路時，不小心踩死了一隻青蛙。禪師得知之後，要求沙彌到後山去跳崖謝罪。沙彌萬分悲痛地來到懸崖邊，往下一看，深不見底，跳下去肯定粉身碎骨。他左右為難、進退維谷，於是號啕大哭起來。正在這時，一位屠夫剛巧經過，見此就問他為什麼哭。他把原委老老實實地交代了，屠夫一聽，說：「你不過無意間踩死一隻青蛙，罪業就這麼重，要跳崖才能消業。那我天天殺豬，滿手血腥，罪過豈不更是無量無邊？唉，你不要跳崖，我來跳吧！」說完，毫不遲疑地縱身跳了下去。由於他的懺悔心極為強烈，眼見就要命喪深谷時，一朵祥雲突然托住了他，救了他一命。也有歷史說他當下成就了，這也算是「放下屠刀，立地成佛」吧。

　　可見，一念懺悔，就能清淨無量罪業；而一念邪見，則會墮入萬劫不復的深淵，而且由於認為諸佛菩薩都是假的，沒有任何功德，那即使你造罪後想懺悔，也沒有懺悔的對境了。所以，在一切惡業中，最可怕的就是邪見。為了避免這一點，大家理應經常祈禱上師三寶，同時要懂得佛教見修行果的真理，這樣一來，自相續中隱藏的邪見種子，就會被智慧火慢慢焚毀，生生世世都會以正見來護持佛法、利益眾生！

第六十五節課

戊四（十不善業之果）分四：一、異熟果；二、等流果；三、增上果；四、士用果。

十不善業中的每一種，都有四種果報，即異熟果、等流果、增上果、士用果。下面具體給大家作個介紹。

其實因果的道理非常重要。現在很多人對此一竅不通，做好多事情都違背因果，以至於今生極其苦惱，來世在無量劫中也會感受痛苦。因此，作為一個學佛的人，在所有竅訣中，首先要對「善有善報、惡有惡報」之理有堅定不移的信心。否則，很多人從小沒灌輸過這種觀念，長大之後對三世因果有嚴重懷疑，甚至產生顛倒之見，更有甚者還肆意詆毀，這是相當可怕的！

要知道，你詆毀因果只不過是自己見解錯誤，但古往今來真正能顛覆因果道理的，無論是科學工作者還是修行人，到目前為止一個也沒有。有些人雖然不相信，但也僅僅是一種懷疑，根本無法舉出顛撲不破的證據來。你們在座的有些人，從小因受環境、教育的影響，對三世因果始終半信半疑，甚至在最關鍵的時候，對因果並不那麼確信，致使所有修行前功盡棄、功虧一簣，這是十分可惜的。作為一個有頭腦的人，理應用最深細的觀察力進行分析，倘若找不出任何漏洞，你應該對此

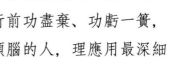

心服口服，明白只是自己智慧淺薄而已。

　　前面已經宣講了十不善業的道理，這對當前社會來講非常重要。今天我們要闡述的是：十不善業造了以後，將會產生怎樣的果？而且這種果勢必會出現，愚癡者、邪見者不信的話，最終只能是親身去感受它的苦報。

　　下面介紹一下這四種果：

　　己一、異熟果：

　　十不善業中不論是殺生、偷盜、邪淫、妄語、綺語等任何一種，假如是以嗔心所導致，就會墮入地獄；如果是在貪心驅使下造成的，將會生為餓鬼；若是在癡心狀態中進行的，則會轉為旁生。因此，貪嗔癡這三種煩惱，能令眾生分別墮入三惡趣，龍猛菩薩在《中觀寶鬘論》中亦云：「由貪轉餓鬼，以嗔引地獄，癡多成旁生，相反得人天。」

　　另外，《本事經》也說過：「具足貪嗔癡，無智見明慧，定不能解脫，生老病死等。」具有貪嗔癡的人，由於沒有智慧現見萬法真相，故無法擺脫生老病死的痛苦。反過來說，此經又云：「遠離貪嗔癡，具智見明慧，決定能解脫，生老病死等。」遠離貪嗔癡的人，由於以智慧現見了萬法真相，故一定能解脫生老病死的痛苦。

　　所以，貪嗔癡煩惱嚴重的話，比如你今天嗔恨心特

別猛烈，發作時間也很長，那如果沒有懺悔清淨，其異熟果必會成熟於三惡趣中。所謂「異熟果」，就是指不同的因最後成熟的一種果報。漢地《宗鏡錄》也專門講了，異因成熟一果，如種子不同的苦因產生一種苦果，種子不同的甜因產生一種甜果，這即是異熟果的體性。

其實眾生墮入三惡趣，除了三毒牽引之外，還有一種說法是：按照煩惱的粗重程度及動機大小，惡業也可分為上中下三品：上品惡業是指貪嗔癡全部具足、極其粗重，並且長期積累，以這樣的滔天罪惡會下墮地獄；造中品惡業的人會投生餓鬼；積累下品惡業的人則轉為旁生。

因此，造了什麼樣的業，就一定會感受它的果報。《大寶積經》中也說：「眾生造善惡，如影恒逐形。」眾生造的善業也好、惡業也罷，會像影子一樣始終跟著自己，果報即便沒有馬上現前，但到了一定時候，相應的苦樂也定會無欺產生。

然而，現在許多具邪見者不懂這個道理，認為造惡業是獲得金錢、快樂的途徑，這種想法很不正確。要知道，造惡業的人所感受的快樂，是他以前行善的果報，就像一個農夫現在沒有種莊稼，甚至將田地全部毀壞了，可是他上一年所積累的糧食，足夠享用一段時間了。表面上看來他雖然豐衣足食、吃穿不愁，可是未來的資糧無法積累，眼前這些享用完了也就沒有了。

所以，業果的成熟，如《親友書》中所說⑥，除了極個別情況以外，一般而言，並非像用刀割身體馬上出血一樣，今天造了業就今天成熟，而是需要一定的時間。這種因果道理，大家務必要弄明白，同時也應通過各方面來學習，否則，不承認因果的話，就會如《涅槃經》所言：「不見後世，無惡不造。」所作所為會相當可怕。

當然，最細微的因果，不要說我們凡夫人，就連阿羅漢也很難通達。記得《大智度論》中有個公案說：一次，佛陀和舍利子在祇園精舍附近經行，忽見老鷹在追逐一隻鴿子，鴿子嚇得驚慌飛逃，於是飛到佛陀身邊躲藏。佛陀經行的身影覆在鴿子身上時，牠頓時變得很安靜，身體也不哆嗦了，內心也不恐懼了。佛陀再向前行走，舍利子的身影移到鴿子身上時，鴿子依然戰慄不已、怖畏如故。

舍利子見此，就問佛陀：「我和您一樣都滅盡了三毒煩惱，為什麼您的身影蓋覆鴿身時，牠便無聲無息、不再恐怖，而我的身影覆上鴿子，牠卻仍然惶恐如初呢？」佛陀回答：「這是因為你三毒已除，但細微的習氣還沒有斷盡。」

佛陀又指著鴿子說：「你看看這鴿子的宿世因緣

---

⑥《親友書》云：「有者所造諸罪業，縱未即時如刀砍，然死降臨頭上時，罪業之果必現前。」

吧，牠失卻人身轉為鴿身已有幾世了？」舍利子即用神通開始觀察，結果發現在八萬大劫中，這鴿子連續不斷地一直轉生為鴿子，看不出最早以前到底是什麼。然後舍利子又觀察牠後世會投生為什麼，發現在未來八萬大劫中，牠仍是連續當鴿子，看不出何時才能解脫。

於是他就詢問佛陀，佛陀以無礙的智慧告訴他：「這鴿子在恆河沙數的大劫中，會一直轉為鴿身。罪業滅盡後才投生為人，經過五百世才能遇到佛法，並逐漸獲得解脫……⑦」

可見，對於特別深細的因果，阿羅漢都難以一一描述其前因後果，我們凡夫就更不用說了。現在世間上有些人，經常喜歡信口開河：「你現今所感受的一切，是前世什麼什麼果報。」這種現象，大家應該要謹慎。阿羅漢對因果都無法徹見的話，凡夫的分別念又能推測到什麼程度，每個人應該心裡有數。

概而言之，十不善業的異熟果，就是指造三毒惡業會墮入三惡趣，這一點大家要清楚。

己二（等流果）分二：一、同行等流果；二、感受等流果。

所謂等流果，是指以異熟果的牽引在地獄、餓鬼、

---

⑦《大智度論》中，佛告舍利弗：「此鴿除諸聲聞辟支佛所知齊限。復於恒河沙等大劫中常作鴿身，罪訖得出，輪轉五道中後得為人，經五百世中乃得利根。是時有佛度無量阿僧祇眾生，然後入無餘涅槃，遺法在世是人作五戒優婆塞，從比丘聞讚佛功德，於是初發心願欲作佛。然後於三阿僧祇劫，行六波羅蜜，十地具足得作佛，度無量眾生已而入無餘涅槃。」

旁生中受苦之後，解脫出來獲得人身時所感受的報應。

當然，不僅僅是人會感受等流果，包括惡趣眾生，也會感受這樣的果報。例如，有些旁生前世喜歡殺生的話，以等流果所感，這一世也喜歡殺生；有些旁生前世愛吃草、不害其他眾生的話，即生中也會有類似的習氣。

其實在藏文中，「等流果」的意思是果相似於因，造了什麼樣的因，便會產生什麼樣的果。《入阿毗達磨論》中也說：「果似因故，說名為『等』。從因生故，復說為『流』。」因此，果和因非常相似，果是從因出生，像甜種子產生甜果、苦種子產生苦果，這樣的因果關係就叫等流果。

但不管是什麼樣的因果關係，大家都要記住一點：你造了因以後，果肯定會現前，這沒有任何懷疑。《百業經》中常會提到：「縱經百千劫，所作業不亡，因緣會遇時，果報還自受。」《福蓋正行所集經》⑧中也有個類似的教證說：「設經無量劫，彼業不能壞，果報成熟時，眾生決定受。」所以，眾生所造的業無論過多久，都絕對不會耗盡，一旦因緣成熟，果報定會親自感受。這些道理，我們若用智慧去好好觀察，其實對因果也很容易生起定解。

---

⑧《福蓋正行所集經》：十二卷。龍樹集，宋代日稱等譯。收於《大正藏》第三十二冊。內容輯錄能成就福德覆身之諸正行法。本經以布施、持戒為中心而修行諸德之見解中，未見龍樹所說中道之空思想、大乘思想。

下面接著講：等流果分為同行等流果、感受等流果兩種。

庚一、同行等流果：

同行等流果，就是指今世與前世所造的業相同，前世你喜歡造什麼業，今世在行為上也是如此。

如《薩婆多毗尼毗婆沙》中講過⑨，牛主尊者前世常投生為牛，故今世長有兩個喉嚨，吃飯時像牛一樣反芻；有個比丘走路經常蹦蹦跳跳，因為他前世是隻猴子；還有個比丘，雖然已得聖者果位，但卻經常喜歡照鏡子，原因是他前世當過妓女。

可見，眾生今生的愛好、習慣，完全是源自過去的習氣。如果往昔以殺業為生，即生就會也喜歡殺生；假如前世以不與取為業，那今生也會喜歡偷盜。所以，有些人在孩提時代一見蟲蠅便殺害，這也是在感受前世荼毒生靈的等流果。

從幼年時起，人們由於受各自業力所感，就會表現出明顯的不同，縱然是一母所生的兄弟姐妹，也是有的喜歡跳舞唱歌，有的喜歡殘殺眾生，有的喜歡偷雞摸狗，有的對此毫無興趣而熱衷於行善積福。每個人的習性之所以如此有差異，皆是前世舊習的慣性所致。

比如，藏地的單比尼瑪仁波切，8歲就能將《入行

⑨《薩婆多毗尼毗婆沙》云：「佛習氣盡，二乘習氣不盡。如牛齝比丘常作牛齝，以世世牛中來故；如一比丘，雖得漏盡而常以鏡自照，以世世從淫女中來故；如一比丘常跳棚躑閣，以世世獼猴中來故。」

大圓滿前行廣釋

論》講得十分精彩。華智仁波切見後，感慨地說：「直品單比尼瑪8歲為人宣講佛法，看來寧瑪巴的教法正值輝煌期，前途無量！」

大家熟悉的歌手鄧麗君，也是從小就酷愛唱歌。當時台灣聽收音機是一般人的主要娛樂，鄧麗君經常跟著學唱歌，再難的歌聽幾遍就會了，不到10歲，就拿下了黃梅調比賽的冠軍。

還有我以前去雲南時，當地人特別佩服跳孔雀舞的楊麗萍。聽說她從記事起就愛跳舞，平時可以跟一朵白雲學，可以觀察一隻小螞蟻看牠們怎麼動，還有蜻蜓點水、孔雀開屏，大自然中的一切，都能激發她的創作靈感。如今她喜歡跳度母舞，我覺得這樣非常好，否則，一輩子都模仿孔雀等動物的話，來世會變成什麼也很難說。

其實演藝圈中有善根的人，經常會遇到一些給眾生種下善根的節目，能結上這樣的緣。而沒有善根福報、業力深重的人，所編出來的歌舞直接或間接會損害很多人，甚至他已離開人世好久了，其作品仍有這種影響力，人們一看到、一聽到，就會不斷生起猛火般的貪心、嗔心、癡心。這可能也跟每個人的因緣和發願有關係。

剛才所講的這些行為，實際上都是源於前世的習氣。有些人從小就喜歡善法，而有些人一幹壞事，眼睛

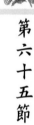

便睜得大大的，讓他讀書、行善就特別苦惱；有些人天生就愛聞思修行，對善法功德一聽就生信，而有些人相續中遍滿邪見，對善法沒有半點意樂……這些不同習性的根源是什麼？就是各自的同行等流果。

我家鄉那邊有個老鄉，不知道是什麼原因，在我小時候就常說出家人的過失，每次一說起這個，他的嘴巴能說會道，一個小小的問題也一直放大，讓很多人聽得津津有味，並且對此信以為真。而一講起出家人的功德、善法的功德，以前他特別反對，現在雖不敢反對了，但一直三緘其口、默然不語。有時我故意在他面前說出家人多麼好，可他聽了以後，一點感覺都沒有。所以，一個人前世怎麼樣，從今生中也看得出來。

大圓滿前行廣釋

佛經亦云：「過去生何處，當視今此身；未來生何處，當視今此身。」你過去是好人還是壞人，看看今生就清楚了：如果你今生對善法有信心、對惡法很厭惡，前世肯定是行持善法的人；反之，假如你今生一提起惡法便興致勃勃，講起善法就興趣索然，則說明你前世的「專業」是搞惡業的。所以，你用不著去找有神通的人打卦，問自己的前世是什麼，只要看看今生的言行舉止，就會明白往昔到底是什麼人了。同樣，你來世會怎麼樣，從今生中也看得出來：倘若你天天行持善法、做功德，來世必定越來越光明、越來越快樂，相反，則會不斷地感受痛苦。

關於感受同行等流果，包括動物也是如此。比如，鷂鷹、豺狼喜愛殺生，老鼠擅長偷盜，這都是源於往昔的同行等流果。因此，不管是什麼眾生，今生的行為跟前世有著密不可分的關係。比如法王如意寶降生時，剛一落地就口誦文殊心咒，這說明他前世與文殊菩薩有不共的因緣。此外，緬甸有個小女孩，只要看見飛機、聽到它的聲音，就嚇得尖聲驚叫，這是因為她前世是個日本軍人，後在緬甸被飛機炸死了。

因此，了知這些道理之後，我們應對因果生起堅定的信心。假如你實在生不起信心，則不妨在有智慧的人面前提出疑惑，並舉出充分的理由進行駁斥。不過我想，你可能只是不明白的地方比較多而已，若想真正駁倒因果的存在，這是絕對不可能的。

總之，因果的這些基本道理，是特別重要的竅訣，你若對這些關鍵問題產生邪見，那麼所得的法再高、再深、再妙，自己也不一定受益。現在很多人特別喜歡求大法，雖然我對此並不反對，但你的基礎如果不穩，連個因果正見都沒有，對善惡有報也懷疑，那就算修持的竅訣再殊勝，也不過是冰上建築，不可能維持很長時間。

所以，我們現在最關鍵的是什麼？就是要打好佛教基礎。否則，如果沒有因果正見，不懂生死輪迴，也不了解宏觀、微觀的佛教世界，佛教的最深教言肯定無法

接受。哪怕你已經得到了這些，但就像獅子乳無法用陶器盛一樣，法器不合格的話，裡面倒的甘露再美味，恐怕對自他也不會有利。因此，在這個問題上，希望各位要詳細觀察！

庚二、感受等流果：

十不善業中的每一種，都有兩種感受等流果。

殺生：前世造殺業的人，今生必然要感受短命、多病的報應。誠如《大薩遮尼乾子所說經》所言：「殺生無善報，短命多諸疾，來世生惡道，具受種種苦。」

殺生不但沒有任何功德，反而招致的痛苦相當多。在這些果報中，首先就是會短命，比如有些嬰兒剛一出生就夭折；有些人雖活了三四十歲，但突然就遇到橫禍，死於非命。而且這種現象在多生累世中經常發生，就像前面講的那隻鴿子，無數世中連續不斷地變成鴿身，不可能從業網中脫離出來。

另一種果報就是多病。有些人從小到老一直遭受多種疾病的折磨，可以說有生之年幾乎沒有不病的時候，吃什麼藥、看多少醫生都無濟於事，這肯定是往世殘殺毆打生靈的業報，如果沒有好好懺悔，以後一定會轉生到三惡趣中。

所以，當我們生病的時候，不要一直冥思苦想非要擺脫這些疾病。當然，你去尋找各種治療方法，也沒什麼不可以的，但如果一直認為這些病跟前世一點關係都

大圓滿前行廣釋

沒有，那恐怕是不合理的。有些病你花多少錢去治，絲毫起色也沒有，但如果去念經，好好地懺悔，效果就特別明顯，這說明什麼？說明這些病應該跟往昔的業力有關。

當然，也有極個別疾病是四大不調或偶爾因緣而引起的，採用藥石之法可以治癒，但除此以外的一些病，就應將精力放在發露懺悔上，下決心痛改前非、棄惡從善。通過這種對治法，罪業得以清淨之後，很多疾病會特別稀有地自然就好了。

不與取：前世偷盜的人，將感得今生受用非常貧乏；即便有一點點財產，也會被強奪或偷走，被迫與敵人共同享用。所以，那些一貧如洗的人，與其勤勤懇懇、兢兢業業地勞作，還不如積累微如火星般的福德。《決罪福經》云：「種福得福，種貧得貧。先世不布施，今世則貧窮。」可見，發財最主要的因就是布施，假如你即生一毛不拔、慳吝成性，要想得到無比的財富，則無疑是癡人說夢。

常言道：「種瓜得瓜，種豆得豆。」佛教的

《兜調經》⑩中也說：「種麥得麥，種稻得稻。作善得善，作惡得惡。」還有《大般涅槃經》云：「種麥得麥，種稻得稻。」這種因果規律，以前學馬克思辯證唯

---

⑩《兜調經》：一卷，失譯者。與《鸚鵡經》及《分別善惡報應經》皆《中阿含鸚鵡經》之別譯。兜調者，婆羅門名也。

物主義時，有些老師以分別念駁斥過，但就算他們講得言之鑿鑿，也找不出合理的依據來。所以，大家一定要清楚，就如甜種子會生甜果、苦種子會生苦果般，我們今生中造惡、行善，定會感召相應的苦樂。而且因與果的相續是同類的，毒藥的種子不可能生出妙藥，妙藥的種子也不可能產生毒藥。當然，對於一些特殊情況，佛教中也是承認的。比如，你本來造的是惡業，但遇到殊勝對境作了懺悔後，此惡業不但不會成熟，反而還會變成功德。就像有些植物遇到其他種子的因緣，性質可能發生改變，這種現象也是有的。

大圖滿前行廣釋

故而，在因果的問題上，作為一個特別穩重的人，不管遇到什麼情況，自己的正見都要牢不可破，而不能隨波逐流，今天信這個上師說，明天信那個道友說，就像牆上蘆葦一樣隨風飄蕩、搖擺不定。

剛才也講了，前世喜歡偷盜的人，必定會感受貧窮的果報。如果往昔沒有造善業，從來沒有布施過，那今生就算費盡九牛二虎之力，拼命地想賺錢，也不會有發財致富的因緣。甚至有時不但賺不到錢，反而會虧得一塌糊塗。

像那些光天化日強搶的土匪、趁人不備暗偷的竊賊，他們每次獲得的贓物多不勝數，如果經常都是如此，整個大地恐怕也難以容納；有些大企業的老闆，一年中能賺好多億，倘若長期這樣賺錢，銀行裡可能都放

不下；還有些享用信財的出家人、活佛、上師，平時得到的財物特別多，假如全部堆積在一起，夠自己享用好幾輩子了。然而事實上，這些人由於前世沒有積累福報，雖像吝嗇鬼一樣守財不放，從來不願意回饋社會，但到頭來要麼落得個餓死的下場，要麼自己根本享用不到。因此，這些貪得無厭的人，其實算是世界上最貧窮的了。如《大寶積經》云：「若人多貪求，積財無厭足，如是狂亂人，名為最貧者。」

現在社會上有些老闆，腰纏萬貫、富可敵國，可是一輩子那麼辛苦、那麼勞累，還不如一個身無分文的乞丐自在。我曾看到一個乞丐，他在垃圾桶裡撿個玉米棒後，把外面的皮一剝，就津津有味地吃了起來。吃完後再去河邊喝點水，躺下來看藍天白雲，傾聽河水輕輕唱歌，這種生活特別逍遙。或許他在睡覺的時候，安住於明空無二的境界中也不好說（眾笑）。所以，假如你一天到晚忙著賺錢，所作所為對社會沒有利益，對自己也沒什麼用處，這樣就完全成了金錢的奴隸。

要知道，財富的多少，跟自己的福報有很大關係。如果你具備往昔布施的果報，那麼不費吹灰之力，就會擁有一生享之不盡的財富。因此，你若想財富源源不斷、滾滾而來，就必須精勤地上供下施，這是發財的唯一辦法。這種果報即使你今生中沒有現前，來世也必定會無欺獲得。

我們南贍部洲是業力之地，前半生造業，後半生大多數都會成熟果報。倘若你遇到殊勝福田，那麼轉眼之間，善果成熟也是有可能的。就像《賢愚經》裡的一個人，家裡非常貧窮，天天靠砍柴去賣來換點糧食。有一天，他見一位獨覺找不到飯，就把自己的食物全部供養了。然後去山裡砍柴時，他遇到一隻山兔，遠遠地把鐮刀抛過去，兔子當下就倒在地上。他正要去拿時，兔子變成一個死人，直接跳到他背上，抱住他的頭。他剛開始很害怕，白天怕人看到，不敢回家，只好等天黑再把死人背回去。一到家，死人自然落地，變成了一具金人。後來此事傳到國王耳裡，國王親自去看時，見到的只是一具死屍，可是在這窮人眼裡，卻是明晃晃的金子。窮人還拿了少許金子獻呈國王，國王一見金子，是自己從來沒有見過的，就問這些怎麼來的，他說是供養獨覺的緣故。國王聽了很歡喜，就拜他為大臣，讓他享有種種尊榮。⑪（這樣的現象，如今的社會上也比較多。有些人本來特別貧窮，但因為今生遇到一些殊勝因緣，或者發了不共的善願力，好像不知不覺就發財了。）

所以，因果觀念對我們來講特別重要。尤其是作為佛教徒，如果你對因果不相信，最好先不要高攀大法，而應該學習《百業經》、《百喻經》中的因果公案，以

---

⑪詳見《賢愚經·波婆離品》中阿㝹吒的公案。此窮人阿㝹吒，即為阿那律尊者之前世。

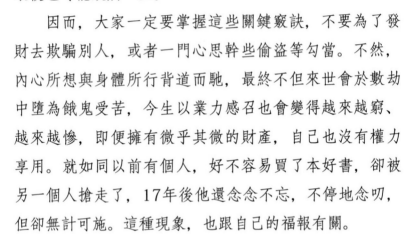

及因明《釋量論》中對此的詳細剖析，看因果在名言中是怎麼存在的？它跟外道的道理有何不同？假如你有了因果正見，在此基礎上，修什麼善法都很方便。就像一個農民有了田地，就可以在上面種各種莊稼。不然，你連最基本的因果概念都沒有，那貪求再多的其他功德，最後也可能毀於一旦。

因而，大家一定要掌握這些關鍵竅訣，不要為了發財去欺騙別人，或者一門心思幹些偷盜等勾當。不然，內心所想與身體所行背道而馳，最終不但來世會於數劫中墮為餓鬼受苦，今生以業力感召也會變得越來越窮、越來越慘，即便擁有微乎其微的財產，自己也沒有權力享用。就如同以前有個人，好不容易買了本好書，卻被另一個人搶走了，17年後他還念念不忘，不停地念叨，但卻無計可施。這種現象，也跟自己的福報有關。

還有些人生性吝嗇，越富裕就越覺得貧困，似乎自己一無所有，甚至財產也成了造惡之因。這些人雖然擁有大量財富，看似財力十足，但這些錢若自己捨不得用，也不願上供下施為今生與來世積累福德，那麼他們比窮人更可憐。為什麼呢？因為窮人雖然沒錢，但卻沒有守護財富、積累財富的壓力，每天活得很輕鬆安閒。可是這些身家不菲的富人，不要說拿錢作功德，連自己吃穿都捨不得，現在就已感受到了餓鬼的等流果——《入中論釋》講過一種守財餓鬼，天天置身於財寶的包

圍中，卻只能看而不能用。或者也像大企業的財務管理員、銀行的點鈔員，整天都在拼命數錢，一筆筆鉅款從手中經過，但自己口袋裡的卻寥寥無幾。

以上所講的這些現象，究其原因，都是不清淨布施的報應。《毗耶娑問經》講過33種不清淨布施，送別人酒、肉、煙都屬於這個範疇，方便時大家可以看一下。倘若你前世作過不清淨布施，今生就可能變成守財奴，每天對金錢看得到也摸得著，但自己卻特別「貧窮」，根本沒有權力使用。

大圓滿前行廣釋

綜上所述，我們作為修行人，即生中知足少欲很重要，在此前提下，對前世的因果也要值得重視。倘若你自己有福報，經常無勤就能得到財富，那去享用也可以。但若實在沒有福報，今生再怎麼努力也不能如願以償，那也沒有必要太傷心，只要生活過得去就可以，不應該要求太高。

如今包括藏地有些人，內心的貪欲特別強，這個也想要、那個也想要，要的東西太多了，福報跟不上的話，就會開始貪污，通過各種手段去騙錢，做出種種不如法的行為，最終給自己帶來許多痛苦。其實一個人快樂與否，關鍵取決於內心。內心調整好了，在短暫的人生中，遇到什麼事情都會想得開；反之，倘若內心欲壑難填，就算你擁有得再多，也不一定幸福。

現在有些人可能是前世的業力吧，想像力特別豐富，動不動就天馬行空地亂想一通，有些根本不現實的東西，也能在腦海裡一直盤算：「聽說三十三天有棵如意樹，可以滿足一切所欲，我要想辦法得到它！」「聽說美國是有錢人的天堂，我一定要想方設法發財，然後去那裡定居。到時我要買架私人飛機，它該怎麼加油呢？我現在要上網查查，這個首先要準備好，不然到那邊可能來不及……」這些人真的特別可笑，不要說這一輩子，就算許多世也不一定能實現的夢想，他卻天天在打如意算盤，有時候看起來非常愚癡。

因此，大家要根據自己的情況，盡量過一種比較簡單的生活，不要奢求太多。愛因斯坦也說：「簡單淳樸的生活，無論在身體上和精神上，對每個人都是有益的。」至於你在生活中會不會發財，則跟前世的福報有關。明白這個道理後，有錢也不必太開心，沒錢也不必太難過，應當隨遇而安，這一點很重要！

第六十五節課

第六十六節課

《大圓滿前行》正在講「十不善業之果」。昨天已講了殺生、不與取的感受等流果，今天接著講邪淫的感受等流果。

邪淫：前世邪淫的人，今生將感得丈夫或妻子相貌醜陋、懈怠懶惰，雙方猶如仇人一樣經常吵架，勢不兩立。佛陀在《華嚴經》中云：「邪淫之罪……若生人中，得二種果報：一者婦不貞潔；二者得不隨意眷屬。」

現在世間上大多數夫妻，還沒有結婚之前，一天不見對方，就如隔三秋、相思入骨，好像失去了如意寶般身心不安。但結了婚以後，過不了多久就像不共戴天的怨敵，整天無休止地吵吵鬧鬧，甚至大打出手，一方只要不在眼前出現，另一方就如釋重負，感覺非常輕鬆舒服。他們認為夫妻不和的原因，往往在於對方性格惡劣，人品不賢善，對自己沒有良心，對家庭不負責任……卻不知這完全是各自前世邪淫的等流果所致。

尤其是現代人，不像古人一樣零散而居，大多數都是住高樓大廈，夫妻間只要半夜三更開始吵架，就會攪得四鄰不安，周圍的人一直聽到哭鬧聲、喊救命、砸東西，想睡也睡不著。之所以發生這種現象，一方面是如今人們缺乏倫理道德、家庭觀念，以至於常以種種原因導致家庭不

和，給雙方帶來極大的痛苦；另一方面，也是他們缺乏佛教的因果觀念，總認為凡事都是對方的錯，把責任統統推到別人身上，卻從來沒有考慮過自己。

我認識漢地一個特別出名的明星，她演的很多電影，大家都非常喜歡。她曾告訴我：「通過學習佛法，尤其是看了《前行》後，我心態有了很大轉變。過去始終覺得工作中、家庭中發生的好多事，都對自己不公平，現在才明白並不一定都是別人的問題，也應從自己身上找原因。現在，我的生活態度有了一種新的改變。」可見，很多人只是沒有學過佛罷了，如果真的學了，佛法會給心靈帶來許多有意義的東西。但如果不懂這一點，想完全依賴外在的物質滿足自己，或者拼命從他人身上尋找快樂，簡直是難如登天。

其實，夫妻之間發生爭執，理當認識到這是自己往昔造惡業的果報，盡可能地忍氣吞聲，不要心生嗔恨、大動肝火。在這個世間上，家庭和合很重要，一個人若能與家人和睦相處，他的心情肯定快樂，所做的事情也會有意義。否則，比如一個學校的校長天天和妻子吵架，那他心情不好的話，跟老師開會、接觸時，除了有特殊境界的人以外，通常都會把氣撒在老師頭上。各個老師的心情受到影響之後，這種情緒也會直接帶到教室裡，傳遞給每一個學生……同樣，其他團體、部門的人也是如此，即便自己不是領導，只是普普通通一個人，但跟家人吵架心情很差

的話，也會直接或間接波及四周的很多人。因此，夫妻之間在相處時，最好能如帕單巴尊者所言：「夫妻無常猶如集市客，切莫惡語爭吵當熱瓦。⑫」

現在許多男女剛在一起時，喜歡發誓要同生共死、不離不棄，可這種誓言往往只是一時熱情，甚至有人今天發誓了，明天就分手了。其實作為在家人，理應珍惜彼此的緣分，不要動不動就吵得面紅耳赤，否則，你們兩個大吵大鬧的話，下面的孩子在哭，上面的老人也在哭，但他們再怎麼哭也沒用，你的嗔心沒有消失之前，別人怎樣勸都無濟於事。

實際上好多夫妻吵架，只是源於一點區區小事，他們不可能為國家大事而吵，也不可能因為「你發了阿羅漢的心、我發了大乘菩提心」，為了各自發心不一致而吵。對很多在家人來講，吵架似乎成了生活不可缺少的一部分。前不久，學院一位法師去我家鄉傳法時，就問當地老百姓：「誰能保證以後跟家人不吵架的，請舉手！」結果只有一人舉手，但旁邊的人都悄悄議論：「他家天天在吵，不可能的……」後來這位法師實在沒辦法，只好又問：「你們以後肯定會跟家人吵架的，請舉手！」此時，大家都齊刷刷地舉起了手。

由此可見，「當熱瓦」的教言真正實行起來，確實

大圓滿前行廣釋

---

⑫當熱瓦，指當熱地區的人。據說帕單巴尊者有一百個「當熱瓦」的教言。此頌的意思是，夫妻聚在一起也是無常短暫的，就像集市場上的兩個人，偶爾接觸一下，很快便各自分開了。

有一定的困難，但即便如此，了知這些道理也很重要。現在有些人學了《入行論》、《前行》後，不信佛的家人常對我表示感謝，說從此之後兩人吵架少了，雖不能做到徹底杜絕，但至少能互相理解、互相包容了。其實這個很重要！作為佛教徒，不一定人人都要離婚出家，故你們在家時，與家人和睦相處相當關鍵，畢竟家庭是社會的組成單位，只有家庭和諧了，社會才會真正安寧。

對一個學佛的人而言，家人或許是你前世不共戴天的仇人，今生也成為修行的惡緣；或許是你生生世世共同發願的道友，今生成為修行的善緣。但不管怎麼樣，你們既然集聚在一起了，就是一種因緣，最好能夠彼此理解，這樣一來，對自己的修行也會有幫助。然而，如今很多夫妻不懂這個道理，經常只盯著眼前矛盾不放，認為都是對方的錯，從來不去觀察自己，以至於家中經常硝煙不斷、戰火紛飛，這是非常遺憾的！

妄語：前世愛說妄語的人，今生將感得常常遭到誹謗，或者上當受騙。《華嚴經》中也說：「妄語之罪……若生人中，得二種果報：一者多被誹謗；二者為人所誑。」

有些人常被別人欺騙，甚至去商店買個東西，也會買到假貨，而且平時總無緣無故蒙受不白之冤、妄遭誹謗，其實這不能怪別人不好，而要明白這是自己前世說

妄語的果報。如《正法念處經》云：「若人妄語說，彼人速輕賤，為善人捨離，天則不攝護。」愛說妄語的人，名聲、地位、財產始終會遭受不順，善良的人都會捨棄他，天人和護法也會不管他、遠離他。

因此，明白這一點之後，我們受到欺騙、誹謗時，對他人不要恨之入骨、以牙還牙，而要盡可能地觀想：「依靠這場風波，可以淨除我前世對他人造謠、誹謗、說妄語的累累惡業，令我的修行得以增上。這樣看來，他對我的恩德實在不薄。」尤其是修行比較好的人，當遭到別人毀謗時，根本不當作一回事，不像有些人，小小的誤會就受不了：「天哪！我從來沒有偷過東西，他竟說我偷東西了，我真想把他狠狠揍一頓，嗚嗚嗚……」

持明無畏洲（智悲光尊者）曾講過：「怨敵反對亦使修行增，無罪遭到誣陷鞭策善，此乃毀滅貪執之上師，當知無法回報彼恩德。」通過對怨恨的敵人修忍辱，自己修行境界能日益增上，甚至還有開悟的可能。同時，你明明沒有過失，別人卻無中生有地誣陷你、冤枉你，依此也能斷除對世間的貪執，覺得輪迴沒什麼可靠的，自然會鞭策自己勤修善法。所以，各種逆境和違緣，是毀壞我們對世間貪執最好的善知識，與根本上師沒什麼差別，其恩德實在無法回報。作為真正修行好的人，在遇到他人詆毀、非議時，會很珍惜這種難得的機會，並能將其轉為道用。

大圓滿前行廣釋

當然，即便毀謗可轉為道用，但我們在與人相處的過程中，也一定要斷除妄語。佛經亦云：「實為第一善，妄語第一惡，捨過取功德，是人人中勝。」不然，你騙了人家一次的話，他就會「一朝被蛇咬，十年怕井繩」，永遠都不相信你所說的話，始終認為你在騙他。因此，語言真實特別重要，《二規教言論》也講了「正直」的許多功德，若能具備這一點，對自己的生活也好、解脫也好，都有非常大的利益。

　　離間語：前世愛說離間語的人，今生將感得眷屬、僕人之間格格不入，或者主人遭到攻擊等。《華嚴經》云：「兩舌之罪……若生人中，得二種果報：一者得弊惡眷屬；二者得不和眷屬。」

　　比如說，有些上師的弟子、官員的隨從、公司的下屬、家裡的傭人等內部之間相互不和，經常吵架、打架，上師或主人再怎樣費盡口舌，也始終沒辦法平息，他們不但不聽從，反而還強詞奪理，進行辯駁。我就看到有些寺院和集體中，當住持或領導特別苦惱，因為下面的人根本不聽，這樣你當了也沒什麼用，就算說一百遍，他們也不會聽，甚至鬧得更厲害。這種集體還不如早點散了好，但卻一直散也散不了，合又合不了，成天吵吵鬧鬧的，特別痛苦。

　　還有些家庭裡的雇傭，主人指派做一件簡單的小

事，但說了兩三次，他們還是充耳不聞。直到主人勃然大怒，聲色俱厲地加以呵責，這些人才慢吞吞地開始行動，極不情願地勉勉強強把事情完成。做完之後也不向主人匯報結果，敷衍了事，性格一貫惡劣。這是什麼原因呢？就是主人前世挑撥離間的業報成熟於身，因為此種惡業所感，自己所生之處，環境非常不好，周圍始終不和合。如《正法念處經》中云：「何人兩舌說，善人所不讚，生處常凡鄙，在於惡處生。」

大圓滿前行廣釋

我們不管是學院、還是外面的學會，由於法王如意寶的加持，從大的方面來看，四眾道友還是比較團結。當然，這裡並不是極樂世界，每個人也不都是一地以上的菩薩，因此一些小的衝突也在所難免。但總體來講，這麼多年來，我們解決不了的大矛盾，從來也沒有碰到過。

所以，在座很多法師和居士，今後在共同學習的過程中，與人和睦相處很重要。作為學習大乘佛法的人，若連跟人溝通的能力都沒有，那麼修安忍恐怕只是句空話了。在這個社會上，寬容和諒解非常需要，假如我們能擺脫自私自利，經常體諒別人、理解別人，即便別人做錯了也能原諒他，那這樣的大乘理念，就會給當今社會帶來一種新氣象。

最近我遇到了一些韓國人，其國內正在籌劃舉辦佛教文化節，以慶祝《高麗大藏經》出版1000周年。他們

很想了解《大藏經》對人類社會到底起到什麼作用，於是便對我進行了採訪。我由衷地告訴他們：「佛陀的《大藏經》，確實是世間上唯一的如意寶。為什麼這麼講呢？你們想一想，漢傳佛教極個別的經典，如《金剛經》、《阿彌陀經》、《心經》、《楞嚴經》，影響了多少人的人生觀和價值觀？寥寥幾部經就有這麼大力量，那麼《大藏經》的所有內容如果有人去研究、去領會、去修持，這個意義將是什麼樣的？大家可想而知。拿如今的藏地來說，不管是西方人、東方人，紛紛都來這裡探求，原因是什麼呢？就是因為它在《大藏經》方面，有著完整的研究和傳授，無數人從中得到了真實的利益。

現在這個社會，各種各樣的書籍琳琅滿目、數不勝數，但即便如此，人類唯一的珍寶，我認為就是佛陀的語言。佛陀在2500多年前所傳授的教義，儘管沒有音頻、也沒有視頻，只有文字完好無損地存留於世，但它的內容只要你懂得一點點，不管是什麼樣的社會、團體、家庭，即會得到真實的快樂。

我們都知道，快樂是每個人都追求的，然而它並非安立於物質上，而是心靈上的一種滿足。若想得到這種快樂，幾部佛經便已足夠，正如《水木格言》中所言⑬，一個極度乾渴的人，並不需要喝光所有的江河，只要喝

---

⑬《水木格言》云：「諸法縱難知全，少知亦得大利，江河雖難全飲，少飲亦能解渴。」

了江河裡的一部分水，就足以解渴。因此，《大藏經》對當前人類來講特別重要！」

總之，剛才也講了，離間語的過失非常大，我們造過這種惡業的話，一方面應該對此生起追悔心，另一方面，以後要盡量化解自他之間的怨恨，哪怕看見兩個人在吵架、關係不和，也應當盡心盡力去勸解。否則，據說現在個別學校的老師，見學生打架就非常興奮，覺得特別好看，不但不去勸架，反而在一旁煽風點火，唯恐天下不亂。這種行為就非常不好，將來的果報也會相當可怕，大家一定要注意！

惡語：前世愛說惡語的人，今生會感得經常聽到不悅耳的話語，自己所說的語言也成了爭論的話柄。《華嚴經》云：「惡口之罪……若生人中，得二種果報：一者常聞惡音；二者所可言說恒有諍訟。」

在所有不善業中，惡語的罪業極為嚴重。藏地有句諺語說：「雖無箭尖利刃語，亦能刺入人心間。」漢地也有種說法是：「良言一句三冬暖，惡語傷人六月寒。」「利刀割體痕易合，惡語傷人恨難消。」尤其是修行比較差的人，聽你講了100天的教言，可能一個偈頌也記不住，但若有一次批評他10分鐘，他會記性特別好，永遠把它記在心裡：「啊！您批評的這句話，把我的心徹底傷透了……」

特別是一些女眾，心很奇怪，不注意的話，就把她們得罪了。甚至有時你根本沒有批評她，她卻覺得：「上師在批評我啊，完蛋了！哇——天也垮下來了，地也裂開了，整個世界一片黑暗。我沒有希望了，只有離開了！」其實，天本來是無為法，不可能垮下來；地震又沒有出現，地也不會無故裂開，但在她的分別念中，認為剛才這句話足以令天崩地裂、日月無光。所以，我對女眾不敢隨便批評，一般都是讚歎、讚歎，因為她們的心很脆弱，稍不留神，就被有些話刺傷了。

不過，口出惡語的過失，確實可怕。尤其是對嚴厲的對境，像上師、聖者、三寶等，哪怕只說一字一句，比如惡口罵人、惡語中傷，或取外號來取笑他的缺陷，也會釀成多生累世不能從惡趣中解脫的苦果。舉個例子來說，《根本說一切有部毗奈耶》中記載⑭：從前，在廣嚴城一次大節日時，五百個漁夫在眾人的幫助下，費盡全力捕到了一條龐大的摩竭魚。這條魚形狀怪異，有人頭、馬頭、象頭、牛頭等⑮，長著十八個頭、三十六隻眼睛。大家見後覺得特別稀有，輾轉相告，引來了眾人的圍觀。

這時，佛陀也帶領諸位比丘來到河邊，以神通加持摩竭魚回憶起前世，講說人語：原來，此魚在人壽兩萬

第六十六節課

---

⑭詳見《根本說一切有部毗奈耶》卷9中劫比羅的公案。
⑮《根本說一切有部毗奈耶》云：「其摩竭魚有一十八頭、三十六眼，或有人頭、或有象頭，或有馬頭、駱駝頭、驢頭、牛頭、獼猴頭、師子頭、虎頭、豹頭、熊頭、羆頭、貓頭、鹿頭、水牛頭、豬頭、狗頭、魚頭。」

歲的迦葉佛時期，名為劫比羅，其父是位外道婆羅門，學識淵博、智慧超群，除佛的聲聞弟子外，再無有出其右者。劫比羅長大後，父親臨終前囑咐他：「我去世後，你去諸大辯論場所都無須疑懼，但唯有迦葉佛的聲聞弟子，因彼宗甚深難測，世論不能折服，俗智難以了知，千萬不要跟他們辯論，否則難以取勝。」

後來，國王有一次舉行大型辯論賽，劫比羅技壓群雄、大獲全勝，保住了國王先前賜封給父親的封邑。母親因顧慮佛的聲聞弟子會辯敗劫比羅，現有的封邑仍可能失去，就要劫比羅不顧其父親的遺囑，去與比丘們辯論。劫比羅前去試探，結果發現無力折服比丘。母親便讓他出家，待學完三藏佛法後，再與比丘們辯論。

劫比羅遵母命出家後，廣學三藏，成了大法師，辯才無礙。這時母親催促他摧伏佛的聲聞弟子，劫比羅說自己只精通教理而未證聖果，而其餘比丘教證俱通，勢必難以摧伏。但母親仍再三堅持，劫比羅無奈只好登上法座，初說正法，後說邪法，結果遭到諸比丘呵責。母親見後心生一計，讓劫比羅再次說邪法，被比丘們呵責時，口出惡言咒罵比丘，比丘們聽到咒罵必定默然不答，這時圍觀的人便會以為比丘辯敗而無法作答。

劫比羅天性孝順，因而再次辯論時，按照母親的要求，在理屈詞窮時，咒罵比丘們為馬口、駱駝口、獅子口等，這時部分比丘果真閉口不言，大家就以為他辯

大圓滿前行廣釋

贏了。（一般來講，脾氣特別不好的人罵人時，智者誰都不會搭腔。）事後母親大喜，讓劫比羅還俗回家。但劫比羅因在僧團中待了很長時間，對佛法已生起信心，故不願回家，並發願在生死輪迴中，再莫遭遇如此惡知識母親。然而，因他惡口詈罵僧眾，命終後墮為摩竭大魚，感受了無量的痛苦。

這個公案，法王如意寶經常都會講，還有法王的上師托嘎如意寶也常提起，並要求所有眷屬和弟子不能給人取綽號。在我們學院，以前法王如意寶講《百業經》時，特別希望聽受的人越多越好，但不少法師認為《百業經》只是故事，沒有什麼不懂的，當時就以各種藉口出去了，上師顯得很不高興。其實惡語的果報相當可怕，如果不懂這一點，沒有這種因果基礎，那密法聽得再多也沒用。所以，大家以後在這方面一定要注意。

還有，過去一位比丘尼，稱呼其他比丘尼為「母狗」，結果自己五百世生為母狗。這個故事出自《百業經》，經中說：釋迦牟尼佛在世時，城中有一條母狗，牠前世是迦葉佛時期的比丘尼，講經說法非常厲害，得到的供養也特別多。後來，她發心將所得的財物供養僧尼二眾，以維持他們的生活。有一次，她遇到急事請僧眾幫忙，但大家誦經很忙，不能捨離善法去幫她。於是這位比丘尼心生嗔恨，口出不遜道：「我平時對你們以財供養，事事關照，可我遇到急事，你們誰都不肯幫

忙，一點良心也沒有，簡直像母狗一樣！」由於她惡口譏罵僧眾，最終五百世中都轉為母狗。諸如此類的實例多之又多。

所以，我講《極樂願文》時也說了，平時不管在居士團體還是出家僧團中，都不要罵別人是什麼動物，或以「瞎子」、「胖子」等名稱取笑他人。我學校裡就有個孩子，眼睛不好，別人常取外號嘲笑他，致使他在人群中特別自卑，好像活在人間沒有意義，人生過得非常可憐。所以，我們看見身體有殘缺的人時，千萬不能說難聽的話去傷害他。

甚至說些讓人不歡喜的話語，也要盡量制止。有些人見病人身體憔悴，臉上皺紋比較多，就大驚小怪道：「啊！你那麼難看，頭髮都白了，皺紋這麼多。哎喲，完了完了，你現在沒有希望了……」本來別人有許多美德，也有一些莊嚴的部分，但他卻視而不見、避而不談，非要把人家的缺陷拿出來放大。這樣的話，如果對方特別執著這些，就會痛苦萬分：「嗚嗚，所有人都覺得我老了！」因此，我們作為大乘修行人，護持別人的心很重要，與此同時，口裡也不要說惡語，如果能這樣，《受十善戒經》中云：「若能不惡口，是名大丈夫，人中端正者，一切皆樂見。」

否則，有些人口齒伶俐、吹毛求疵，大家都不敢接近他，一接近的話，要麼說你的缺點，要麼說你的過

失，讚歎的詞基本上沒有。這種人說過失就口若懸河、滔滔不絕，什麼詞都會用，而一講起功德就噤若寒蟬，這是非常不合理的。因此，我們平時在說話時，要和和氣氣、溫文爾雅，盡量不要說很難聽的語言。

尤為值得一提的是，在日常生活中，因為菩薩顯現上跟凡夫一樣，有病有痛苦，平時也要吃飯走路，猶如混在人群中的便衣警察，裝得特別特別像，根本看不出哪些是菩薩、哪些是凡夫，因此，我們理當對一切有情都觀清淨心，宣說稱讚他人的功德。不然，如果對一位菩薩妄加誹謗、惡語中傷，這比殺害三界所有眾生的罪過還嚴重。喬美仁波切在《極樂願文》中也說：「誹謗菩薩之罪業，較殺三界有情重，發露懺悔無義罪。」

以前曾有一位禪師，他非常善於繪畫，可是每次作畫前，都堅持買者先付款，否則決不動筆，這種作風讓許多人不理解，經常對他頗有微詞。而且他有時為了賺錢，什麼都能畫，有次人們故意羞辱他，問他能否在女人的裙子上畫，他說可以可以，只要多給錢就沒問題。大家都覺得不可思議，不知他為何只要有錢就好，受到任何侮辱也無所謂。

後來人們才發現：原來，這位禪師居住的地方常發生災荒，富人不肯出錢救助窮人，因此他建了一座倉庫，貯存稻穀以供賑濟之需；此外，又因他師父生前發願修建一座寺院，為了達成師父的遺願，禪師付出一切

代價，不懼任何罵名毀謗。當完成這兩大願望後，禪師立即拋棄畫筆，退隱山林，從此不復再畫。他只說了這樣的話：「畫虎畫皮難畫骨，畫人畫面難畫心。」這時人們才知道他很了不起，其所作所為真正是為了佛法、為了眾生。

由此可見，不能單憑外在去評論一個人好壞。有時候特別平凡的人，或許就是文殊、觀音等佛菩薩的化現，單看表面，是根本看不出來的。現在漢地有些人認為，大成就者肯定是胖胖的，所以有些假活佛為了顯得胖一點，就吃各種各樣的東西。其實這種行為很荒謬，經典中並沒有講特別胖的才是菩薩，否則，那老豬最可能是菩薩的化現了。

所以，我們要對一切眾生都觀清淨心，這樣才不會有罪過。然而，這對凡夫來說比較難，在他們眼裡，除了自己以外都是壞人，這個也不好、那個也不好，從而很容易誹謗菩薩。因此，真正想修行解脫的人，這些無意義的罪業都應該避免！

綺語：前世愛說綺語的人，今生將感得自己的話沒有威力、沒有分量，口才拙劣，明明坦率直言，可別人卻不信以為真，在大庭廣眾中講起話來，也感覺自己氣勢薄弱。《華嚴經》云：「無義語罪……若生人中，得二種果報：一者所有言語人不信受；二者有所言說不能

明了。」

　　因此，我們平時要說些有意義的話語，如佛經方面、利益眾生方面的，而沒有意義的語言，沒必要一直講個沒完沒了。《正法念處經》也說：「觀綺語如刀，一切常遠離，常行於正語，是人生善道。」綺語就像鋒利的刀一樣，能夠傷害自他，沒有什麼利益，故要常講與解脫生死有關的話，若能這樣，此人便可轉生於善道。否則，說綺語的果報也很嚴重。

　　貪心：前世貪心重的人，今生會感得凡事不能稱心如意，經常事與願違，遭遇不幸。《華嚴經》云：「貪欲之罪……若生人中，得二種果報：一者多欲；二者無有厭足。」

第六十六節課

　　《正法念處經》中也說：「多欲大惡瘡，若生於心中，其人貪欲故，晝夜不得樂。」什麼意思呢？貪欲就像一個大惡瘡，如果生在你心裡，那無論是貪人還是貪財，白天晚上都不會快樂，晚上睡也睡不著，白天也會過得很痛苦。而且對貪心重的人來說，就算金銀財寶、各種資具如雨般降下，他也不會感到滿足。《中阿含經》云：「天雨妙珍寶，欲者無厭足，欲苦無有樂，慧者應當知。」所以，具有智慧的人理應了知，欲妙只能帶來痛苦，絕不會有快樂可言。故我們不要每天拼命地希求錢財，而應盡量住於知足少欲的生活中。

害心：前世害心重的人，今生將感得經常擔驚受怕、危機四伏。《華嚴經》云：「嗔惱之罪……若生人中，得二種果報：一者常為一切求其長短；二者常為眾人之所惱害。」

佛經中也說：「心是第一怨，此怨最為惡。」可見，怨恨、傷害別人的心，是世間上最惡的。反過來說，《大集經》言：「忍為世間最，忍是安樂道。」安忍是世間上最好的，是最快樂的道。因此，我們要經常修持安忍。

邪見：前世邪見重的人，今生往往陷入惡見之中，常被欺誑攪得心煩意亂。《華嚴經》云：「邪見之罪……若生人中，得二種果報：一者生邪見家；二者其心諂曲。」

尤其是往昔造惡、沒有福報之人，即生很容易就生邪見；反之，有福報、有善根的人則並非如此。在我們學院，福報不錯的人，輕而易舉就能生起正見，只要學了一兩部論典，因果正見、空性正見馬上便可產生。可是福德淺薄的人，就算學了再多經論、依止了再多上師、流了再多眼淚，自己的邪見依然根深蒂固、無法動搖。如《法華經》云：「薄德少福人，眾苦所逼迫，入邪見稠林。」這種人每天被痛苦所逼惱，今天身體不行、明天生活不行，今天被這人欺負、明天跟那人關係

不好，而且看誰都不順眼，覺得上師講得不對、道友講得不對，甚至佛陀也講得不對。以前就有個人跟我說：「如果釋迦牟尼佛還在世，我很想跟他辯論辯論。」──很可笑啊，這就是邪見的感受等流果。

總而言之，但願我們生生世世不要有貪心、害心、邪見，這三大特別可怕的煩惱務必要斷除。縱然不能從種子上根除，也應該了知它的過患，依止正見而聞思修行，盡量做到無貪、無嗔、無邪見！

第六十七節課

　　《大圓滿前行》這部論典，內容非常豐富，學起來也是非常大的工程。對我來講，能圓滿傳授這部論典，是畢生中最重要的一件大事；對你們而言，最好也能聽受圓滿，前面的如果沒有聽全，希望通過光盤、法本來補上，後面部分只要你有信心、有決心，善始善終應該沒有問題。只有這樣，對終生修行才會創造一個很好的緣起。

　　同時，大家在聽受的過程中，心必須要專注，最好是以歡喜心、恭敬心認真諦聽。假如實在沒有這樣的心態，行為也一定要如理如法，否則，你聽了再多法也沒用。佛陀在經中曾言：「不恭敬者勿說法。」可見，聽法完全是自由的，有恭敬心、歡喜心就可以聽，但如果沒有的話，則不應該給他講法。

　　我們學院裡的道友，因為長年聞思的緣故，聽法的習氣、行為比較不錯，但極個別城市裡的人，似乎沒有這種概念，他們在看光盤的過程中，經常隨便上衛生間、打電話、發信息、吃東西……其實，聽法時最多是可以喝點水，除此之外，一切世間行為都應該放下。城市裡的人雖然很忙，有很多瑣事，但一堂課充其量只有一個小時，這麼短的時間你都不能關機，讓心靜下來的話，那學法就成了一種表面形象。所以，大家以後不管

大圓滿前行廣釋

聽什麼課，都要盡量如理如法，不能只是虛有其表——今天來、明天不來，或者前半節課來、後半節課不來，這都是對因果不重視的態度，今後一定要逐漸改正過來。

當然，如今大多數人還是很不錯的。以前我去城市裡給人講課時，一見到下面人的行為，就感到特別悲傷。但這幾年來，通過網絡、光盤的弘法作用，不少人已對聞法的基本威儀有所了知，許多行為也變得如法了，這是很讓人欣慰的。然而還是有極少數人，在聞法時存在一些小問題，他們可能是不了解聞法規律；可能是過去雖然了解，但現在已經忘了；還可能是中間產生一些煩惱所致……不管怎麼樣，大家在聞法過程中，一定要盡可能地如理如法。

下面繼續講「十不善業之果」。前面講完了異熟果、等流果，今天是講增上果。

己三、增上果：

增上果，是指造業後成熟在外境上的報應。

當然，它的意思並不是說，自己所造的業會成熟在外境的地水火風上，而是指業力對外境所產生的作用。就拿監獄來講，它可以說是犯法的這群人以罪業形成的環境，但並不是指他們犯法之後，罪業就成熟於外境的監獄上了，自相續不必承受任何果報。《增一阿含經》

亦云：「由十惡之本，外物衰耗，何況內法？」由此可見，造了十種不善業後，外在的環境是會受到影響的。

其實，我們現在的器世界，也是以眾生共業而形成的。《俱舍論》中講「先前有情如色界……」時說過，在初劫的時候，人類跟色界眾生一樣，身體自然發光，根本不需要飲食，但後來由於貪執地味乃至財物，內心慢慢變得越來越壞，外境也隨之每況愈下、日益惡劣。所以，內心和外境之間是互相起作用的。一個人的內心若產生極大痛苦，那麼在他的眼中，外境也會變得特別醜惡，這是一種自然規律。

此處所講的增上果，主要是側重於外境上的報應，亦即業力與外境產生一種相應關係。那麼十不善業的增上果，分別是什麼樣的呢？

殺生：造殺業的人，會轉生在環境不優美，或是深谷、懸崖、險地等威脅生命的地方。

不與取：造了不與取的惡業，則會生於莊稼常遭霜凍冰雹襲擊、樹木不結果實、飢荒時有發生的地方。

前段時間，因為有些孩子讀書的問題，我需要跟一些農民交往。在此過程中，有個農民告訴我：他們當地不知是什麼原因，每年在莊稼成熟時就來一場冰雹，把莊稼打得七零八落，以至於好多年幾乎都顆粒無收。實際上，這即是他們的共業所感。就像漢地一些有錢人，全都住在豪華的別墅中，周圍的風景非常優美，各方面

的條件也極其優越；而有些鄉村的農民，始終住在又破又小的土房裡，環境特別骯髒，條件也特別差，這是什麼原因呢？就是這群人各自的共業現前。所以，每當我到了一個好的環境時，自然而然會想到：「這些人以前肯定造過十善業，如是快樂值得隨喜！」而看到一些不好的環境時，不由自主會覺得：「這是當地人所造的惡業成熟的果報。」這一點，應當這樣來理解。

邪淫：邪淫的人所居之處，是臭氣熏天的糞坑、污穢不堪的淤泥等令人噁心的地方。

現在一些繁華城市的附近，常有許多民工住在特別不衛生的環境中，這即是他們昔日邪淫的果報現前。甚至在同一個地方，有些人居住的環境十分舒服，而有些人卻偏偏住在廁所旁邊，房子裡也非常不潔淨，這肯定都跟前世業力有一定關係。

妄語：口說妄語的話，會轉生到財富動搖不定的環境中。就像有些人，今天在這裡打工，明天在那裡打工，整個生活很不穩定，沒有絲毫保障性。而且他自己也沒有安全感，心裡經常慌慌張張，總遇到令人心驚肉跳的違緣。

離間語：造了離間語的惡業，會轉生於懸崖陡壁、深淵狹谷等難以行走的地方。

有時我去藏地某些地方，看見下面是河水，上面是懸崖，中間只有一條路，行車和走路都很困難。居住在

那裡的人，往上只看得到天空，往下只看得到河水，除此之外什麼都沒有，平時提水好像也很危險，但他們自己卻不覺得，認為一輩子活在這裡還可以。

惡語：口出惡語的人，會轉生在亂石堆積、荊棘叢生等使人心神不寧的地方。

拉薩那一帶，有些地方就是這樣。雖說布達拉宮、桑耶等聖地非常令人嚮往，但在阿里、薩迦附近，好多山都光禿禿的，寸草不生，不像其他地方森林茂密，綠化得特別好。所以到了那裡以後，經常會想起這些業果。

綺語：以綺語惡業所感，將來轉生的地方，儘管辛勤務農，辛辛苦苦幹了很久，可是到頭來卻顆粒不收，季節反覆無常且動盪不安。

那天我還碰到一個農民，問他當地的收成怎麼樣。他說：「我們很辛苦，一年中付出得特別特別多，但秋天莊稼收完之後，一家人只能維持基本生活，糧食剛剛夠吃而已，想賣一點都沒辦法……」

在座的居士、出家人，可能沒當過牧民和農民，對此不一定有感覺。但你如果真對他們的生活、季節、居住之地、每天幹的活去詳細了解，就會深深體會到：眾生業力的確不同。儘管每個人的智慧、能力也有差別，但他們所轉生的地方還是有很大影響，而這一切，則是源於自己前世的業力。

大圓滿前行廣釋

所以，大家千萬不能特別放逸，一定要對善法有信心。作為有頭腦的人，不會對自己一點都不關心。如果你真的關心自己，就不能隨隨便便造惡業，否則，以後生生世世轉生於不如意的地方，到時候想後悔也來不及了。

貪心：以貪心感得，將來的生處莊稼荒蕪、地時惡劣的痛苦層出不窮。就像非洲有些地方，好多孩子連穿的衣服都沒有，地裡莊稼也不生長，種種疾病、戰爭此起彼伏。

害心：以害心所感，會轉生到多災多難的地方。像阿富汗、伊朗、伊拉克，我們通過不同的媒體和新聞也知道，那裡要麼出現飢荒，要麼發動戰爭，這些天災人禍並不是一兩次，而是每年都不斷地頻頻發生。

邪見：邪見特別嚴重的人，會轉生於物資鮮少、無依無靠、孤苦伶仃的地方。

有些偏僻地方，水果也沒有，蔬菜也沒有，交通也不方便，水資源、礦產資源非常貧乏，荊棘、毒藥等對人身不利的因緣卻多之又多，生存條件極其惡劣。這些地方的人看見一個水果，就好像遇到了如意寶般，拼命地擠著搶著——如今可能稍微好一點了，過去有些地方聽說很多水果都沒有，他們特別羨慕南方人，因為南方的生活資源比較豐富。

以上講了十不善業的增上果。當然還有許多其他果報，甚至有人聽法時對法義不感興趣，《大集經》⑯中說也是造十不善業所致，如云：「造十不善業，少福無供養，法味不純厚，行法心亦薄。」意思是，造了十不善業的人沒有福報，得不到任何供養。尤其是聽聞佛法之後，根本感受不到它的味道，在行持佛法的過程中，心的力量也極其薄弱。

昨前天在考試時，我就想起了這個教證。有些道友背誦的時候，這個論也能背、那個論也能背，而且筆考、講考都可以參加，講的時候也不是誇誇其談，確實是法已融入了自心，完全感受到了佛法的味道。這是什麼原因呢？不用問別人，就是自己往昔行持十善的果報。而有些人雖然對此很羨慕，但一會兒生起邪見了，一會兒身體不行了，一會兒心情不好了，然後對這個道友生嗔心、對那個道友生嗔心，這即是前世造過十不善業的緣故。

我原來也講過吧，差不多在十年前，我去南方某個城市看病，當時有個小護士，天天都板著一張臉，態度極其惡劣。護士長說她不高興是有原因的，因為某人沒給她打電話。但因為別人不給她打電話，她就天天把氣

⑯《大集經》：六十卷，北涼曇無讖等譯。全稱《大方等大集經》，乃大集部諸經之匯編，今收於《大正藏》第十三冊。係佛陀於成道後第十六年，集十方佛剎諸菩薩及天龍鬼神等，為彼宣說十六大悲、三十二業等甚深法藏；以大乘六波羅蜜法與諸法性空為主要內容，兼含密教說法及陀羅尼與梵天等諸天護法之事。除「空」之思想以外，尚富濃厚之密教色彩。

大圓滿前行廣釋

撒在我身上，每次給我打針時，使勁地把針扎進去，然後推得特別快，幾秒鐘就拔出來了，這種行為特別讓人難受。現在我一想起她的面孔，還是有點害怕，但也沒辦法，在她的境界中，整個世界好像都是陰暗的。

所以，一個人的心態對外境會起很大作用。比如你行持十善，心情快樂，環境就會變得優美柔和；但假如你內心十分痛苦，那麼即使身處天堂，也會覺得外境很醜陋，這就是一種增上果。

此外，如今世間天災人禍頻頻不斷，也是人們造十不善業的增上果所致。雖然有些專家認為，現在各種災難層出不窮，是因為「地球進入了活躍期」，但這是不懂佛理的一種論調。實際上這幾年來，一會兒是汶川地震、智利地震、海地地震、玉樹地震，一會兒是西南五省大旱，一會兒南方發生洪水，一會兒某地出現礦難……這都是什麼原因造成的？就是人們天天殺盜淫妄造不善業，以此惡業所感，自然會影響外在的環境。

美國前副總統戈爾，曾就全球的環境問題，寫過一本書叫《不願面對的真相》，以此給他帶來了「諾貝爾和平獎」的殊榮。他在書中向人類提出忠告：「全球暖化的問題必須解決，我們不能放任一部分人自私自利、暢所欲為地破壞環境。保護地球、拯救地球，不再是科學或政治上的議題，而是道德的議題、心靈環保的議題。」

他認為人類道德對環境保護有一定關係，但這只說

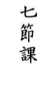

到了一部分，並沒有真正地深入。要知道，只有全世界的人行持善法，各種災難才有辦法避免、挽救。但遺憾的是，現在人瘋狂般地造十不善業，根本不知行善為何物。所以，當前對人們開展十善教育，制止十不善業，這一點相當重要。

有一次，我給一些中學、大學的師生開示時，特別強調了作為知識分子，要懂得十不善業的危害，以及造十善業的功德，否則，連這個都不懂的話，根本談不上是真正善良的人。其實現在許多學校，若能學習《十善業道經》⑰，我覺得是很好的。以前有些法師也強調過這部經典，後來我看了一下，發現內容並不是很多，十善的每一個也不是講得很詳細，主要闡述了離十惡而修十善會有哪些功德。這個道理，各個學校、家庭務必要掌握。前不久，我專門給有些學生和老師一個一個考試，問他們什麼叫「十善」。不然，你從學校畢業之後，若連十善都說不明白，那想變成對人類有利益的人是不可能的。因此，大家一定要把這些關鍵問題搞清楚！

己四、士用果：

所謂的士用果，《小乘阿毗達磨》和《大乘阿毗達磨》中都講了，「士」指士夫，「用」指功用，合在一

---

⑰《十善業道經》：全一卷，唐代實叉難陀譯，收於《大正藏》第十五冊。係佛在龍宮為娑伽羅龍王所說，內容為有關十善業之功德。本經為《海龍王經》中十德六度品之抄譯，北宋施護所譯之《佛為娑伽羅龍王所說大乘經》為其同本異譯。

起就是士夫使用工具造作的各類事情，如農夫耕耘而得莊稼，商人經營而獲利潤，工匠用技藝而成器物。同樣，一個人殺生的話，身口意因緣聚合之後，斷了眾生的命根，成熟了一個果報，這就像陶師做陶器一樣，需要一定的功用才能成就，故稱為「士用果」。

不過，《前行》對此的解釋略有不同。它不僅是指士夫以功用做這件事，而且還強調不管你造的是善業、惡業，如果沒有進行中斷，增長率會非常高。就如同把錢存在銀行裡，存的時間越長，利息越高一樣，我們造了惡業之後，倘若沒以懺悔來盡快對治，那麼隨著時間流逝，成熟的果報將與日俱增，痛苦會世世代代輾轉蔓延。比如《百業經》中有個居士，他嗔罵僧眾像跛子一樣坐在法座上，天天由自己進行供養，以此惡業而於五百世中生為跛子。可見，造了一剎那惡業的話，最終的果報不可思議，假如沒有懺悔清淨，惡業就會越來越增長，依此終將漂泊在茫茫輪迴中，永無出期。

這以上介紹完了十不善業。希望在座各位首先一定要懂得這些道理，然後對照自己進行觀察，一個個與之劃清界限。否則，一旦造了這些惡業，就像服毒後遲早會發作一樣，苦果早晚都會成熟。

丁二、應行之善業：

總之，了知十不善業的過患後，我們要立下堅定的誓願，認真受持嚴禁惡行戒——不殺、不盜、不邪淫、

不妄語、不兩舌、不綺語、不惡語、不貪、不害、不邪見，杜絕十種不善業。

一般來講，受持十善戒，不需要在上師或親教師面前。就拿不殺生而言，只要自己默默立誓「我從今以後永遠不再殺生」便可以了，這就是善業。當然，如果你長期守持的能力沒有，則可以發願「我某時某地絕不殺生」，或者「我不殺老虎、恐龍、鯨魚，我不殺國家總統、聯合國秘書長……」等。（比如你跟某人關係不太好，就可以當著他的面說：「我發誓不殺你！」一邊吵架一邊這樣發願。呵呵，他聽後或許覺得你想殺他，更生氣了。）以前有些上師在藏地開法會時，經常要求那些天天殺生的屠夫，發願不殺雪山獅子、不殺恐龍，或者如果他沒有出國的機會，就發願不殺美國的眾生，這樣的話，如此發願也是有功德的。

當然，倘若你自己因緣具足，能在上師、善知識，或佛像、佛經、佛塔等面前進行承諾，那它的功德更為顯著。藏地很注重這種行為，現在漢地也比較不錯，很多人遇到一位上師時，常會在他面前發誓斷惡行善。這樣的話，一方面這是對上師的恭敬心和法供養，另一方面，通過上師加持以後，有時候力量確實不可思議。

前段時間，我遇到一個戒毒的人，他的毒癮特別特別厲害，每次發作不吸毒的話，馬上就會昏厥在地。後來，他依靠種種因緣到了學院，當下立誓要戒掉毒癮。如今已過去半年了，他連一剎那想吸毒的心都沒有，真

大圓滿前行廣釋

正感受到了佛法的加持力。

　　所以，你們一些不好的行為，比如特別愛殺生、愛說妄語、愛喝酒抽煙，這些最好在上師面前戒掉。原來有個人特別愛喝酒，他去法王面前發願不殺生時，不慎說成了「我不喝酒」。法王邊說好邊給他作加持，結果加持完了後，他才發現自己說錯了。（眾笑）

　　當然，僅是平平淡淡地想「我不殺生」等，這還不足夠，必須要在心裡立下堅定的誓願：「無論怎樣，我從此以後絕不造惡業！」如果上師具足，就在上師面前；上師不具足，最好是在佛像、佛經面前，或者到寺院去時默默發誓。藏地有個很好的習慣，比如你要見一位上師、朝拜一座寺院，心裡必定會發個願：「我要念十萬遍金剛薩埵心咒。」「我要到拉薩去。」……但漢地有些人不是這樣，包括個別佛教徒，也是到了布達拉宮後，第一件事就是掏出相機四處拍照。還有些居士來到學院以後，照幾張相就回去了，在殊勝的對境面前，連念十萬心咒、戒肉、不點殺，甚至做一件善事的誓願也沒發，這是相當可惜的。

　　有一次，我給一些老師和學生作開示。結束之後，他們就在我面前，有些立誓不殺生，有些立誓不妄語……每個人都根據自己的情況發了願。當然，這些對出家人而言，都已經斷除了，沒有必要重新發願。但作為在家人，即使不能全部避免，只要杜絕其中一兩個，

也有很大的功德。為什麼呢？因為佛陀說過，所有功德皆因十善而成就，如《華嚴經》云：「人中隨意得受生，乃至頂天禪定樂，獨覺聲聞佛乘道，皆因十善而成就。」可見，無論是在人中隨意投生，還是享受色界、無色界的禪定安樂，乃至獲得出世間聲聞、獨覺、佛陀的功德，其根本來源就是行持十善。十善是做人最基本的原則，就當今而言，它對社會、家庭有非常大的利益，所以，我們行持十善一定要有決心。

退一步說，假如你實在不能永遠斷除殺業，那也可以發誓在一年或三年中不殺生，或者每年的一月⑱、四月⑲、六月⑳、九月㉑不殺生，或者每個月的初八、初十、十五、二十五、二十九、三十不殺生。這些特殊日子，佛經和論典都說功德特別大，最好能行持善法，受八關齋戒等。或者，如果你不能常常如此，但立誓在一年、一個月、一日內不殺生，也會受益匪淺，具有許多的功德。

最近我在看藏文的《涅槃經》，裡面說迦葉曾問佛陀：「既然您早知道善星比丘會生邪見，最終將墮入地獄，為什麼還開許他出家呢？」佛陀回答：「如果不開

---

⑱藏曆一月為「神變月」，是佛陀降伏外道六師、大力顯揚佛法的月份。眾多佛教經論中都提到過神變月的殊勝功德，在此期間每做一件善事，其功德會增上十萬倍。
⑲藏曆四月為「薩嘎月」（吉祥月），其中四月初八是佛陀出生之日，四月十五是佛陀成道和涅槃之日。
⑳藏曆六月為「轉法輪月」，其中六月初四是佛陀在鹿野苑為五比丘初轉法輪之日。
㉑藏曆九月為「天降月」，其中九月二十二日是佛陀上天為母說法後重返娑婆世界之日。

許善星出家，他在家的話，會繼承王位，而且力量很強大，必定毀壞佛法，這樣墮入惡趣的時間更長。雖然我知道他最後會生邪見，但因為出家種下了善根，他將來必會獲得無上佛果。㉒」所以有些人認為：「既然善星比丘最後會生邪見，那還不如不出家好！」這種說法是不對的，哪怕只是受一天出家戒，這個功德也肯定有。所以，我們要懂得短期受戒的利益。

還有，《根本說一切有部毗奈耶·皮革事》中有則公案說㉓：從前，有個長者子去海中取寶迷了路，黃昏時來到一座幻化的天宮面前，那裡有一個天子，由四名天女圍繞而享受安樂。天子見他非常飢渴，就供養他美食，並讓他在天宮裡沐浴，晚上留宿於此。到了天亮，太陽

㉒漢文的《涅槃經》中也有這一段：迦葉菩薩白佛言：「世尊，如來具足知諸根力，定知善星當斷善根。以何因緣，聽其出家？」佛言：「善男子，我於往昔初出家時，吾弟難陀，從弟阿難、調婆達多，子羅睺羅，如是等輩皆悉隨我出家修道，我若不聽善星出家，其人次當得紹王位，其力自在當壞佛法。以是因緣，我便聽其出家修道。善男子，善星比丘若不出家亦斷善根，於無量世都無利益，今出家已雖斷善根，能受持戒供養恭敬耆舊長宿有德之人，修習初禪乃至四禪，是名善因。如是善因能生善法，善法既生能修習道，既修習道當得阿耨多羅三藐三菩提，是故我聽善星出家。」
㉓《根本說一切有部毗奈耶·皮革事》云：時長者子漸漸前行，日欲暮時，乃見化天宮處，有一天子，復有四天女，共為歡樂，遊戲天宮。其天遙見長者子，告曰：「商主無病，汝有飢渴不？」答言：「甚飢渴耳。」于時天子即令商主洗浴，供妙飲食，其夜止宿。至天曉已，於日出時，其宮變化，前四天女變為蔥狗，捉此天子，覆面撲著於熱鐵床上，猛焰星流，食其背肉。復至暮間日欲沒時，還復變為天宮，狗乃變為天女。然長者子，眼親見已，情切怪異，即告彼天子曰：「汝作何業今生此處？」時天子答曰：「商主，南贍部洲人多難信。」長者子曰：「我今目驗云何不信？」爾時天子說往昔業緣，以頌答曰：「昔時白日損他命。夜則持戒勤修行。以此因緣生此中。今受如是善惡業。」時長者子聞此頌已，白言：「頌有何義？」天子答曰：「商主，我往昔時在婆索村中，身為屠兒，常以殺羊賣肉，自養育身。時有聖者苾芻，名迦多演那，勸我改悔，勿造斯業，無有盡期。既勸不得，是時聖者，又復勸我，令夜持戒，我即依教。以此業故，今者白日受苦，為夜持戒，夜受如是快樂果報。」

一出來，這四位天女就變成黑色惡狗，把天子撲倒在燃燒的鐵地上撕咬。而到了晚上，太陽一落山，惡狗又變成天女，與天子共同嬉樂。

長者子見後，就問天子：「你往昔造了什麼業，如今轉生於此？」

天子回答：「南贍部洲的人疑心較重，我說了，你也不一定相信。」

長者子說：「這是我親眼所見，又怎麼會不相信呢？」

天子就對他講了一個偈頌：「昔時白日損他命，夜則持戒勤修行，以此因緣生此中，今受如是善惡業。」

長者子聽後不太明白，問他是什麼意思。

天子解釋道：「我往昔是一個村落裡的屠夫，成天以殺羊賣肉為生。嘎達亞那尊者勸我不要殺生，但我不聽。於是他就讓我承諾晚上不殺生，守持清淨戒律，當時我就答應了。以此因緣，我死後墮入這樣的孤獨地獄，白天在熾燃的鐵屋裡受盡痛苦，而到了晚上，卻身居天宮與四名天女享樂。」

其實，人間也有類似的果報。我就曾遇到一個病人，她白天身上什麼病都沒有，特別健康，而一到晚上，就噩夢連連、疼痛無比，一直輾轉反側、叫苦連天。還有一個病人，他上午心情很好，身強體健，而到了下午，就開始身心煩躁，感到特別恐懼。這些人估計

大圓滿前行廣釋

也有與此相似的業力。

　　所以，在這個世間上，若用智慧去詳細觀察，就會發現不管在外境上還是自身上，都有無數的善惡果報在不斷出現。然遺憾的是，現在不懂因果的人，對此根本不相信，總覺得這是偶然發生的。因此，大家懂得這個道理後，將其傳授給別人特別重要。佛陀的教育，其實就是佛陀把所證悟的真理，傳達給下面這些眷屬。同樣，我們作為後學者，也應在自己好好修行的同時，盡量把這種精神傳給有緣眾生。誠如《父子合集經》所言：「莫作非法，修行善行，亦勸他人，勤行眾善。」這即是佛教的精神所在。

　　下面講十善業到底是什麼樣的：

　　所謂的十善業，就是指實際行動中斷除十種不善業，奉行對治惡業的善法。

　　三種身善業：

　　不殺生——斷除殺生，愛護生命，放生吃素。

　　不偷盜——斷不與取，慷慨布施。自己有財物的話，應盡量上供下施，同時不要去炫耀。有些人在供養時，把一千塊錢全攤成紙牌一樣，然後放在佛堂裡或功德箱上，這樣其實沒有必要。

　　不邪淫——斷除邪淫，守持戒律，身心清淨。

　　四種語善業：

　　不妄語——斷除妄語，說真實語。

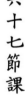

不兩舌——斷離間語，化解怨恨，調解不和。

不惡語——斷除惡語，說悅耳語、柔和語、調順語。

不綺語——禁止亂七八糟的綺語，精進持咒念誦，多說對弘法利生和自己修行有關的話。

我看有些道友背誦很好，這肯定下了不少功夫，平時應該沒有說綺語的時間，否則，不可能把這麼多論典倒背如流。昨天背考《竅訣寶藏論》時，中間稍微斷了一下，過後好幾個人都哭了。我問為什麼哭，她們說：「沒有背好，耽誤您的時間。」其實你們背得很好！我以前也背誦過，沒有考試之前壓力很大，考完以後會睡得特別好，心裡也很放鬆、很快樂。

我們這裡很多道友，此次背誦《中論》、《竅訣寶藏論》、《入行論》等論典，肯定花了很長時間。不然，除了極個別人以外，這不是那麼容易的。你們既然下了功夫這樣背，就定會思維它的法義，如此在一生中，對它的印象會特別深。我在二十年前背過的論典，現在雖不一定能原原本本記得住，但跟沒背過的論典完全不同，如今只要稍微再看一下，馬上又會浮現在腦海裡。所以，聞思修行是我們最快樂的事情。

三種意善業：

無貪心——斷除貪心，滿懷捨心，知足少欲。

無害心——斷絕害心，修饒益心、慈心、悲心、菩

提心。

無邪見——棄離邪見，依止空性見、因果觀、平等觀等正見。

接下來講十善業的四種果：

異熟果：轉生在相應的三善趣中。

同行等流果：生生世世喜歡行善，並且善舉蒸蒸日上。

感受等流果：斷除殺生，長壽少病；不偷盜感得具足受用，無有盜敵；斷除邪淫，夫妻美滿，怨敵鮮少；斷除妄語，受到眾人稱讚愛戴；斷除離間語，受到眷屬僕人的恭敬；斷除惡語，恆常聽聞悅耳語；斷除綺語，語言有威力；斷除貪心，如願以償；斷除害心，遠離損惱；斷除邪見，相續生起善妙之見。

增上果：成熟在外境上，與前面十不善業的果報恰恰相反，具足圓滿的功德。

其實造善業會一切吉祥，造惡業會一切不吉祥，這不僅僅是佛教所承許，其他宗教也強調這一點。如儒教的《易經》云：「積善之家，必有餘慶。積不善之家，必有餘殃。」道教的《太上感應篇》也說：「人能行善，上天賜之以福。」所以，行持善法之後，外在環境會非常舒服，護法神、天人和周圍的人，都會給你創造許多快樂的因緣；而造下惡業的話，人與非人、包括環

境會給你帶來諸多不祥。

不過，這個道理對好人來講，稍微開導一下就能接受，但對惡人而言，再怎麼樣勸誡，他也不一定聽。如《正法念處經》云：「善人行善易，惡人行善難。惡人造惡易，善人作惡難。」這個偈頌我很喜歡。真正有善根的人，再怎麼勸他犯戒、殺生、造惡業，他也不會做的；但如果是一個惡人，讓他喝酒、抽煙、做壞事，只要略加指點就可以了。所以，每個人的因緣確實不同。

士用果：所做的任何善業，都會突飛猛進地增長，福德接連不斷地湧現。

現在有些人，無勤中做什麼都很順利。我就見到一些讀書的學生，平時成績不是很好，但到了考試時特別順；而有些人平時非常精進，智慧很不錯，可是經常家庭也不順，考試也不順，什麼都不順，這跟各自的業力也有一定關係。

綜上所述，業因果的正見，我們每個人該修的要好好修，該觀想的要好好觀想。如果善惡因果的見解得以堅固，那你做什麼事情、行持什麼善法都很容易。相反，倘若這個見解動搖不定，就算得了再高的灌頂、再無上的竅訣，對你恐怕也不一定有長期的利益。所以，大家對取捨因果的理論和實際修持，務必要值得重視！

第六十七節課

第六十八節課

今天講「因果不虛」的第三個問題——一切為業之自性。

這個內容很重要。現在許多人皈依佛教、修學佛法，認為自己是多年的佛教徒，可真正用智慧觀察內心時，或許連因果正見都沒有，對善惡有報半信半疑，行持善法也沒有動力，究其原因，這種種現象就是不信因果所致。所以，對於因果不虛的道理，我們平時要去研究、去思維，在相續中經常串習。如果沒有這樣，只是表面上辦個皈依證，表面上依止一位上師，表面上看看書、守戒律，內心中卻連因果正見也不具足，那並不是真正的佛教徒。

大家既然對佛教有信心，這種信心就千萬不要變成迷信。現在無論是藏地還是漢地，這種情況相當普遍。其實佛教不是迷信，它的教義千真萬確，可佛教徒中有些不明白這個道理，有些根本沒有去思維，如此，其見解就帶有邪見的成分，信心帶有迷信的成分，一旦遇到不良的環境或不好的朋友，就會像劣質產品脫色、變質一樣，自己也是人云亦云、隨風而轉。

因此，佛教徒現在最需要的是什麼？就是真正感受到佛教的教義。這一點，我三番五次地強調過，這也是我自己多年修行積累的經驗。假如你們將大乘教義乃至

大圓滿前行廣釋

佛教中任何一個道理，與自己的心融為一體，這比獲得金錢財富都來得珍貴。作為一個修行人，倘若能擁有正見的如意寶，就算你身無分文，也依然十分富裕。

為了達到這一點，我們最關鍵的是什麼？就是要學習佛法、思維佛法、再再串習修行，若能如此，不管你遇到什麼違緣、障礙，信心和智慧都不會退。這種不退是否有意義呢？當然有。假如佛教不符合實際真理，像一些世間學說和思想，完全是顛倒、錯誤的，不會給今生來世帶來快樂，那退了也沒什麼可惜。但佛教的教義並非如此，經過無數的實踐證明，它能給我們生生世世帶來不可估量的利益，所以，佛教中強調的業因果、依止善知識等內容，我們每個佛教徒都不能忽略、輕視。否則，縱然高攀再大的法，除非你是利根者，不然，普通根基的人完全是捨本逐末，沒有多大意義。

當然，大圓滿、大手印這些高深莫測的境界，我自己也很有信心，年輕時依靠上師的慈悲攝受，在不同地方接受過這方面的教言，並將其一直視為如意寶，有時間就不斷修持。因此，高法的確也非常重要，這個我並不否認。我之所以不斷強調不能高攀大法，並不是讓你們永遠停留在加行或顯宗教言的基礎上，不能希求更深一層的竅訣，而是在提醒大家：若想得到這樣的深法，它的前提條件必須要具備，聞思基礎一定要打好。這一點務必要了解！

丁三、一切為業之自性：

這是什麼意思呢？即我們快樂也好、痛苦也好，生活中所發生的許許多多事，都跟前世或今生的業力有關。當然，這並不是宿命論，認為一切皆為命中註定，根本無法改變絲毫，而是說我們今生所感受的苦樂，是以前世業力為主因，今生的行為、發心為助緣。這一點，在《俱舍論》中也講得很清楚。

上至有頂、下到無間地獄的一切有情，乃至人類中一家的兄弟姐妹，有些特別快樂，有些非常痛苦，有些過得平平淡淡，他們所感受的千差萬別、不可思議的苦樂，都與往昔所積累的惡業與善業有不可分割的關係。

就拿人類來講，有些人無勤中就吃穿不愁、才華橫溢、具足美德，而有些人從小一直努力奮鬥，到頭來卻一無所有，除了痛苦還是痛苦，同樣是人，為什麼境遇如此不同呢？這就是源於前世的業力。佛陀在《百業經》中云：「眾生諸苦樂，佛說由業生，諸業亦種種，造種種眾生，漂泊於輪迴，業網極廣大。」我們所遭受的苦和樂，大慈大悲的佛陀以無二智慧揭示，此皆由前世的業力所生。由於業力有各種各樣，有些是貪心、嗔心、癡心、嫉妒、驕傲等煩惱；有些是信心、悲心、智慧、出離心等善念；有些是善念與惡心交替出現，從而使以業所生的眾生各不相同，眾生的苦樂也迥然有異。

在座的道友，有些真的很快樂，就像夏嘎巴.措竹

讓周㉔一樣，一生修行沒有出現過違緣，度化眾生的事業也極為廣大；有些顯現上則吃了很多苦，從小到現在，身體也不好，心情也不好，情緒也不好。在我的印象中，如今聽課的四眾道友中，有人就整天愁眉苦臉，怨聲載道：「怎麼辦呢？我身體不好，頭也痛，心臟也痛……」這種人什麼痛苦都有，吃得也不好，穿得也不好，氣色也不好，甚至走路也常被石頭絆倒，不像別人一切都很順利、很快樂，這就是前世的業力所感。

在無邊無際的輪迴中，業網的確極為廣大。世間人認為衛星通訊、互聯網遍於全球，是最為廣大的。實際上並非如此，它只在有器材的地方可以輻射得到，而所有的大海裡、虛空中，包括每一個眾生界，是不可能全部遍及的。但業網的話，誠如《正法念處經》所言：「化無量業網，諸心之種子，心集業難知，唯除諸如來。」變化出無量世界的業網，實為眾生的心所形成，不同的心積聚了不同的業，不同的業幻現出包羅萬象的世界、千姿百態的有情。而這其中細微的因緣，我們凡夫人無法了知，甚至聲聞阿羅漢、菩薩也不能徹知，唯有斷除一切煩惱障、所知障的佛陀才能明知。因此，在

㉔夏嘎巴．措竹讓周：大圓滿道歌《大鵬展翅飛翔》的作者，一生雲遊各地，以苦修聞名。他在刻苦鑽研佛學的同時，廣泛搜集和整理藏族民間文學。著有《夏嘎巴自傳》、《奇幻集》、《道歌集》等20餘函，後人輯成《夏嘎巴全集》。在佛學理論上，他無門戶之見，對藏傳佛教各派精要兼收並蓄，有獨特見解。同時，他又是一位著名的藏族民間文學家，其著作吸收了大量民間故事、神話、寓言、諺語等，通俗生動，在民間廣為流傳。

業因果的甚深問題上，極個別人不要輕易斷言、妄下結論：「造惡業沒有果報，造善業也不會有快樂。」否則，這種誹謗因果的分別念，實在非常愚癡。

現在有些人儘管大權在握、地位顯赫，有車、有房子、有錢財，擁有不計其數的受用，可人生幾十年過了以後，一旦死期到來，這一切的一切都不能跟著自己，只有此生的善惡業會緊緊跟隨，將自己分別引入善趣或惡趣。佛陀在《教王經》中也說：「國王趨入死亡時，受用親友不隨身，士夫無論至何處，業如身影緊隨後。」佛陀教誡國王道：當你死亡的時候，受用再豐富、眷屬再不捨，也不可能讓你帶走（現在的國家總統、聯合國秘書長也是如此），甚至最愛執的身體也會留在人間。到了那個時候，在業力的驅使下前往中陰長道，只有生前所造的業，會緊緊跟在後面，形影不離。如經云：「親眷皆分離，唯業不相捨，善惡未來世，一切時隨逐。」

不過現在的很多人，降生到這個世界時，身邊親友全是持邪見的，因為環境和家庭影響，縱然自己有前世的善根和佛陀的加被，相續中偶爾閃現一些信心和智慧，但也很容易被周圍邪知邪見的黑雲所蒙蔽。因此，大家要經常以正知正見來護持自己，不要認為「我從小便不信這一套」，就在別人的影響下無惡不作，跟著他們而墮入惡趣。

大圖滿前行廣釋

要知道，你現在所造的善業、惡業，不像用刀割身體馬上就出血一樣，當下便現前果報，而是如農民種莊稼，需要一段時間才可以成熟；或者像學生讀書，畢業後所學的知識才會慢慢呈現它的作用。因果儘管不是同一時間存在，有些業在即生會成熟，有些在下世可以成熟，有些是幾千萬年後才會現前，但它在任何時候都毫釐不爽，一旦因緣聚合，必將自食其果，感受報應。如《百業經》云：「眾生之諸業，百劫不毀滅，因緣聚合時，其果定成熟㉕。」《毗奈耶雜事》中也有個類似的教證：「假令經百劫，所作業不亡，因緣會遇時，果報還自受。」

　　這些甚深道理，我們一定要學習。不然，現在的世間太複雜、太惡劣，以此因緣，我們正見的日光，很可能被環境的惡雲遮蔽，以至於不能見到真相。我在小的時候，與生俱來就對因果有種正見，正因為如此，現今在這方面也沒有任何懷疑。而我接觸的很多人，包括新一代的藏族人，對因果不爽的道理多半信半疑。其實這種懷疑是非理的，就像一個不懂稼穡的人，懷疑種子播下去會不會生果，而作為一個農民，深知種子若沒有被火燒壞、被水淹沒等，只要因緣具足，果實定然成熟，這是不會有任何懷疑的。

㉕堪布以前將《百業經》譯成漢文時，沒有發現藏文中有這個頌詞。但很多論典中都引用過，可能是《百業經》有不同的版本。

因此，如今的年輕人，一定要學習殊勝的佛教真理。有些人認為文法、詩學、唱歌、跳舞很重要，平時把時間和精力都用在這上面了。當然這也沒什麼不可以，從廣義上講，我們要獲得佛果的話，五明、十明全部要精通。但從另一個方面而言，我們的人生非常短暫，在這有限的時光中，要想掌握各種世間知識，不一定很現實，故應希求對了脫生死有利的法要，否則，當你臨死的時候會相當遺憾。

我們附近縣城有個領導，幾年前跟學院有很殊勝的因緣，後來她一直學習佛法，見解各方面很不錯。前段時間她非要見我，說有些佛法的道理想問一下，我就專門安排了時間。她在來的路上，經過學院大門時，對法王和佛法生起了特別強烈的信心，當晚就做了一個夢。在夢境中，法王跟她說：「你現在遇到這麼好的上師和佛法，為什麼不好好學？以後就算你想學，佛法也不一定有了！」她醒來後思維這句話，對今後的人生方向，還是起到非常大的作用。

你們每個人學佛的途徑雖然不同，但總的來講，現在佛法也有、善知識也有，這種因緣遠遠超過世間的各種緣分。現在很多人認為，做生意遇到好機遇，找工作遇到好同事、好部門，這是特別幸運的事，可是我覺得，從長遠來看，為了生生世世的利益，能遇到佛法才是最好的機遇。否則，你今生中對行善棄惡沒有良好的

開端，那在業力的驅使下，不知道何時才能脫離苦海。一旦業力呈現在你面前，到時想避開也沒辦法，縱然佛陀親自降臨，有些定業也不可逆轉。

《毗奈耶經》中云：「不思議業力，雖遠必相牽，果報成熟時，求避終難脫。」不可思議的業力，就算很久以後才現前，但它跟你始終連在一起，一旦因緣成熟，果報想避也避不開，最終定會成熟於自身。智悲光尊者在《功德藏》中亦云：「高空飛翔金翅鳥，雖暫不見身影現，然與其身無離合，因緣聚合定現前。」例如，當金翅鳥展翅翱翔在高空中時，儘管牠的身影沒有現出，但也並非沒有，最後無論牠降落在哪裡，黑乎乎的身影就會出現在那裡。同樣，我們造善業、惡業時，雖然當下可能沒有感覺，果報也不一定立竿見影立刻現前，但總有一天，它不可能不降臨到自己頭上，善業的果報會帶來快樂，惡業的果報則會帶來痛苦。

用鳥來比喻業果，《正法念處經》中也有一個教證：「譬如繩繫鳥，雖遠攝則還，業繩繫眾生，其事亦如是。」就像繩子拴住的一隻鳥，雖然飛得很遠，但也逃不掉，最後還是會被繩子牽回來。同樣，眾生被善業和惡業的繩索繫得緊緊的，誰也逃不掉它的束縛，即使業果暫時還沒成熟，也只不過是時間早晚而已。除非像《永嘉證道歌》中所言：「證實相，無人法，剎那滅卻阿鼻業。」開悟之後，業力的種子全被燒壞了，業果可

以減輕乃至不用感受，但除此之外的一切眾生，都逃不過業網的束縛。

這方面，不僅藏地有很多精彩的公案，漢地《續藏經》之《指月錄》中也講了一個真實的故事⑳：宋朝有位法師叫文通慧，他小時候在河南開封府白雲寺當沙彌，負責掌管盥盆等事。一次，有個賣魚的人在寺院的盆裡洗手，他見後非常生氣，爭執之中，不慎把他打死了。他因此畏罪逃走，到了五台山的總持寺，在那裡待了二十年，通過苦修而有所證悟，成了該寺的大方丈。

有一天，他突然跟下面的弟子說：「你們勿動勿言，看老僧了結二十年前的一樁公案。」眾人皆問是什麼事，他回答：「到了中午，自知分曉。」然後就結跏趺坐，一直在那裡等。

等到中午，一位將軍帶著軍隊進入寺院。其中一個小兵看見法師，莫名其妙地特別氣憤，拉弓準備要射他。

法師合掌說：「我已恭候多時了。」

小兵吃驚地問：「我和法師素不相識，何以一見面

⑳《指月錄》云：僧文通慧者，河南開封府白雲寺僧也，其師令掌盥盆。偶有市鮮者，濯於盆，文恚擊之，遽隕。因潛奔華州總持寺，久之為長老，蓋二十年餘矣。一日忽語其徒曰：「二十年前一段公案，今日當了。」眾問故。曰：「日午當自知之。」遂趺坐以俟時。張浚統兵至關中，一卒持弓矢，至法堂瞪目視文，將射之。文笑曰：「老僧相待久矣。」卒曰：「素未相面，今見而恚心不可遏，即欲相戕，何耶？」文語以昔故。卒遽說偈曰：「冤冤相報何時了，劫劫相纏豈偶然？不若與師俱解釋，如今立地往西天。」視之已立化矣。文即索筆書偈曰：「三十三年飄蕩，做了幾番模樣，誰知今日相逢，卻是在前變障。」書畢泊然而化。

就嗔心頓起，很想殺你呢？」

法師說：「你是兩世人，自然不記得，我是一世人，怎麼會忘記？欠債還錢，欠命償命，請你下手，不必遲疑。」於是將從前之事告訴了他。

小兵聽後心有所悟，忽然大聲吟偈道：「冤冤相報何時了，劫劫相纏豈偶然？不若與師俱解釋，如今立地往西天。」意即冤冤相報何時才能了，劫劫相纏並非一時偶然，倒不如跟法師化解冤仇，今天我就在此立地而化，往生西方。說完之後，他手持弓箭屹然立化。

文通慧法師下座為他剃髮，更衣入龕。做完以後，索要文房四寶，寫了一首偈頌：「三十三年飄蕩，做了幾番模樣，誰知今日相逢，卻是在前變障。」隨後，他放下筆也坐化了。

從這個公案可以看出，因果業報如影隨形，這是真實不虛的。有些人即生沒做過對不起別人的事，但經常無緣無故遭人陷害、侮辱，這應該都跟前世有關。既然你前世欠了別人的，今生就只有忍了。

這種因果關係，在名言中一定要承認。不僅我們這些薄地凡夫，即便是斷除一切業惑障礙的佛陀和阿羅漢，顯現上也要感受往昔業果。一個真正有智慧的人，就像懂法律的人不會輕易殺人一樣，根本不會肆意觸犯因果。而不懂因果的愚者，經常喜歡說大話，認為自己不受業力限制，隨隨便便造惡業、抽煙、喝酒、殺生

等，做很多無聊的事情，最終所受的果報非常可怕。

《增一阿含經》和《法句譬喻經》中，都曾講過一則公案：從前，舍衛城的帕吉波國王（即琉璃王），率軍大舉進攻釋迦族所居住的迦毗羅衛國。當時佛陀勸阻了三次，仍無法改變釋迦族的命運，最終八萬㉗釋迦族人被殘暴殺戮。與此同時，佛陀的頭也痛了起來，猶如頭上頂著須彌山一樣難受㉘。

眾弟子見後大惑不解，紛紛請問：「佛陀既已斷除了一切煩惱、業障，怎麼還會示現生病呢？這是什麼原因？」

佛陀講述了前世的因緣：「往昔釋迦族人住在一個村子裡，當時發生了大飢荒，一升黃金與一升米等同。人們餓得實在沒辦法，就天天到河裡捕魚來吃。一天，他們捕到了兩條大魚，沒有立即殺死，而是把牠們繫在柱子上。那兩條大魚因為離開了水而輾轉翻跳，牠們不禁暗想：『我們無辜遭到這些人殺害，但願將來也無辜殺死他們。』

（現在許多漁民、菜市場上天天殺生的人，將來都是地獄的「材料」。有時候看來，跟所殺的眾生相比，這些人好像更可憐。因為所殺的眾生被殺一次，痛苦就已經結束了，而這些人卻要用來

㉗此數字在不同經典中略有不同，如《法句譬喻經》云：「琉璃王伐舍夷國，殺三億人已引軍還國。」《增一阿含經》云：「流離王殺九十九百九十萬人，流血成河，燒迦毗羅越城。」
㉘《增一阿含經》云：「今患頭痛，如似石押，猶如以頭戴須彌山。」

世的生命再再相還，這樣的苦楚尤為漫長。）

以此業緣，兩條大魚轉生為帕吉波國王和瑪拉洛（害母）大臣，所殺的其他魚轉生為二人的軍隊，今天將釋迦族的人斬盡殺絕。我當時是一位漁夫的8歲小孩，看到兩條大魚在乾燥的沙灘上活蹦亂跳，禁不住地笑了起來，以此業力感得今天頭痛。假設我現在沒有獲得功德圓滿的佛果，今天也會被帕吉波國王的軍隊殺死。」

因此，我們千萬不能隨喜別人殺生。以前在「九.一一」發生時，聽說好幾個單位的年輕人開始慶賀：「太好了！美國就該這樣。」他們如此隨喜的話，雖說只是一個小小的行為，但業力卻不可思議。佛陀因地時隨喜別人殺生，尚且要在成佛後受報，那我們凡夫人就更不用說了。我為什麼經常說自己業力深重？就是因為從無始以來在輪迴中，不管是殺、盜、淫、妄語、綺語、邪見、害心，什麼樣的業我肯定都造過。且不說生生世世，就算是今生從小到現在，我能想得起來的惡業，還是造了很多，如今不趕緊懺悔的話，以後不一定來得及了。

有關佛陀所感受的餘報，《佛說興起行經》中還講過幾例。比如，孫陀利謗佛緣：往昔妓女孫陀利見許多人隨佛出家，其中有她所愛、所依靠的人，因而對佛陀非常不滿。再加上佛教比外道興盛，有些外道徒就想方設法要滅掉佛教，於是讓孫陀利偽裝懷孕，四處造謠說

第六十八節課

孩子是佛陀的。消息傳到國王耳中，國王專門派人調查
此事，外道徒怕陰謀敗露，就把孫陀利殺掉滅口。但即
便如此，國王最後也查出了真相。眾人問及佛陀原因，
佛陀說這是自己往昔的業力，他前世殺過一個妓女，並
把屍體埋在獨覺的屋裡，連累獨覺差點被殺。以此因
緣，如今成佛後仍感受被誹謗的果報。

佛食馬麥緣： 佛陀還曾與五百阿羅漢，在九十天中
食用馬麥。這個原因是什麼呢？昔日毗婆葉如來出世
時，一位婆羅門見到如來應供，生起強烈嫉妒心，罵這
些光頭沙門應該吃馬麥，不應享用美食。並讓手下五百
弟子也說這句話。以此因緣，佛陀和五百阿羅漢成就之
後，還要感受這個果報。

婆羅門女栴沙謗佛緣： 以前栴沙（多舌）童女在肚
子上綁一個盆子，聲稱佛陀跟自己有關係，說她已經懷
孕了，很快就臨產了，跟佛陀要酥油撫養孩子。這種行
為令帝釋天忍無可忍，他變成老鼠鑽進她的衣服，把繩
子咬斷，那個盆子突然掉在了地上。眾人見後大聲叫
好，說：「你的孩子已生下來了，真是隨喜……」

關於此事的因緣，佛陀說在盡勝如來出世時，一位
比丘叫無勝，一位比丘叫常歡。有個叫善幻的女施主，
經常對他們進行供養。但由於無勝比丘已斷煩惱，故所
得頗豐；常歡比丘煩惱未盡，受供微薄。常歡比丘遂生
嫉妒心，誹謗無勝與善幻私通，有如何不清淨的關係。

當時的常歡比丘，就是佛陀的前世，以此業緣所感，成佛後仍受他人誹謗。

可見，我們有時跟別人沒有任何仇怨，但無故卻被誹謗、危害，這肯定跟前世有關。這樣的因果，作為佛教徒一定要明白。上師如意寶在世時，常對弟子諄諄教誨業因果的甚深道理，每次一講到這些，大家很長時間都不能忘，一直在心裡迴蕩著。依靠這種影響，我們人生中不管是遇到違緣、順緣，自然而然就會想到這是前世的業力。

佛被木槍刺腳緣：佛陀的腳上刺入降香木刺，也是以前做菩薩時殺掉短矛黑人的業報。

但也有經典中說，不是殺了短矛黑人，而是殺了另一個商主：往昔無數阿僧祇劫前，有兩位商主，各帶五百人到大海裡取寶。到了寶洲以後，那裡各種資具一應俱全，一個商主就不願意回去了，但另一個商主仍要回去。這時，空中有一天女說：「這裡不能久留，因為七日後將被水淹沒。」又有一魔女，想讓所有人在寶洲斃命，就在空中說：「這裡非常快樂，什麼都有，怎麼會被水淹沒？剛才天女所說，全是假的，不足為信。」

想回去的商主聽了天女的話，要求手下準備好船隻等，不要貪圖這裡的五欲。過了七天，果真出現大水，水到之時，他們都已登上了船。但第一位商主，沒有任何準備，於是就跟他爭船，二人打了起來。在打鬥的過

第六十八節課

程中，第一位商主不幸被殺，當即命絕身亡。而當時殺人的商主，就是佛陀的前世，以此果報，他多生累世感受被刺殺的果報，如今雖已得金剛不壞身，但因為這個宿業，仍被木刺所刺受傷。

當時這個木刺追著佛陀，從人間到天界，不管佛陀去哪裡，它都一直緊追不捨。後來佛陀讓所有弟子全部離開，伸出右腳，讓木刺從足背上穿入，流出鮮血。阿難到佛陀的房間，一見到佛陀腳上的傷口，立刻昏厥倒地……㉙

當然，佛陀已經斷證功德圓滿，關於感受餘報一說，有些經典認為是不了義。不過，這個我們暫且不談，因為不是我們的行境，但在歷史上，佛陀確實示現過生病等現象。譬如，佛骨節煩疼緣：有一次，佛陀的骨節非常疼痛，這是因為他前世當醫生時，有個病人被治好後不給錢，他就故意給病人下了非藥，最終致死人命所感。

因此，大家一定要知道，造了什麼樣的業，其果定會無欺成熟。《增一阿含經》云：「為惡及其善，隨人之所習，如似種五穀，各獲其果實。」一個人不管是造善、造惡，隨著自己的行為，必定會感受相應果報。就像種下五穀之後，所生的果實不可能混淆，豌豆只會生出豌豆，而不可能生出麥子、玉米，同樣，你造了善業

㉙詳見《佛說興起行經》之「佛說木槍刺腳因緣經第六」。

不會出現痛苦，造了惡業也不會出現快樂。

　　所以，每個人務必要有因果的甚深觀念。這一點，光是口頭上會說沒有用，而要從內心中、行為上有取捨的習慣。否則，現在的社會相當顛倒，人人為了自我而肆意造各種惡業，將來果報成熟時會非常可怕。故而，在斷惡行善、注重因果這方面，在座的各位時時刻刻不能不謹慎！

第六十八節課

第六十九節課

在講課之前，給大家強調兩件事情：

一、每次聽課時要發菩提心：「為了天邊無際的一切眾生，我要聽這堂課。」以此心態來聽受很重要，這是三殊勝的第一個。

二、要觀清淨心。這並不是表面上說說，而應真正將聽課的地方——不管是經堂、居士家，或是其他道場，觀想為蓮花生大士的剎土、觀音菩薩的剎土或阿彌陀佛的剎土；跟自己一起聽課的人，都是具殊勝緣分的大乘根基者，全部是菩薩或金剛勇士勇母，而不能認為「我旁邊這個人是壞蛋，那個人如何如何」，好像除了自己以外統統是凡夫；傳法上師，也應觀為觀音菩薩、蓮花生大士等……總之，從自性清淨來講，萬法均為清淨的，並不是把本不清淨的東西硬觀為清淨。

這五種清淨觀，如果你不能長期堅持，那在短短的聽課期間，也要盡量觀想。若能如此，一堂課的法義就會融入自心，所得的加持跟其他課是完全不同的。這是密乘的不共竅訣。有些觀修好的人，哪怕只聽一堂課，也會有極大收穫。這一點，你們聽課時務必不能忘！

下面繼續講一切都是業的自性。昨天講了佛陀也會感受果報，今天繼續講阿羅漢受業報的公案：佛陀的聲

大圓滿前行廣釋

聞弟子、「神通第一」的目犍連，也是由業力所感被外道殺害的。

目犍連和舍利子二位尊者，時常前往地獄餓鬼、旁生、人間和天界五道去饒益有情。一天，他們來到無間地獄，見那裡有無量眾生感受燃燒之苦，於是就各顯神通降下雨水，令地獄眾生得到清涼。

當時，外道的本師飲光能圓㉚，死後也轉生在這裡。由於他生前為眾人演說邪教，如今正在感受舌頭上有五百鐵犁耕墾、鮮血淋漓之苦。飲光對他們說：「您們二位尊者返回人間時，請轉告我的弟子：『你們本師飲光能圓墮在無間地獄中，舌頭上每天被鐵犁耕墾，極其痛苦。遍行宗派㉛沒有沙門善行，此善行唯有佛教內道才有，你們宗派是顛倒的教派，因此，應當捨棄自己的宗派，隨學釋迦佛的弟子。尤其是你們將本師的骨灰做成靈塔之後，每當供養時，熾熱的鐵雨就會降落到他身上，所以萬萬不要供養他的遺塔。』」

二位尊者返回人間後，路上正好碰到了這些外道。外道原本就對他們不滿，因為他們昔日也曾是外道，皈入佛門之後，以修行的功德力感召了很多人，令外道威望大大下降。於是外道就商量：「如果這兩人讚歎我們的宗派，我們就算了；如果態度不好，這次要把他們狠狠打一頓。」

㉚《毗奈耶經》中稱為晡剌拏。
㉛遍行宗派：印度六大外道之一，其承認眾生之苦樂，非由因緣所生，唯由自然而生。

首先，外道問走在前面的舍利子：「我們宗派有沒有沙門善行？」舍利子以偈頌回答：「正命眾中無沙門，釋迦眾內沙門有，若阿羅漢有貪愛，即無凡小愚癡人。」由於沒有前世的業緣，他們沒有聽懂，以為是在讚歎自己的宗派，就放過了舍利子。（可見，人與人因溝通所致的吵架、打架，都跟前世有一定的因緣。）

目犍連問舍利子：「你有沒有把飲光能圓的口信轉告給他弟子？」舍利子答言：「我說是說了，可他們卻什麼話也沒說。」目犍連說：「他們可能沒有聽懂，還是我去說吧。」

隨後他來到遍行外道的所在地，先說你們宗派是顛倒的，之後又說你們本師如今在地獄裡受苦，我親眼看到了，他讓我給你們捎口信……外道聽了怒不可遏：「這個人不但對我們妄加責難，居然膽大包天地誹謗起我們的本師來了。來，給我打！」他們數數毆打目犍連，目犍連的身體被摧殘得像葦草一樣支離破碎。

目犍連號稱「神通第一」，這要是在以前，不要說被這些外道打得皮開肉綻，哪怕是三界所有眾生群起而攻之，就連他的一根汗毛尖也動不了。可是在當時，由於往昔的業力所壓，他連變化也想不起來，更不必說大顯神變了㉜。此時此刻的尊者，與平常的凡夫人一模一

㉜《毗奈耶經》中，舍利子言：「具壽，豈非大師聲聞眾中稱說神通最為第一，何乃至斯？」答曰：「業力持故我，於神字尚不能憶，況發通耶？」

樣，被打得血肉模糊、慘不忍睹。舍利子見後非常悲痛，就把他背了回去。

未生怨王聽說這個消息，帶領大臣、眷屬前去問候。他看到尊者的樣子極為氣憤，下令把這些遍行外道抓起來，用火燒死。尊者勸他不要這樣，並說這是往昔業力所感，不怪他們。國王只好改變主意，但把這些外道逐出了國境。

國王問尊者：「您在佛弟子中神通第一，怎麼會被這些外道打成這樣？」尊者用了一個偈頌回答：「假令經百劫，所作業不亡，因緣會遇時，果報還自受。」國王要求國內醫術高明的醫生們，必須在七天內令尊者的身體恢復如初，否則就免去現在的一切封祿，並讓大臣親自照顧尊者，然後就回宮了。

此時目犍連告訴舍利子，不久後自己便會涅槃。舍利子非常傷心，說：「我們二人剛開始一起學外道，後來一起出家，一起聽受佛法甘露，同樣證得了阿羅漢果位。倘若你要涅槃，我也會跟你一起涅槃。」

馬勝比丘聽說目犍連受傷極重，於是也前來探望。但他不像我們，得知親友生病了、受傷了，去醫院時只拿一束花，而他沒拿什麼花，也沒拿什麼錢，當時只講了兩個偈頌：「非山非海中，無有地方所，亦不在空裏，能避於先業。如影隨人去，無有安住者，善惡業不亡，無上尊所說。」不管是大山也好、大海也好、虛空

也好，三界中沒有一個地方可以避開業力。人的業力相當於隨身的影子，不會安住在別的地方，只要因緣成熟了，前世所造的善業和惡業，定會在自身上現前果報，這是我等本師釋迦牟尼佛的金剛語。馬勝比丘講完就走了——以後我們有修行境界的人，去醫院看一些金剛道友時，也可以講兩個偈頌就走，這是釋迦教徒的一種做法。（眾笑）

話說剛才那些醫生，苦於國王所下達的七日之限無法做到，便去乞求目犍連尊者：「您千萬不能死啊！不然，國王會剝奪我們的封祿。」尊者答應了，並讓他們轉告國王，七天後自己會去城中化緣。七天之後，尊者果然入城次第化緣，然後來到王宮門口。國王得知後很高興，連忙請尊者入宮應供。

這時，舍利子入定觀察為何目犍連身負重傷還入城化緣，結果發現他有趣入涅槃的打算。於是就去佛陀那裡，悲傷地說：「對於好友目犍連死去的消息，我聽也不願意聽，何況是親眼見到了？既然他要趣入涅槃，我也不想住世了，所以想提前圓寂。」佛陀三次問他是否真要如此，但舍利子的心意已決，佛陀只好說：「諸行無常，是生滅法，那就隨緣吧！」

最後，舍利子與八萬阿羅漢先入涅槃。緊接著，目犍連回到自己的故土，講經說法後，也與七萬七千阿羅漢入滅了。這個公案，不僅是藏傳佛教有，漢地的《根

本說一切有部毗奈耶.雜事》中也有詳細闡述。

　　此經還記載，當時眾弟子見目犍連被外道打得粉身碎骨而示現圓寂，就問佛陀這是什麼因緣。佛陀說：往昔有個婆羅門的兒子娶了一個媳婦，媳婦跟婆婆之間的關係不好，兒子因為偏愛媳婦，就對母親特別不滿。有一次，媳婦又跟他告狀，他心生惡念、口出惡語：「要是有個力氣大的人，把母親打得像葦草一樣，該多好啊！」以此因緣，他在五百世中常被人打得像葦草一樣，最後即使成了「神通第一」的阿羅漢，也仍要感受這種餘報。

　　可見，父母是非常嚴厲的對境，對他們不要說真正去打，就算是心生惡念、口出惡語，將來的果報也十分可怕。還有些經典中說，目犍連前世是婆羅門的兒子，曾經對父親生過惡分別念、罵過惡語㉝；也有論典中說，目犍連前世對父母都產生惡念惡語，從而招致了如此惡果㉞。但我看《毗奈耶雜事》中講的是「母親」，以前法王如意寶講這個公案時，也是說對「母親」不恭敬而成熟的果報。

㉝《眾經撰雜譬喻》云：時有車轅老公，目連正墮其前，形狀似鬼，老公謂是惡物，舉車轅打之，即折其身。目連被痛甚羞懊惱，盡忘本識。佛哀念之，授其威神，爾乃得自思惟，還復本形。是砯車轅老公，目連前世時父。目連與父諍，目連意中念言：「摑殺此公，骨折快也。」是以得此罪殃。

㉞《極樂願文大疏》說：目犍連尊者因造了什麼業而慘遭如此痛苦的呢？從前，一對婆羅門夫婦有一個兒子，他娶了個媳婦。那個媳婦從中挑撥，致使他對自己的父母也變得冷漠無情。一次，他看見父母二人坐在一起，非常生氣，惡言說道：「真該將你們整個身體摧殘成葦草一樣。」以生此惡心之業，他在五百世中被人打死，如今這是最後的餘業。

不管怎麼樣，每個人對此公案理應引起注意。為什麼呢？因為且不說過去的很多世，僅僅是這一世中，我們對父母可能也生過惡念，甚至有人把父母打得特別厲害。如果是這樣，果報何時才能懺淨啊？我們現在若沒有發自內心地懺悔，下場肯定很可怕。這一點，你不信就另當別論了。但就算不信，因果也不會有絲毫改變，一旦你造了這種惡業，痛苦只能由自己承受。《諸法集要經》云：「愚夫無正見，不達罪福相，循環三有中，唯苦為己有。」意思是愚夫由於沒有正見，根本不明白哪些是罪、哪些是福，以至於在三界輪迴中一直不斷循環，飽受各種各樣的痛苦。

所以，取捨因果在學佛的過程中非常關鍵。我為什麼經常強調「修高法不重要，先打好基礎最重要」？就是因為只有打好了前行基礎，修學了前行的這些道理，即使再過十年八年，甚至二三十年，修行境界也很穩固。否則，一兩天內修個大法、修個竅訣，甚至跟人天天辯論，好像智慧相當不錯，但是這樣長期下來，你根本不會有什麼真實境界。

因此，大家必須要打好前行、尤其是業因果的基礎，對這個公案要再三思維。雖然它表面上只是個古代故事，但你若真正相信因果，就會知道對父母乃至上師、僧眾做好事，功德必定不可思議；反之，倘若你對他們不敬、不孝、誹謗、傷害，在業力沒有懺淨之前，

大圓滿前行廣釋

果報絕對會無欺成熟！

還有一則公案：從前，在克什米爾地方，有位具有神通神變的比丘，名叫日瓦德，他座下的弟子為數不少。一天，當他在林中煮染法衣袈裟時，附近一位主人出門尋找丟失的牛犢，見林間炊煙繚繞，就順此方向來到近前。他看到一位比丘正在生火，便問：「你在做什麼？」

日瓦德答言：「我在煮染法衣。」

主人打開鍋蓋一看，發現煮的根本不是什麼法衣，而是肉。比丘自己也驚訝地看見了鍋裡的肉。（他明明沒偷過牛犢，但業力現前也無可奈何。）

主人推推搡搡把他帶到國王面前，呈稟道：「這位比丘偷了我的牛犢，請國王懲治。」國王不問事情始末，便將比丘打入了監牢。

幾天之後，主人家的母牛自己找回了牛犢，於是主人特別後悔，又急急忙忙來到國王面前說：「那位比丘沒有偷牛犢，請求國王釋放他。」但國王因為事務繁忙，在六個月裡忘了此事。

後來比丘的許多獲得神變的弟子，從空中飛來，到國王面前稟告：「這位比丘是我們的師父，他是光明磊落的正人君子，是清白的，請國王放了他！」

這時國王才想起來，於是親自去釋放。當看到比丘

滿臉憔悴、吃盡苦頭的樣子，國王萬分懊悔地說：「此事延誤已久，我真是造了滔天大罪。」

比丘說：「您沒有錯，是我自作自受。」

國王問：「您以前到底造了什麼業？」

比丘講述道：「我往昔曾轉生為一名盜賊，當時偷了一頭牛犢，被主人緊追不放。到了林間，我驚慌之餘，就將牛犢扔在一位正在入定的獨覺面前，卻給獨覺帶來入獄六天的厄運。因為這一惡業的異熟果，使我在多生累世中感受惡趣之苦，今生也受到這樣的苦難。不過，這是最後一次的果報了。」

漢地的《雜寶藏經》中，我也看到過這個故事，情節大致相同，只是時間上略有出入。它是怎麼講的呢？從前有個阿羅漢叫離越，他門下有五百弟子，都得到了聖者果位。有一天，他在煮法衣時，有個人丟了牛，到他面前打開鍋一看，法衣自然變成牛皮，所煮的染草變成牛肉，染汁變成了血。牛的主人見了，把他綁到國王那裡，國王將其關入監獄，天天做飼馬除糞等低劣之事，長達十二年之久。

離越阿羅漢的弟子，見上師突然失蹤了，就用神通觀察他去了哪裡，但這麼多年來始終找不到。直至十二年後，離越阿羅漢的業力慢慢盡了，一位弟子才發現他在國王的監獄裡，便飛到皇宮，要求國王釋放此人。

國王派人去監獄查看，但除了看到一個身體憔悴、

鬚髮極長的人外，沒有發現出家人的影子。國王把這個消息告訴那個弟子，那弟子對國王說：「您最好去監獄宣布：出家人全部得以釋放。」國王遵照他的要求，頒布了這個法令。離越阿羅漢此時因業力清淨，鬚髮自落、袈裟著身，飛入虛空，示現十八種神變神通。

國王見了歎未曾有，在他面前五體投地，開始懺悔。離越阿羅漢說：「國王，您沒有錯，這是我自己的業力現前。」

國王問是什麼業力。他回答說：「往昔我丟了一頭牛，尋找時在山裡見到一位獨覺，我就於一日一夜中誣陷是他偷了牛。以此因緣，我在惡趣中受了無量痛苦。如今雖已得阿羅漢果，但仍要遭受這樣的果報。㉟」

因此，大家對因果務必要小心。這裡之所以引用許多聖者的公案，就是在提醒我們：連世間上非常偉大的阿羅漢、菩薩、佛陀，顯現上也會感受果報，何況是我們凡夫人了？有些人說「顯現不一定是真實的」，但輪迴也是一種顯現，沒吃飯會餓也是一種顯現，你遇到痛苦也是一種顯現，在這樣的顯現面前，因果確實是不虛的。

常有人說：「一切皆空，造惡也沒有什麼！」這種論調特別過分。要知道，儘管一切法是空性的，但對我

㉟《雜寶藏經》云：「尊者答言：我於往昔，亦曾失牛。隨逐蹤跡，經一山中，見辟支佛獨處坐禪，即便誣謗，至一日一夜。以是因緣，墮落三塗，苦毒無量，餘殃不盡。至得羅漢，猶被誹謗。」

們而言，根本沒有像目犍連那樣的境界，既然目犍連都難逃因果，那我們會不會受因果支配呢？肯定會。我到一些城市去時，經常見個別佛教徒盲目地讚歎上師：「哎呀，您造點業肯定沒事，您吃肉肯定對眾生有利，您殺生肯定是超度，我相信您！」但是你的相信、上師的惡行，不一定能真正超越輪迴。因此，在取捨因果方面，每個人一定要謹慎。假如你不是成就者就隨便吃肉、喝酒抽煙、殺盜淫妄無惡不作，最終只能是自作自受，此外絕沒有其他的路。

對於這些，智者特別害怕，愚者卻根本不在乎，這就是智者與愚者之間的差別。誠如佛經所言：「愚夫樂作罪，智者心常怖，由具彼正慧，見諸惡險難。」愚夫喜歡造罪，智者卻對此心懷畏懼，為什麼呢？因為他具有因果正見的智慧，完全能看到造惡業的危險性。就像有一定智慧的人，深知不能貪污犯法，不然鋃鐺入獄會後悔莫及。然遺憾的是，如今在這個世間上，很多眾生愚昧無知，不知造惡業會招致痛苦，或者由於因果見解不深，他們表面上知道，卻常常明知故犯，這是相當可怕的。因此，大家一定要有因果正見！

再來講講菩薩受報的實例：從前，龍猛菩薩從龍宮等他方世界中，迎請了許多般若經典在人間廣弘。此舉令魔王波旬火冒三丈，為了加害龍猛菩薩，他投入樂行王后的腹中，成了樂行國王的一名太子，名叫具力。

有一天，母后送給具力太子一件精美別致、五彩錦緞的無縫衣㊱。太子說：「我現在還不穿，等到繼承王位時，再穿不遲。」

母后說：「你恐怕沒有這個機會了。本來，國王駕崩之後，理當要由太子登基。可因為你父王和龍猛菩薩成就了金丹術，生命是一體的，只要龍猛菩薩沒有圓寂，你父王就不會離開人世。而龍猛菩薩已獲得了壽命自在，如果他願意住世，就沒有圓寂的時候㊲。正因為如此，你的許多兄長都沒能繼位，就已經死去了。」

太子特別著急，問：「那有什麼妙計嗎？」

母后出主意道：「龍猛阿闍黎是一位菩薩，倘若你向他索要頭顱，他必定會施捨，除此之外也無計可施。」

於是，太子迫不及待地來到龍猛菩薩面前，索要他的頭顱。龍猛菩薩心想：「釋迦牟尼佛在因地時，無數次地將頭顱等布施給眾生，我也應如是追循佛陀的足跡。為了懾服魔王波旬，為了利益後代眾生，為了諸大佛子能生起勇氣，我應當行此布施。」想到這裡，他爽快地答應了太子的要求。

太子喜不自禁，立刻揮起寶劍奮力砍去。但無論怎

㊱無縫衣：指不見縫痕的精工妙衣。
㊲像布瑪莫扎和蓮花生大士一樣，可以長久住在世間。有些傳記中記載，龍猛菩薩一共活了671歲差半歲（見《密宗大成就者奇傳》），也有說是700歲（見《法苑珠林》）。

樣，寶劍都好像在虛空中舞動一樣，根本無法砍斷菩薩的頭顱。

龍猛菩薩和藹地告訴他：「我五百世前，已完全清淨了兵器砍割的異熟果報，所以用兵器無法砍斷我的頭。但我往昔割吉祥草時殺害小蟲的果報還沒徹底清淨，你用吉祥草可以割斷我的頭。」太子就採了一根吉祥草，去割菩薩的頭時，頭顱果然當下落地。

這時，只見鮮血化為了白色的乳汁，龍猛菩薩的頭顱發出振聾發聵的聲音：「我今往生極樂剎，將來亦入此身體——㊳」太子害怕他的頭顱和身體再重新癒合，就把頭顱拿到很遠的地方，途中被一位羅剎女搶走了……後因龍猛菩薩成就了金丹術，其法體與頭顱都化成了山。覺囊派的多羅那他尊者，在《密宗大成就者奇傳》中說：兩山之間剛開始有四由旬遠，慢慢地，中間的距離越來越近，如今只有一聞距左右。關於這事，他的上師也親眼見過。

在這兩座山上，後人為了紀念，還修有殿堂。以前上師如意寶去印度南方時，有一天我們路經此地，附近有座特別大的水庫，水庫的兩邊指向兩座山——龍猛菩薩的頭和身體。當時我們時間比較緊，就沒有去跟前，

㊳根據印度佛教歷史記載，龍猛菩薩圓寂之後，他的法體和頭部變成兩座山，這山如今在印度南方貝諦境內。將來龍猛菩薩會重入此身體，重新弘揚中觀的般若空性。那時，時輪金剛的軍隊也會降臨人間，摧毀外道，建立大乘密法。

只是遠遠地看了。（不知我們學院去印度的人多不多？很多人到那裡都迷迷糊糊的，只去一下金剛座就回來了。）

以上這個公案說明，龍猛菩薩雖為一地菩薩，但他的圓寂也跟前世業力有關。所以，我們平時不論遭遇什麼，哪怕是兩個人在打架時，一個人拿石頭把你頭砸個窟窿，鮮血噴湧而出，這肯定也跟前世脫不了干係。

前不久，我們學院的一位堪布去印度，回來的途中車翻了，差點要了他的命。他以為自己就要死了，在半昏迷的狀態中，再三提醒旁邊的人：「你們千萬不要懲罰司機，如果我死了，跟他沒有任何關係！」這確實是佛教徒該做的事。否則，若換成一般的世間人，肯定會把死因怪在別人頭上，指責司機的技術有問題。尤其是一些落後地區，現在存有各種劣習，就算自己擦傷一點點，也會竭力去找對方的麻煩。而我們作為大乘行人，當身體受到傷害時，最好不要去怪罪別人。即使別人故意用刀砍你、用棍棒打你的頭，你也應意識到是自己的錯：「我以前肯定這樣對過你，沒事沒事，謝謝你幫我消業！」其實不管是聖者還是凡夫，所造的業遲早都會落到自己頭上，永遠不會耗盡。因此，在遇到這類事情時，我們應當有這種觀念。

然而，有些人根本不管這一套，就算別人根本沒錯，錯完全在自己，也一定要找別人算賬，這就是不懂因果所致。實際上，《佛說興起行經》說過：「世人所

作行，或作善惡事，此行還歸身，終不朽敗亡。」世間人所做的任何行為，善也好、惡也好，終究果報會歸於自身，始終不會虛耗。所以，你在感受果報時，不該認為是別人不對，要知道是自己的錯！

總之，大家要好好地想一想：像聖者尚且要感受業力的果報，我們無始以來漂泊在輪迴中，所造的惡業不計其數，那以後要受的報應更不用說了。況且我們現在仍執迷不悟地積累惡業，真不知何時才能從輪迴中解脫。不要說解脫，僅僅是脫離惡趣，恐怕也不太容易。

就如同一個農民，無論種的是苦種子、甜種子，既然已經種下了，其果必定會相應成熟。同樣，我們不管是害人還是幫人，業既然已造下了，最終果報定會出現。《別譯雜阿含經》也說：「譬如下種子，隨種得果報，汝今種苦子，後必還自受。」可見，善和惡分別是快樂、痛苦的來源。但如今很多人非常愚癡，根本不明白這一點，這是相當遺憾的！

故我們作為修行人，先要通過聞思明白什麼是善、什麼是惡，然後隨時隨地要謹小慎微，即使是微乎其微的罪業，也要盡心盡力予以杜絕；哪怕是微不足道的善事，也要悉心畢力加以成辦。比如，念一句觀音心咒、轉三分鐘經輪，看到佛塔就摘帽、合掌、頂禮乃至轉繞一次，有時間就觀想佛陀的功德……如此對善法一點一

大圓滿前行廣釋

滴地日積月累，最後才有開悟的機會。

現在許多富人積累財富，都是從點滴開始起家的，甚至對小錢更重視、更執著。同樣，有福報的修行人，對細微的業果也特別重視，而沒有福報的人，內心卻根本不在乎。其實，如果沒有從小處著手，那麼以一剎那的惡業，也需要在惡趣中住留數劫。故對於微小的罪業，如誹謗別人、殺一個旁生、喝瓶酒、抽支煙，我們絕不能抱著無所謂的態度，認為這麼一點點就無關痛癢。

寂天菩薩親口說過：「剎那造重罪，歷劫住無間，何況無始罪，積重失善趣？」僅僅在剎那間造下的重罪，都要墮入無間地獄歷劫受苦，那無始以來所積的眾多罪業，使我們失去善趣就更不用說了。《賢愚經》亦云：「莫想諸罪微，無害而輕視，火星雖微小，能焚如山草。」我們不能以罪業微小就輕視它，因為就算是個小火星，也能焚毀如大山般的草堆。（最近俄羅斯起了大火，據說200多架飛機被燒成一堆廢鐵，這個火災的來源肯定也很小很小。）

因此，在座的道友對善惡業果一定要注意。有些人因無始以來的無明愚癡，有時候是不懂因果而造了罪；有時候雖然懂，但由於煩惱太深重，實在忍不住也會造業。但不管怎麼樣，我們務必要了知：造罪是特別不好的行為，必須要盡心盡力捨棄。倘若控制不住自己，那

也不能肆意妄為，一旦造了罪業，就要在上師三寶面前念咒再三懺悔。作為一個智者，剛開始就不會造罪；即使不小心已經造了，也會想辦法把它連根拔除，不讓自相續受到染污。

　　綜上所述，「一切為業之自性」的觀念，對我們來講非常重要。現在很多人常說：「這是我的果報！」「這是我前世業力現前！」這種說法真的很對。我們遇到的所有情況，包括身上發生的怪事、人與人的苦樂，肯定都跟業力有關。曾有個高僧在講法時說：「這世界是業的世界，既然我們今生很短暫、來世很漫長，就一定要為來世造些善業。」這個教言的意義很深刻。希望大家仔細觀察，看你來這個世間多少年了？在此期間，對業因果是重視還是輕視？今後的路要怎麼走？自己應該給自己一個答案！

大圓滿前行廣釋

第六十九節課

第七十節課

前面已介紹了，我們千萬不能認為罪業微小就輕視它，不然，它成熟的果報相當嚴重。作為一個修行人，理當以智慧觀察自己、攝持自己，否則，一旦不慎造了惡業，痛苦必定是自作自受，其他任何人都替代不了。

今天接著講：同樣，微不足道的善業，也能產生不可思議的果報，故不要認為僅僅一點點就不屑一顧。比如我們平時用轉經輪、拿念珠，或者供一盞燈、一束鮮花、磕一個頭，對佛塔、佛像轉繞一匝……這樣的善業看似微小，但實際上果報非常廣大。

所以，善業和惡業的成熟率都相當高。不懂得這一因果規律的人，縱然再有才華、再有財富，也屬於愚癡之列。為什麼呢？因為在這個世間上，因果規律誰也抹殺不掉、推翻不了。即使你沒有學過佛教，也應通過各種途徑去了解它，這樣，對自己的今生來世會有極大利益。

下面講一個簡單的例子：我乳輪王往昔變成一個窮人時，有一天，他看到別人辦喜事，按照當地風俗，他拿一把豌豆準備向新娘投拋。途中正巧遇見德護如來前往城中，他生起極大的信心，將這把豌豆撒向佛陀，其中四粒落入佛的缽中，兩粒觸到佛的胸口。以此異熟果，他轉生為南贍部洲的轉輪王；以四粒豆落入佛缽中

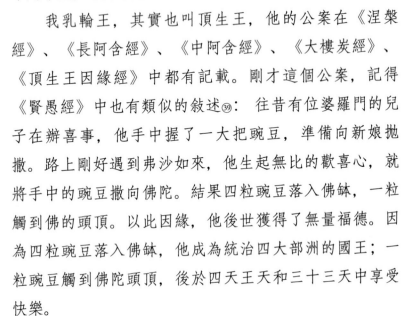

的果報，統治四大部洲八萬年；兩粒豆接觸到佛的胸口，其中一粒的果報成為四大天王的主尊八萬年，另一粒的果報在三十三天第三十七代帝釋王朝中，與帝釋天平起平坐，執掌國政。

我乳輪王，其實也叫頂生王，他的公案在《涅槃經》、《長阿含經》、《中阿含經》、《大樓炭經》、《頂生王因緣經》中都有記載。剛才這個公案，記得《賢愚經》中也有類似的敘述㊵：往昔有位婆羅門的兒子在辦喜事，他手中握了一大把豌豆，準備向新娘拋撒。路上剛好遇到弗沙如來，他生起無比的歡喜心，就將手中的豌豆撒向佛陀。結果四粒豌豆落入佛缽，一粒觸到佛的頭頂。以此因緣，他後世獲得了無量福德。因為四粒豌豆落入佛缽，他成為統治四大部洲的國王；一粒豌豆觸到佛陀頭頂，後於四天王天和三十三天中享受快樂。

不過，《頂生王因緣經》中所講的，與此略有差異。經中記載：以前有個商主的兒子，在街上遇到了毗婆尸佛，於是他對佛拋撒豌豆，結果四粒豌豆落入了佛缽；一粒豌豆碰到佛缽，發出響聲而掉在地上。以四粒豌豆落入佛缽的因緣，他成為統治四大部洲的轉輪王；

㊵《賢愚經》云：阿難白佛：「此頂生王，宿殖何福，而獲如此無量大報？」佛告之曰：「乃往過去，不可計劫，時世有佛，號曰弗沙，與其徒眾，遊化世間。時婆羅門子，適欲娶婦。手把大豆，當用散婦，是其叢世，俗家之禮。於道值佛，心意歡喜，即持此豆，奉散於佛。四粒入缽，一粒住頂。由此因緣，受無極福。四粒入缽，王四天下。一粒在頂，受樂二天。」

一粒豌豆擊缽振聲方才墮地，令其轉生至三十三天。這一粒豌豆若能落入缽中，他就可以成為天界之主，但由於最後掉在了地上，他只能統治人間而不能統領天界⑩。

這個商主的兒子，當時將豌豆供養佛陀後，生起了很大的歡喜心，就在佛面前發願：「以此布施廣大因，得佛世間自然智，願我速越生死流，先佛未度者皆度。」意思是說，以此供養佛陀的廣大因，願我得到如來的自然智慧；願我迅速超越輪迴的生死流轉；願先佛未能救度的眾生，依靠我的威力早日得度。這位商主之子，就是頂生王的前世，也是我等本師釋迦牟尼佛的因地。

所以，我們不管是在家人、出家人，如果身上有一點點錢財、一點點資具，在遇到僧眾、寺院及真正的大成就者、修行人時，不要有吝嗇心，而應以歡喜心、恭敬心進行供養。要知道，即便是一次微薄的供養，其果報也相當大。往昔阿育王的一位公主出生時，右手始終緊握著拳頭，直至5歲才自動張開，此時掌中有一枚金幣，隨取隨有、無窮無盡……這是什麼原因呢？原來公主的前世，是阿育王皇宮裡的一名僕女。她看到阿育王上供下施，積累廣大善根，心中特別隨喜，但苦於自己

---

⑩《頂生王因緣經》云：「彼時四豆入於缽中，後感報應於四大洲統輪王位。其有一豆擊缽振聲方墮地者，後感報應生至三十三天。又復大王，而彼一豆若不墮地得置缽中，後必報應為天中主。由墮地故，但統人間不為天主。」

無錢修福，內心非常感傷。有一次，她在掃地時撿到一枚銅錢，便把握殊勝因緣，歡喜地將這僅有的銅錢供養了僧眾。以此福德，她下一世馬上變成了公主，受用財富也用之不盡。

因此，對於別人的微小善根，我們不要輕視，而應由衷隨喜。但不懂因果的人，認為這是一種愚癡之舉，前不久我給個別大學的學生開示時，對此就詳詳細細破斥過。現在很多高等大學，由於沒有善惡因果的教育，大家都覺得看不見的東西就不存在，或者認為因果規律不合理。這種想法純粹是邪見，我們理應想盡一切辦法推翻，否則，就會給自他帶來危害和不安。

你們在座的很多人，從小受過無神論、唯物論的教育，尤其是因果斷滅論，當今可謂遍地開花、深入人心，以此邪見所引發的行為，全部都是顛倒、不如法的。其實善惡因果觀在佛教正見中是最重要的一環，作為真正的佛教徒，務必要通過各種途徑，先認識它是怎麼安立的。若能依靠前輩大德的教言、歷史上著名的經論，通達這一不為人知、深奧神秘的因果規律，就會明白無論是男女老少、貧富貴賤，誰都不能超出因果之網，一旦對此有所違越，勢必無法逃脫它的懲罰；反之，倘若觀想佛陀、對佛像生歡喜心，不要說用大量財富作供養，就算只朝其拋撒一朵鮮花，此善果也無法衡量，連帝釋和轉輪王的果報也難以比擬。

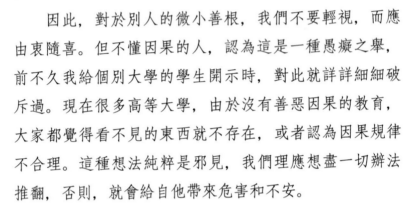
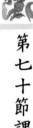

有些人認為，現今那些超級大國的總統、主席及聯合國秘書長，肯定是前世積累了極大福報。其實這也不一定，或許他們前世只造了一點微不足道的善業，但由於當時願力強大、對境殊勝等原因，今生便有了身為人王的機會。

所以，我經常給大家強調：你們在日常生活中，理應養成不輕小善的習慣。比如，每天早上起來要供佛、頂禮；不管在哪裡看見佛像，都要虔誠供養；平時在走路、坐車時，也在前方空中觀想佛陀或上師、本尊，然後幻化出鮮花、山河大地等美妙供品，進行意幻供養；見到一個特別美麗的地方，有花、有森林、有清泉，口中要念「供養三寶」，內心也要想把這一切進行供養……如果能常常如此，日積月累下來，功德必定不可思議。

《大集經》中亦云：「若有真實生信心，是則能破三惡道；供養如來一香華，無量世受無上樂。」若對上師三寶生起真實的信心，以此力可破地獄、餓鬼、旁生三惡趣；若於佛像前供養一朵香花，以此微薄的供品，可在無量劫中享受天界的無上安樂。

現在有些富可敵國的人，擁有別墅、轎車，以及取之不完、用之不盡的財富。但他們前世也不一定行了很多善、積了很多福，有時候只是在佛像前供花、供香，便能輕易得到這些功德。所以，你們平時去寺院的話，

大圓滿前行廣釋

對佛像作供養很重要！

然而，極個別的知識分子，覺得這種行為不理性，實際上，這只是他不懂佛教真理而已。如果他真的懂因果規律，那對別人所做的善事，哪怕僅僅念一句咒語，也不會隨意輕視。我看到學院的有些道友，不管到哪裡去，念珠都不離手，每次與人說話或做事，就在念珠上打個記號，完了以後，又拿起念珠繼續念，此舉確實令人讚歎。這樣的習慣，如今在藏地保持得相當好。而漢地等其他地方，除了開法會時有人會念以外，平常的念誦非常罕見。即使大家有時間、有機會，卻也沒有這個習慣。

這一點，我們以後要盡量改過來，行持善法要隨時隨地，不一定非要專門時間。在任何地方、做任何事情，心都可以轉向善法，行為也可以多多少少做些善事，因此不要輕視積少成多。如《賢愚經》云：「莫想諸善微，無益而輕視，水滴若積聚，漸次滿大器。」《出曜經》中也說：「莫輕小善，以為無福，水滴雖微，漸盈大器。」所以，我們作為修行人，理應從小的善行開始做起。

現在有些人渴望一步登天，很快就想獲得成就。這種願望固然美好，但現實與理想之間，還是有差距的。就像一個小學還沒畢業的人，馬上想獲得博士後學位的話，除非他是俱生的天才，否則，恐怕無法達成所願。

第七十節課

所以，行持善法要從點點滴滴開始，不能違越它的軌道，若如此，久而久之必見成效。

智悲光尊者在《功德藏》中也說：「無憂樹種如芥子，每年果實成熟時，一枝亦增一由旬，善惡果增不可喻。」本來無憂樹的種子比芥子還小，可樹木在成長的過程中，每年樹枝都會增長一由旬左右。同樣，我們造惡行善也是如此，雖然剛開始只有一點點，但果報的增長程度卻無法形容，就像我乳輪王前世供佛六粒豌豆，來世的人天福報無量無邊；或者像有些人生一剎那的嗔心或殺一條生命，無數劫中都要在惡趣受苦。

所以，這些道理想起來之後，懂因果的人會如履薄冰，對造惡業有一種恐懼感。否則，倘若你不小心造了惡，甚至只是違犯了細微學處，也會導致無窮的後患。不過《毗奈耶經》中說，在造惡業的過程中，假如有慚愧心、後悔心，果報則不會很嚴重；但若以無所謂的輕毀心，肆無忌憚地造業，那果報就相當可怕了。

作者引用了一個翳羅葉龍王的故事，來說明這個道理。此故事在《根本說一切有部毗奈耶.雜事》中有，《福蓋正行所集經》中也有。可見，華智仁波切在《前行》中所列舉的公案，大多都出自於佛經和公認的論典。有些漢傳佛教的人剛聽這部法時，認為：「《前行》是密宗法，我不要學，師父也反對。我最好是學正統的禪宗或淨土宗，如果是密宗，我可不敢接觸！」其

大圓滿前行廣釋

實，你對此不必害怕。你和你師父深惡痛絕、退避三舍的，應該是造惡業。而藏傳佛教，沒有一部違背漢傳佛教的經論，它不是高壓電線，也不是炸彈，不會害你的。不懂佛教道理的人，不需注意的地方非要注意，值得注意的地方卻從不在乎。比如僧眾的財產、誹謗別人的話題，這些都特別可怕，他卻一點也不顧忌，而對藏傳佛教的珍貴經論，卻避之如洪水猛獸，這一點確實比較愚癡。

這部《前行》中每個公案的出處，這次我在傳講過程中，盡己所能地給大家作了介紹。其實，從頭到尾學過《前行》的人就會知道，它裡面的公案，不是在講藏地的民俗習慣，而是在講佛教徒不得不了解的故事。這些故事儘管在《大藏經》裡也有，但很多人並不了知，而且沒有時間去翻閱。因此，我們如今依靠傳承上師的竅訣，懂得這些極為重要的道理，是很有必要的！

言歸正傳，佛經中記載[41]：從前，佛陀在鹿野苑[42]為大眾說法。翳羅葉龍王得知後，很想前去親近供養。但如果以龍族的身分去，可能會遇到很多天敵，於是他變成一個轉輪王，眾寶瓔珞莊嚴其身，帶著浩浩蕩蕩的軍隊、侍者，威風凜凜地來到佛陀面前。

[41]詳見《福蓋正行所集經》卷11。
[42]鹿野苑又叫仙人墮處，之所以有這個名字，是因為昔日有五百仙人飛行空中，來到此處，乍見王宮婇女，一時萌發貪心，結果失去神通，全部墮在地上。之所以叫鹿野苑，是因鹿王代懷孕的母鹿捨身就死，感動了波羅奈國王大發慈悲，釋放群鹿，並將廣大樹林布施給鹿群。佛陀初轉法輪就選擇了這個地方。藏文中的「鹿野苑」，也有這兩種不同的意思。

正在聽法的四眾弟子，見此威勢，紛紛議論：「這個國王是誰啊？這麼了不起！」

佛陀說：「這並非人王。過一會兒，你們就知道了。」

此時，龍王來到佛陀足下頂禮。佛陀義正詞嚴地呵責：「你不僅破壞了迦葉佛的教法，難道還要來毀壞我的教法嗎？速速離開這裡，現出原形再來。」

龍王說：「我面臨著眾多威脅，實在不敢以原形前來。」

於是佛陀讓金剛手、大藥叉神保護它。這時，一條遍布數由旬的巨蛇出現在人前，只見牠有七個頭，每個頭都被一棵黳羅大樹重重壓著，樹根部位昆蟲彌漫、膿血交流，以此感受著巨大的痛苦。

黳羅葉龍王祈求佛陀救度，授記自己何時才能脫離惡趣。佛陀說：「以後人壽八萬歲時，彌勒佛將出世，此佛會授記你脫此龍身的時間。」龍王聽後，放聲號哭，淚若河流。

阿難見此情景，就問佛陀此龍王的業因。佛陀講述道：人壽兩萬歲時，他曾是迦葉佛教法中的一位比丘，多年都在山裡修行，內心比較寂靜。有一次，他入定時間太久，出定時午時已過㊸，去城中化緣，遭到別人呵責，心生煩惱。他回到山裡，一棵黳羅大樹刮了他的法

㊸一般出家人要過午不食。

衣，他勃然大怒，無視學處而砍了那棵樹……⑭

　　另有佛經中說⑮，往昔他在坐禪時，旁邊翳羅大樹的樹葉總打著他的額頭。一次，他心情不好缺乏對治力，被打後就以瞋心扯下樹葉，扔在地上，並對迦葉佛進行誹謗：「如來對有情制定戒律就可以了，對無情法還規定不能摧毀，這是什麼道理？害得我白白受苦！」以此罪業所感，他如今成熟了這種惡果。佛陀把整個經歷講完後，告訴眾弟子：「設經無量劫，彼業不能壞，果報成熟時，眾生決定受。」

　　這個偈子的內容，我們務必要再三思維。《前行》在理論上沒什麼更深奧的，每個偈頌、每個道理一聽就明白，但它的甚深涵義，大家不知思維過沒有？比如，每天要觀想的因果不虛，你是否深知這絕非一種傳說或神話，而是活生生在我們生活中上演的。以前它已在無數人身上出現過，將來我們也難逃這種業報規律。現在有些特別愚癡的人，要麼對世間一知半解，要麼對出世間一無所知，一旦違背了佛陀的教言或學處，最終無論他承不承認，都要承受難忍的果報，誠如《諸法集要

――――――――――――――――――

⑭也有說是故意撕碎了翳羅大樹的幾片樹葉，隨手扔掉。
⑮《根本說一切有部毗奈耶‧雜事》云：過去於賢劫中人壽二萬歲時，有佛出世，名曰迦葉波，十號具足，在婆羅痆斯施鹿林中依止而住。此龍于時於佛法中出家修行，善閑三藏具習定門，[醫-酉+口]寂靜處，[醫-酉+口]羅樹下，而作經行以自策勵。于時[醫-酉+口]羅樹葉打著其額，即便忍受。後於一時繫心疲惓，從定而起念念經行。葉還打額極生痛苦，發瞋怒心即以兩手，折其樹葉撕之于地，作如是語：「迦葉波佛，無情物上見何過咎？而制學處，令受斯苦。」由彼猛毒瞋心毀戒，命終之後，墮此龍中。[醫-酉+口]羅大樹生於頭上，膿血流出，多有諸蟲，蠅蛆唼食，臭穢非常。

第七十節課

經》所云：「若違背佛言，彼為愚癡者，於無量苦惱，長時無解脫。」

　　因此，不管是在座親聆佛法的四眾道友，還是通過光盤、網絡來接受佛法的佛友，希望你們對因果有堅定不移的正見，無論出現什麼情況、在什麼環境或場合中，都能自覺地約束自己：「我千萬不能造惡業，否則，將來是不會快樂的！」要知道，除非是菩薩為了度化眾生而寧願永劫受苦，否則，一般的人都希求快樂，喜歡痛苦的一個也沒有。我們平時說大話倒可以，但真正牽涉到自己時，比如身體生病了，大多數人都希望盡快治好，中藥、藏藥、西藥，什麼藥都願意吃。

　　很多人常會說：「願一切眾生的痛苦成熟於我身。如果我生病對眾生有利，但願我生病；如果我死亡對眾生有利，但願我死亡；如果我痛苦對眾生有利，但願我遭受各種痛苦。」學《修心七要》的時候，講是這樣講的，然而一旦你真的生病了，此時會不會想到眾生？每個人都有自知之明，應該知道自己的境界。所以，僅僅是為了自己的快樂，大家也一定要相信因果，對未來要有所考慮。

　　最近，我一直在強調修「共同加行」，你們平時不管獨處還是在人群中，都應該經常思維：「善惡因果會不會是這樣？」假如覺得不是這麼一回事，那不承認也可以，畢竟言論是自由的。但如果你在眾人面前辯論，

大圓滿前行廣釋

就會發現任何智者都不能推翻這個真理，自己沒有理由的話，想否認它，恐怕是說不過去的。

在一切善業惡業之中，是黑是白、是輕是重，關鍵要看人的起心動念。心是惡的話，行為再善也是惡業；心是善的話，行為再惡也是善法。舉個例子來說：一棵大樹，根若是藥性，那樹幹和樹葉肯定是藥；如果根是毒，樹葉和樹幹也必然是毒，因為毒性十足的樹根絕長不出靈丹妙藥的枝葉。同樣，一個人若帶有貪嗔的動機，居心不良、意樂不淨，即使表面上所作所為是善業，實際上也只會變成不善；假設內心清清淨淨、純正無瑕，縱然從外觀看起來好像在造惡業，事實上也已經成了善舉。

所以，我們是造善業還是造惡業，完全在於自己的起心動念。就像龍猛菩薩在《寶鬘論》中云：「貪嗔癡及彼，所生業不善；無有貪嗔癡，及彼生業善。」《功德藏》中也說：「樹根為藥芽亦藥，根為毒芽何用說？唯隨善惡意差別，不隨善惡像大小。」

樹根決定樹葉的性質，《出曜經》中也講過一個故事：從前，在舍衛國的祇樹給孤獨園，有一棵蒼翠茂密的大樹，來園中遊憩的人都喜歡在樹下休息乘涼。可凡是在那裡待過的人，要麼頭痛欲裂，要麼腰脊疼痛，要麼甚至會在樹下送命。後來，園丁發現這是一棵毒樹，

就把它的枝葉全部砍掉了。

可是隔不了多久，這棵樹又生出新枝葉，長勢比先前更為茂然，吸引了更多人來樹下休息，也有更多人因此而感受痛苦。

園丁見此情景，經年累月不停地砍，但樹仍然不斷地抽芽、生枝……有個智者見到後，好心地提醒他：「當盡其根。」這一句話，讓他當下恍然大悟。於是他從根本上下手，去掉了毒樹的根，它就再也沒有生枝長葉了。

由此可見，樹根若是毒，枝葉也必定是毒。同樣，心如果是惡，行為上裝得再好，實則也是惡的循環，不可能有善果。因此，我們以後做任何事情時，應像前輩大德所講的那樣，先要觀察自心有沒有貪嗔癡煩惱。如果是在煩惱的驅使下行持，果報肯定不會好；倘若是以清淨心、歡喜心、利他心攝持，表面上就算做的事不太如法，實際上也是功德無量。

所以，心善一切善，心惡一切惡，心在善惡因果中占了重要的位置。鑒於這個原因，對沒有自私自利、內心清淨的菩薩而言，身語七種不善業有直接開許的時候，就像大悲商主殺短矛黑人、星宿婆羅門對婆羅門女行不淨行一樣。下面簡要地講述這兩則公案：

一、大悲商主殺短矛黑人

此公案，在漢地《大寶積經.大乘方便會》、《慧上

大圓滿前行廣釋

菩薩問大善權經》中均有詳細描述。其實在接近密宗的一些經典中，對特殊的殺生和邪淫，是有方便開許的。

從前，燃燈佛住世時，釋迦牟尼佛轉生為一名大悲商主，他和五百商人一起去大海取寶。途中，一個叫短矛黑人、心狠手辣的強盜，混入五百商人的群體中，企圖到時候殺人掠財。

當晚，大悲商主夢到海神告訴他：「短矛黑人準備殺這五百商人。這些商人全部是不退轉菩薩，如果殺了他們，必將於無量劫身陷地獄，實在可憐！所以，你最好是能想個辦法，讓他不造這種惡業。」

大悲商主醒後，不禁思維：「如果我殺了短矛黑人⁴⁷，便可避免他墮入地獄。就算我因此而下墮地獄，也是甘心情願的。」這樣三思之後，他以非凡的勇氣，毅然決然地殺了那個強盜，救護了所有的商人。以此善念，大悲商主非但沒有墮入惡趣，反而圓滿了七萬劫的資糧。

這一公案，表面上看是造了惡業，為什麼呢？因為作為菩薩的他，親手殺了一個人。但實際上，這完全是善法，因為大悲商主根本沒有一點自私自利，而且從眼前來看，保護了五百商人的生身性命；從長遠而言，把

㊽「黑人」是惡人之義，「短矛」是因他被大悲商主以短矛殺死，故因此而得名。
㊼《大寶積經》云：大悲導師如是思惟：「我今當自殺之。我以殺此人故，雖百千劫墮惡道中受地獄苦，我能忍之。不令惡人害五百菩薩，作此惡緣受地獄苦。」

短矛黑人從地獄的痛苦中拯救出來，所以是偉大的善行。

這就是密宗中常講的「降伏」，即以方便的大悲、特殊的智慧，在智悲雙運的境界中，可以殺害惡業深重、惡趣為主的眾生。因此，顯宗也有對降伏的開許，跟密宗是完全相同的。現在極個別人對密宗一點都不了解，甚至覺得密宗有些行為不如法，不是釋迦牟尼佛的教法。若是這樣認為，那他對顯宗的《大寶積經》， 也值得重新審視了。

二、星宿婆羅門對婆羅門女行不淨行

從前，星宿婆羅門[48]四十二億年在林間持梵淨行。一次，他去極樂城化緣，一位婆羅門女對他一見鍾情，生起貪愛，非要與他成婚，否則就會欲絕身亡。剛開始他一直拒絕，不想毀壞多年的道行，但他走了七步以後，不由得對她心生悲憫，心想：「如果我沒有接受她，她就會因我而死；若是接受了她，我就會犯戒墮於惡趣。算了，寧可我自己受苦，也不能讓眾生受苦。[49]」於是他和婆羅門女結成夫妻，十二年中一起生活。正是由於他大悲心強烈，此舉不但沒有構成罪業，反而圓滿了四萬劫的資糧。

大圓滿前行廣釋

---

[48]在《大寶積經》中，叫樹提婆羅門。
[49]《大寶積經》云：彼時梵志強自頓抴得離七步，離七步已生哀愍心，如是思惟：「我雖犯戒墮於惡道，我能堪忍地獄之苦。我今不忍見是女人受此苦惱，不令是人以我致死。」

因此，在大乘經典當中，有一些看似破戒或邪淫的行為，最後也都成了積累資糧的方便。故密宗有些大成就者娶空行母、行持雙運，實際上在顯宗中也是成立的。倘若你對此完全不認可，非要以別解脫戒來衡量，那這些公案就說不過去了。

此外，《華嚴經》中還有個妙德女，因貪愛修菩薩行的威德主太子（釋尊前世），求為其妻，而生大功德，如經云：「雖以愛染心，供養彼佛子，二百五十劫，不墮三惡趣。」

《大乘莊嚴寶王經》中也說，除蓋障菩薩去求六字大明咒的傳承時，那位法師有妻有子，甚至袈裟也被不淨糞所染。但是佛陀告訴他：對這位菩薩，千萬不要生邪見㊿。

《大般若經》還記載，宣講般若法門的法湧菩薩（即法勝菩薩），常與六萬八千侍女共相娛樂。常啼菩薩去求般若法門時，對此也沒有生起邪見。

這些菩薩雖示現為在家身分，但都是以大乘方便在利益眾生。這種行持，絕不像世間人那樣貪心特別強烈，在感情的羅網裡逃不出來。而是在特殊情況下，身語表面上是罪業，實則皆為善法。諸如此類的方便行

㊿《大乘莊嚴寶王經》云：佛言：「善男子，彼法師者難得值遇，能受持是六字大明陀羅尼，見彼法師同見如來無異，如見功德聖地，又如見福德之聚、如見珍寶之積、如見施願如意摩尼珠、如見法藏、如見救世者。善男子，汝若見彼法師，不得生其輕慢疑惑之心。善男子，恐退失汝菩薩之地，反受沉淪。彼之法師戒行缺犯而有妻子，大小便利觸污袈裟，無有威儀。」

為，都是可以開許的。但若為了一己私欲，在貪嗔癡的驅使下行殺生、邪淫，這在何時何地對何人，也沒有開許。

這個大家必須要明白！否則，現在有些人以密宗為藉口作雙運、降伏，但完全是自相的貪嗔，以嗔心殺害眾生、以貪心與別人享樂，這樣勢必得不到善果。因為善與不善，關鍵是以心來決定，心善就會有樂果，心不善就會有苦果。佛經中也說：「又彼諸有情，造作善不善，於樂及非樂，決定當獲得。」

其實，除了極其愚笨的人以外，每個人都愛自己，不可能對未來一點都不關心。那麼，如果你真的愛自己，在沒有達到最高境界之前，就千萬不能以各種藉口去造惡業——當然，假如你有一些境界，那就另當別論了。

大圖滿前行廣釋

總而言之，取捨因果相當重要。大家在學《前行》的過程中，若能打好這個基礎，學習佛法才會穩固、長久，再過十年二十年，定會變成真正的修行人；反之，倘若這個基礎沒打好，兩三年中自己吹得特別好聽，別人也以為你修行特別厲害，可以在虛空中飛來飛去，但過了一段時間，你就會現出原形、退回原地了。這個原因雖說跟前世因緣也有關，但最關鍵的，還是你缺乏《前行》的基礎。

因此，古往今來的很多修行人，若是非常重視《前

行》，那一生的修行就不會退轉，並且不容易生邪見，修法也會善始善終。否則，沒有基礎的修行，就如冰上建築，遇到一點一滴的違緣，馬上便毀壞無餘了。所以在這方面，希望大家理當三思！

第七十節課

第七十一節課

在講課之前，首先給大家強調一下：聽這樣的佛法，除了要有歡喜心以外，還要想到一切皆為無常。

我本人來講，年輕的時候，在法王如意寶等很多上師面前聽過法，現在回想起那種情景，雖然心嚮往之，但已時過境遷，再也不可能回到從前。同樣，你們這麼多人現在集聚在一起，心專注於法，此舉對人生的意義無法衡量，是極其難得的緣分，所以，每個人一定要懂得珍惜。因為無常何時到來，誰也不知道，若是一旦因緣消盡，多年後你再憶起大家如今學佛的情景，定會百般滋味湧上心頭，特別懷念昔日的時光。因此，大家依靠上師三寶的加持，有了共同學習的因緣，務必要有歡喜心和難得心！

現在正在講，「因果不虛」中七種身語業有開許之處。這個問題十分重要，沒有學過基礎法門的人，經常在這些問題上模糊不清，無法做到如理取捨。所以，我們一定要懂得：在哪些情況下，對哪些行為可以開許。

昨天講了大悲商主、星宿婆羅門的故事，菩薩因為利他心很重，沒有自私自利，遠離貪嗔癡煩惱，表面上雖然殺生、邪淫，但實際上卻是一種善業。聖天論師在《中觀四百論》亦云：「菩薩由意樂，若善若不善，一

大圓滿前行廣釋

切成妙善，以意自在故。」菩薩由於饒益眾生的意樂非常強烈，或善、或不善的行為和語言，都會成為極妙的善法。為什麼呢？因為菩薩的意樂以利他而得自在，能夠恆時隨順於善法。

在三種身業中，除了殺生、邪淫可以開許，不與取也不例外。對根本沒有私心、大義凜然的菩薩來說，見到有些富人愛財如命，讓其主動上供下施不太現實，故為了利益這些人，就從他們手中盜竊財物，上供三寶、下施乞丐，這也是開許的。

有個佛教徒跟我說，他家人聽說他學佛作供養，便會不擇手段地極力反對，但他若是去旅遊觀光，家人就非常支持，可以隨便花錢。於是他常騙家人說去旅遊，然後拿一部分錢到寺院作佛事。還有以前的永明延壽禪師，在沒有出家之前，挪用了國庫的大量公款去放生。被人發現後判死刑時，他沒有絲毫後悔，說：「以我一條命，換得千千萬萬條生命，值得！」國王後來也被感動了，就把他無罪釋放了。

所以，假如你發心純粹是自利，卻以利他為藉口進行偷盜，那肯定有過失，但若完全是為了幫助眾生，不與取也有開許的時候。因此，我們有時候看見的不如法行為，很可能是菩薩度化眾生的一種方便。但我們自己沒有這種高深莫測的境界時，千萬不可隨便模仿。

現在許多人喜歡說：「酒肉穿腸過，佛祖心中

留。」濟公和尚的這句話，往往被他們拿來當擋箭牌，成為可以肆意吃肉喝酒的「鐵證」。實際上世人僅知有前兩句，卻不知濟公還有後兩句「世人若學我，如同進魔道」，從而以訛傳訛，誤導了無量迷茫眾生。

其實，濟公的高深境界，絕非凡夫俗子所能想像。比如，沈員外派家僕給濟公送兩隻熟鴿子和一壺酒，僕人路上偷吃一隻翅膀，偷喝了幾口酒，以為能瞞天過海，神仙也難知。結果濟公指了出來，僕人不承認，於是濟公到階前吐出兩隻鴿子，其中一隻少一個翅膀……這種特別神奇的境界，世人完全望塵莫及，故不可亂學表面行為。印光大師在《文鈔》中，關於這方面也有諸多教言(51)，勸誡後學者萬萬不可隨學，以免自欺欺人。

「酒肉穿腸過，佛祖心中留」這句話，其實也是有來歷的：明末的破山禪師，於戰亂年間，在夔東十三家之一的李立陽營中度日。因李立陽嗜殺成性，為了救度一方生靈，禪師要求他戒除不必要的殺業。李立陽見禪師嚴持戒律，不食酒肉，就對他說：「你只要吃肉，我就不殺人了。」禪師馬上與李立陽訂約，不惜大開酒肉之戒，使許多人得以活下來，一時傳為美談。

---

(51)如《印光法師文鈔續編復楊樹枝居士書四》中說：「須知傳揚佛法之人，必須依佛禁戒，既不持戒，何以教人修持。彼見誌公、濟顛皆有吃肉之事。然誌公、濟顛並未膺宏揚佛法之職，不過遇境逢緣，特為指示佛法之不思議境界理事。而任法道之職者，萬萬不可學也。而且彼吃了死的，會吐活的。某等吃了死的，連原樣的一片一塊也吐不出，好妄學，而且以教人乎。住持佛法之人，若不依佛制，即是魔類。況彼魔子是魔王眷屬，完全不是佛法乎。」

此外，明朝還有另一位和尚，也是為了救逃到寺廟裡的難民，在山賊面前吃肉喝酒。當時，山賊說只要他吃了手中的酒肉，就可以放過那些人。於是他氣定神閑地端起酒杯，說：「我以酒代茶。」說完一飲而盡。接著拿起肉說：「我以肉作菜，請！」吃後面不改色，坦然自若。山賊見了為之一驚，鑒於有言在先，只好放了所有的人。

可見，為了饒益有情而吃肉喝酒，在漢地有些大德的傳記中也有，但這不是普遍的行為。而藏地的每一座寺院，也並不是所有僧人都行持這些高深之舉。藏傳佛教對戒律的重視程度，來藏地求法的人應該知道，在沒有達到一定境界之前，任何人都不允許做超凡的行為。若是極個別人做了的話，也許他確實有這種境界，也許沒有。所以，能做和不能做的界限一定要分清，否則，明明什麼境界都沒有，卻裝模作樣、無惡不作，這肯定是不合理的。

當然，假如你真的有超勝境界，那麼行持如瘋人般的行為、如啞巴般的行為，尤其是大圓滿的二十一種行為，這也無可厚非。畢竟學佛不能一概而論，倘若以別解脫戒的尺度來衡量一切，這肯定不行；但若是要求每個人都持密宗禁行，不管他的境界有沒有到一定層次，那也不合理。因此，在這些問題上，學習並掌握基礎知識很重要！

以上講了三種身惡業有開許之處，下面接著講四種

語惡業：

妄語：如果是為了保護眾生性命，比如獵人在追趕獵物時，修行人明明看到了那個動物，但為了救牠，故意說「我沒有看到」；或是為了保護三寶財產，對搶劫的強盜說「我沒有鑰匙」、「三寶財產不在這裡」，像這樣說妄語是開許的。

以前佛陀住世時，有個婦人的兒子突然生急病死掉了。她一下子接受不了這個現實，便去求佛陀，一定要讓兒子起死回生。佛陀方便安慰她說：「哦，這個不難！你去一戶從沒死過人的人家，要一粒芥子給我，我就能讓你兒子死而復生。」這個婦女比較愚笨，她就一家一家去找，找了很久、走了很遠，也沒得到這樣一粒芥子。最後她就悟到了，沒有一個人會生而不死，於是就接受了兒子死亡的殘酷事實。當時，佛陀對她所說的話，也是一種方便妄語。

還有，比如別人生病了，醫院查出是癌症，他自己還不知道。他在詢問你病情時，雖然你明明知道，但也不能直言相告，而要盡量隱瞞：「沒事，你的病不是很嚴重，先回去吃幾副中藥，過段時間再來複查吧。」諸如此類的妄語，是可以說的。

然而，倘若有人發心不正，為了私欲而欺騙他人，或者已經習慣說妄語了，這個絕對不允許，否則會有很大過失。

大圓滿前行廣釋

離間語：一個行善之人和喜歡作惡的人相交為友，作惡那個人勢力強大，為了防止行善之人被帶入邪道，說離間語使他們分道揚鑣，這是開許的。

關於惡友的過失，佛陀在《正法念處經》中云：「若人近不善，則為不善人，是故應離惡，莫行不善業。」故我們千萬不能與惡友為伍，一旦跟他們交往，自己的行為就會日漸惡劣。可是有些人，總喜歡與惡人同流合污，對逆耳忠言聽不進去，這樣的話，你可以說一些離間語，想辦法把他們兩個人分開。

當然，假如你沒事就挑撥離間，令志同道合的兩人關係四分五裂，這是絕不開許的。

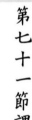

惡語：有些人生性剛強，以溫和方式無法調伏，對他越好越難度化，只有以強制性手段或示現忿怒相，才能令其步入正道，在這種情況下，口出惡語是開許的。

尤其是作為上師，不能一直當好好先生，對誰都不說過失。阿底峽尊者講過：「殊勝上師為揭露罪惡，殊勝竅訣為擊中要害。」能揭露弟子的罪惡，是殊勝上師的法相；能針對弟子的要害，就是殊勝的竅訣。有些上師在傳法時，好多弟子都以為在批評自己，好像天天把自己當作針對的對象，若能這麼想，這些竅訣就是擊中要害了。相反，如果覺得上師講的內容，從來都跟自己沒什麼關係，這樣的話，根本不能發現自身的錯誤，行

為也會越來越不如法。所以，上師批評弟子、老師批評學生，這些都是可以的。

現在，藏地有些相似的知識分子，成天提倡師徒平等、師生平等，說要構建和平共處的民主觀念，就一定要所有人都平等。這是一種極端的民主主義，是根本不可能的，否則，國家主席和乞丐的待遇也要平等了，古往今來哪有這樣的事例？雖然從如來藏的本體而言，眾生全部是平等的，沒有高低之別，但在世俗顯現上，弟子戒定慧的所有功德，不可能跟上師完全等同；任何一個學校中，學生和老師的工資也不會平等。

所以，在世俗中，上師攝受弟子的時候，說些粗惡語是可以的，不能因此就認為：「上師天天說粗語，他肯定是犯戒了。按《百業經》的觀點，說一句粗語，要在五百世中如何如何……」這樣給上師下定義，是不合理的！

綺語：有些剛皈入佛門的人，講起自己的故事，兩天兩夜都講不完，要想度化這些愛說愛講的人，你若成天默然不語，一句話都不說，可能使他退失信心，無法趨入正法。所以，最初理應隨順他，他若是喜歡戰爭、美國好萊塢，你也可以跟他聊。以前我就遇過一個人，他提起好萊塢一直滔滔不絕，晚上興奮得睡不著，睡著了以後，早上睜開眼還繼續講……那麼，在這種人面前，你就要以善巧方便隨順他。

大圓滿前行廣釋

往昔迦葉佛在世時，有個大菩薩為了引導外道，就故意到他們中行持外道行為，而且誹謗迦葉佛，說「光頭沙門沒什麼解脫法」，以此贏得了外道信任，最終將其引入佛門。由於這位大菩薩發心賢善，此舉不但沒有構成罪業，反而成了積累福德的善法。此外，文殊菩薩去外道中弘揚大乘佛法，也有類似的經歷[52]。

世間人的心態，其實跟修行人的完全不同，對他們若不施以善巧，剛開始就一句廢話都不說，則無法真正引導他們。因此，為了令其進入佛門，權巧方便說些綺語是開許的。但如果你說的話沒有絲毫意義，讓自己心生散亂，讓別人也產生貪嗔癡，這種無稽之談則不開許。

以上講了可以開許的七種身語業，它唯一的前提就是要對眾生有利。假如對眾生沒有利，是在煩惱驅使下行持的，那永遠也不會開許。由此亦可推知，由於貪、嗔、邪見不可能轉變成善妙的動機，只要一生起，就必然是不善業，誠如《寶鬘論》所言：「貪嗔癡及彼，所生業不善；無有貪嗔癡，及彼生業善。」故而，三種意罪業在任何時候、對任何人也沒有開許。

要知道，萬法皆從心生，《華嚴經》中也說：「諸業從心生，故說心如幻，若離此分別，普滅諸有趣。」

---

[52]文殊菩薩先讚歎外道本師的功德，語氣上好像誹謗佛陀，外道就很樂意接受文殊菩薩的觀點。之後，文殊菩薩漸漸以觀察佛陀經教方式而引導他們閱佛經。最後，用佛陀的善說與他們辯論，使外道心悅誠服，不得不共讚世尊的巍巍功德而皈依佛陀。

一切業皆依心而起，心的本體也不實如幻，若離開了這樣的分別，三界六道就統統滅盡了。故《正法念處經》云：「一切皆心作，一切皆因心。」所有善和惡的作者，唯一是自己的這顆心。倘若心善，就會帶來快樂；心惡，則會帶來痛苦，《寶鬘論》也說：「不善生諸苦，投轉諸惡趣；善業生善趣，世世享安樂。」

因此，外在的形式並不重要，縱然身體的一舉一動、口中的一言一語沒表露出來，但內心的分別念，往往會帶來巨大的善果或惡果。這一點，佛陀在《正法念處經》中也講過：「若聞正法，聽受其義，生一念善，能滅無量百千劫生死。」——今天中午，慈誠羅珠堪布給我打電話，他問：「你在幹什麼？」我說：「正處於一種歡喜的境界中。」「什麼歡喜的境界？」「《正法念處經》裡有個很好的教證，我正在想：聽法真的很重要，其他什麼都比不上。」「經中說了什麼？」「說我們聽聞正法、領受其義，就算只生一個善念，也能滅千百萬劫的生死。我覺得佛陀講得特別好！」他聽後也十分贊同。

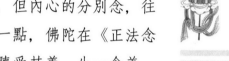

真的，我們平時學習佛法、思維佛法，是最有意義的事情了。當然，做對眾生有利的事、調伏自己的煩惱，也非常好。但除此之外，現在世間的各種瑣事，確實沒有多大實義。也許是每個人的價值觀、生活習慣不同吧，畢竟我們在這樣的聞思道場中，度過了很長時

間，哪怕產生一個善念，也覺得非常難得。因此，在所有的善法中，我最喜歡的就是每天上課。為什麼呢？因為對我講者而言，在講課的時候，不可能一邊講一邊生惡念，此時所有惡念之門皆已關閉，這是很難得的機會；同時，對你們聽課的人來講，就算偶爾會生一些分別念，但百分之七八十的時間，心都在隨順法義，對凡夫人來說，這是相當不容易的。這一點，你們不妨也細細思維。

作為修行人，我們應經常觀察自己的心，並將其養成一種習慣。倘若心常處在善念中，就應生起歡喜心，盡量使其與日俱增；假如處於惡意中，那必須要立即懺悔，並暗自譴責：「我這個人真是惡劣！聽聞了那麼多正法，竟然還生這樣的惡分別念，真是愧對上師三寶。」並下決心：「從今以後，我一定要努力使這樣的分別念永不再現！」若能如此，這就是一種修行境界。

其實，三世如來甚深和廣大的一切教理，歸根到底就是善心和善行。法王如意寶在《三世佛語合而為一》中也說：「三世諸如來，所有深廣理，攝於善心行，有緣者當修。」我記得特別清楚，上師如意寶去美國時，在華盛頓、波士頓等地，給西方人講了很多甚深竅訣，儘管語言看似簡單，卻令無數人受益匪淺。他們雖聽過許多大德的教言，但依靠法王的教誡，最終深深明白：佛陀八萬四千法門的要義，就是心地善良。當時上師著

重揭示的，也正是這個。因此，我們務必要切記，心善的話，一切都會好；心如果不善，形象上做再多善事也不重要。

關於心善一切都會好，漢地的《德育古鑒》中講過一則故事：從前有個人叫元自實，他對繆材有恩，可繆材卻忘恩負義，做出很對不起他的事情。元自實感到憤恨不平，天未亮就帶著刀，準備要去殺死繆材。

路上經過一座庵堂，庵主軒轅翁是位有道之士，很早就起來誦經。他見幾百個奇形怪狀的鬼跟著元自實，每個鬼的手中都持有刀斧，殺氣騰騰，樣子非常凶惡。沒過多久，元自實又回來了，軒轅翁看到這次跟隨他的，都是頭上戴著金冠、身上佩有玉佩的神人，手持香花幡幢，露出祥和愉快的表情。

軒轅翁深感訝異，就上前詢問元自實原因。元自實說：「姓繆的忘恩負義，我正要前去殺他，但到了他家門口，我突然心想：他雖對不起我，但他妻子兒女卻是無辜的，況且他還有老母在堂，我若殺了他，豈不是等於殺了他一家嗎？因而於心不忍，念頭一轉，就回來了。」

軒轅翁將剛才所見告訴了他，並恭喜道：「你的所作所為，神明都已知道了，你將來必定會有厚福！」元自實聽了這番話，更加精進認真地行善，後來考取了功名，官做到宰相。而繆材卻頹廢身亡㊄。

由此可見，一個人的心若是特別惡，旁邊就會有許

大圓滿前行廣釋

多惡魔非人推波助瀾；若是產生特別善妙的念頭，比如普利一切眾生的大悲心，對上師三寶的恭敬心、清淨心、歡喜心，那不但自己過得快樂，周圍氣氛也會變成和諧。所以對這個道理，每個人務必要有一種認識。如果你的心能常常處於利他狀態中，即使不看病、不吃藥，四大也會十分調和；倘若時時產生強烈的害他心，那身體肯定不會健康，而且動不動就發脾氣、擺臉色，讓旁邊的人也很不舒服。

鑒於以上原因，我們在做一件善事之前，首先要詳細觀察自己的動機。如果動機是善，那不用問別人就可以去做。倘若是為了與人競爭，或者裝模作樣、貪圖名譽，就必須認真加以糾正：能變成善心的話，便可以接著做；假如不論怎樣也無法扭轉，則還是延緩為好。《佛遺教經》亦云：「縱此心者，喪人善事。」所以，心態若沒有調整好，表面上做的善法再大，也沒有真正的功德。

從前，有許多施主約定去拜訪奔公甲格西。當天上午，格西就在三寶所依前，急急忙忙地擺設供品，裝飾得極其美觀。此時，他觀察自己的動機，發現心態很不清淨，竟是為了在施主面前顯得莊嚴。於是順手向三寶所依

㊼《太上感應篇匯編》講「夫心起於善，善雖未為，而吉神已隨之；或心起於惡，惡雖未為，而凶神已隨之」時，也引用了這個公案。

和供品上撒了一把灰，並自言自語：「你這個比丘，不要這麼虛偽好不好？」帕單巴尊者得知此事後，讚歎道：「西藏的所有供品中，要數奔公甲那一把灰塵最好！」

要知道，在藏地民俗中，撒灰的對象通常是魔鬼、惡人，比如驅魔儀軌時要撒灰，關係特別不好的人離開時也要撒一把灰。而且儘管西藏並不富裕，但人們都喜歡在三寶所依前，用最珍貴的供品作供養。那麼，尊者為什麼說在所有的供品中，奔公甲的那把灰最殊勝呢？因為他這是在調整自心，覺得自己行為太惡劣，為了懲罰自己才做的。

關於奔公甲，我們講《開啟修心門扉》時經常會提到他。他在家的時候，身材魁梧高大，性格野蠻凶殘，平時總隨身攜帶著弓箭，腰間別著兩三把刀子。西藏曾有一段時間，母親若遇到孩子啼哭不止，怎麼哄也沒辦法，往往就大喊一聲「奔公甲來了」，包管孩子立刻安靜下來。

相傳有個喜歡惡作劇的人，有天和一位老婆婆開玩笑，出其不意地在她背後叫：「奔公甲來了！」驚訝的是，那老婆婆一動不動，居然沒有逃走。他還以為老婆婆定力夠，沒想到向前一看，老婆婆竟被嚇死了！

奔公甲就是這麼一個人見人怕的大惡人。他沒有出家之前，身上就算帶著再多武器，敵人也是多如牛毛；可是當他出家之後，由於上師三寶的加持，身上連一根

大圓滿前行廣釋

針也沒有，怨敵卻全都銷聲匿跡了。

剛才那個故事，大家一定要好好地體會，自己也應像奔公甲一樣，隨時隨地觀察自相續。一旦心術不正，有造罪的苗頭出現，就應該馬上意識到，並且加以懺悔，絕不能讓自相續與惡業同流合污。

當然，我們作為凡夫人，不生惡分別念也是不現實的。就像奔公甲，出家後儘管在山上閉關多年，但也經常跟煩惱作鬥爭。有一次，奔公甲到一位施主家念經。當時這家人都出去了，在空無一人的屋裡，他心裡琢磨：「我回山洞閉關，熬茶的話，茶葉也沒有。不如趁機偷一些，留著以後住山修行時用。」他就東看西看，確定沒人之後，把手伸進了茶葉袋裡。正在這時，他突然提起了正念，於是大聲呼喊：「快來人啊，我正在幹偷茶的勾當，請把這隻手從手腕處砍斷！」

像奔公甲這樣的人，時時能發現自己的錯誤，確實相當難得。以前孔子的弟子顏回，也是能夠「不遷怒，不二過」，不像我們有些人，就算自己犯了錯，也喜歡文過飾非，遷怒他人。《弟子規》中講過：「過能改，歸於無。倘掩飾，增一辜。」過失若能改正，這個過失就沒有了，畢竟人非聖賢，孰能無過。但若對此加以掩飾：「不是我幹的，是他！我根本不是這種人，那個人實在太壞了，你可以去找他……」這樣只會讓自己又增加一條罪惡。

除了奔公甲，阿底峽尊者反省錯誤時，也這樣說過：「自從我進入別解脫門之後，沒犯過一個微細的戒律，別解脫戒可謂一塵不染；對於菩薩學處（菩薩戒），偶爾出現一兩次過失；而步入密宗金剛乘以後，零零碎碎的過失雖屢有出現，但都是當下懺悔，從沒有讓墮罪過夜的情況。」尊者在行途中也是一樣，他去哪裡都隨身帶一個木製曼茶盤，每當閃現惡分別念時，馬上取出來，在路邊供曼茶懺悔，直至懺淨了才繼續趕路。對我們很多人而言，這一點可能很難做到，有時生了惡念也無所謂，根本不察覺。所以，修行好的人跟修行不好的人，行為上確實差別很大。

《大般涅槃經》講過：「世有二人，甚為希有，如優曇花。一者不行惡法，二者有罪能悔。如是之人，甚為希有。」世間上有兩種人，像優曇花現世般極為希有：一種是在輪迴中從不沾染罪業，猶如火中蓮花般相當罕見；一種雖以前世習氣等原因造了罪，但馬上就會意識到，當下念金剛薩埵心咒懺悔，這種習慣也十分好。

前不久，學院有個管家用藏語給僧眾說事情，忘了我們學院的要求——語言要純正，講藏語就不能夾雜漢語；講漢語要用普通話，不能夾雜藏語。當時，他不小心說了個「拖拉機」然後很不好意思，立即念「嗡班扎兒薩埵吽」其實，說「拖拉機」也用不著懺悔，但如果你生了惡分別念，或者說了別人過失，這才應當念「嗡班

大圓滿前行廣釋

扎兒薩埵吽」。

　　然而，現在有些人根本沒有這個習慣，尤其是剛學佛的人，好像生惡念根本不在乎，沒有「我這麼做不對」的念頭，這是相當可怕的。其實作為一個修行人，調伏自心很重要，尤其《大圓滿前行》是非常殊勝的竅訣，最近我要求他們把《大圓滿前行》和《極樂願文大車疏》錄下來，以便大家在開車走路時隨時聽。你們若能將這些法義記在心裡，反反覆覆地體會，則對很多方面會有極大利益。

　　下面再講一個調伏自心的故事：在攀耶嘉地方，有一次，施主在眾多格西的行列中供養酸奶。當時，奔公甲格西也在其中。他看到施主給前面的人供奉了大量酸奶，不由得心想：「這麼好的酸奶，輪到我這裡，可能都沒有了。」（我們平時分東西時，好多人也是如此。尤其有時候我這邊分些吃的，坐在後面的道友見了，就一直在想：「到我這裡，肯定已經分完了。」哎，我們這裡要是有個奔公甲，該多好啊！）

　　當萌生這樣的念頭時，奔公甲緊接著提起正念，認識到自己不對，於是暗暗自責：「你這位比丘，對上師三寶的信心不大，卻對吃酸奶有這麼大的信心。」隨即把碗扣下。當供養者來到他面前時，他因為生起了惡念，就說：「謝謝，我已經吃過了，實在不想再享用。」

　　本來，他只想和所有比丘一樣，平等得到一份酸奶，並不含有什麼不善的成分。但僅僅因為有希望獲得

好酸奶的私欲，他就懲罰自己，全然放棄了享用。

我以前看過奔公甲的傳記，有時候他生起煩惱，就大聲地喊：「奔公甲，你為什麼天天自私自利的心這麼強！」有時候就動手打自己。他與煩惱鬥爭的故事，還是很精彩的。漢地有些大德也是如此。所以，我們作為修行人，一定要與煩惱搏鬥，經常審視自己的心。

當然，我們作為凡夫人，剛開始的時候都一樣，煩惱特別強盛，經常此起彼伏。但只要毫不氣餒長期對治，隨時隨地斷惡從善、調柔自心，久而久之，煩惱的力量就會逐漸削弱，自相續就會完全充滿善業。

從前，扎堪婆羅門時時觀察自心，每當生起一次不善念，他就放個黑石子；每當生起一次善分別念，就放個白石子。最初，他天天都是惡分別念，全部是黑石子；通過精勤對治，去惡從善，到中間時，呈現黑白各半；到了最後，已全部成了白石子。

類似的公案，在漢地《佛祖統紀》中也有[54]：西天四祖優波鞠多尊者，最初在修行時，也採用過這種辦法：若生惡分別念，放一個黑石子；若生善分別念，放一個白石子。剛開始的時候，黑石子偏多，通過七天的努力，最後全部變成了白色的。之後，上師為他宣說四

---

[54]《佛祖統紀》云：「四祖優波鞠多尊者，摩突羅國人，容貌端正，聰慧辯才。商那初教繫念，若起惡心當下黑石，生善念時當下白石。鞠多如教攝念，初黑偏多，次白黑等，至七日滿唯有白石。商那即為宣說四聖真諦，應時逮得須陀洹果。」

大圓滿前行廣釋

諦法門，他當下證得須陀洹果。

所以，我們在一切時處，皆要以正知正念來攝持，盡量生起善的對治，力求連細微罪業也不沾染。為了達到這一點，大家應該經常祈禱上師三寶及護法神，畢竟我們的心是有為法，上師三寶的加持不可思議，若能時時不忘祈禱，自己的心肯定會有所轉變。

總而言之，《大圓滿前行》的竅訣特別殊勝，這也是我再再強調的。若沒有以此對照自心，缺乏正知正念、行為不如法的話，就算你已經出了家，那也只是虛有其表，完全屬於邪命養活，不但今生會招人譏嫌，來世也會墮入惡趣。《正法念處經》云：「出家而邪命，失法失名稱，人中輕如草，未來入惡趣。」相反，假如你時時以正知正念觀察自己，有一顆幫助別人的利他心，行為也是如理如法，那就會像《水木格言》所言，人們自然而然會集聚到你的身邊，猶如悅意的水池，可以吸引無數飛禽。而且在生生世世中，你暫時會趨入善趣，究竟會獲得涅槃。因此，我們每個人應依靠佛法，對治煩惱、行持善法，走上光明之道！

第七十一節課

第七十二節課

今天講「因果不虛」的最後一部分：

我們每一個人，縱然今生沒有造任何罪業，或者想不起造了什麼罪業，但從無始以來，在漫長的輪迴中，阿賴耶上所積累的罪業也是無邊無際，以此必然要感受不堪設想的果報。龍猛菩薩在《大智度論》中也說：「大海水乾竭，須彌山地盡，先世因緣業，不燒亦不盡。」即使大海的水乾涸了、須彌山倒塌了，可往昔所造的業也不會被摧毀，終將成熟於自己的相續。我們哪怕做了一點一滴的善事，其果到時候也一定會成熟；就算造了微不足道的罪業，正如《百業經》所言，果報不會成熟於外境的地、水、火、風上，只會成熟在自己的蘊、界、處上。所以，大家不要認為：「我即生中從小就喜歡做善事，從來也沒造過惡業，為什麼還要感受痛苦？不公平！」這種說法是不懂因果的表現。

尤其是有些人現在唯一行善，修習菩提心、空性等大乘法要，或生起次第、圓滿次第、直指本性等密宗教言，依靠這種強大的對治力，本來自己後世將墮入惡趣的罪業，可以提前在今生成熟，並感受痛苦。如《能斷金剛經》⑤云：「行持波羅蜜多之菩薩，受到損惱或受極

大圓滿前行廣釋

⑤《能斷金剛經》：一卷，唐玄奘譯。與鳩摩羅什譯之《金剛般若波羅蜜經》，菩提流支譯之《金剛般若波羅蜜經》，真諦譯之《金剛般若波羅蜜經》，達摩笈多譯之《金剛能斷般若波羅蜜經》，義淨譯之《能斷金剛般若波羅蜜經》同本異譯。

大損惱，此乃未來所受之苦業，於此世成熟。⑤」

　　就像有人學了般若之後，要麼生病、要麼遇到怨敵、要麼家庭不和，各種各樣的違緣特別大，痛苦甚至比一般人還強烈，這是什麼原因呢？是不是不應該修般若，或者修般若時魔王波旬來干擾，般若的力量無法阻擋呢？絕非如此。而是因為般若的加持非常大，能令自己重罪輕受，本要在地獄、餓鬼、旁生裡感受的劇苦，現在僅以疾病或違緣的方式即可化解了。

　　過去我們學《入行論》時，也有好幾個修行人因家裡出現違緣，或身體不好等緣故，後來就退出了。他們認為：「沒修法時我很健康，可是一修法以後，身體馬上就不行了……」這種不懂佛理的見解，如今在漢地相當多。這些人學佛後遇到一點點挫折，就立即怪罪於法，然後退失信心，卻不知自己所感受的痛苦，皆是源於昔日的果報。

　　這個道理，我沒有出家之前也不太明白。當時我家鄉有個修行不錯的人，病得十分嚴重，我就問一位善知識：「不是聽說他修行很好嗎？怎麼還會受這種痛苦？」那位善知識就引用了《金剛經》的這個教證，告

---

⑤原經文是：「若善男子或善女人於此經典受持、讀誦、究竟通利，及廣為他宣說、開示、如理作意，若遭輕毀、極遭輕毀。所以者何？善現！是諸有情宿生所造諸不淨業感惡趣，以現法中遭輕毀故，宿生所造諸不淨業皆悉消盡，當得無上正等菩提。」即鳩摩羅什所譯的《金剛經》中：「須菩提，善男子，善女人，受持讀誦此經，若為人輕賤，是人先世罪業，應墮惡道，以今世人輕賤故，先世罪業則為消滅。」

訴我一些大德顯現上生病也是正常現象。後來我就記住了，直到學了《前行》，才發現它出自這裡。

其實在歷史上，這種現象也是俯仰皆拾。比如唐玄奘的上師戒賢長老，長期主持印度那爛陀寺，德高望重，名震四方。玄奘到印度時，他已年過百歲，當他聽說玄奘來自東土大唐，竟然老淚縱橫、泣不成聲。原來，這裡有一段非常神奇的因緣：

三年前，戒賢長老身患怪病，痛苦萬分。雖然他修行了那麼長時間，但仍無法忍受病痛的折磨，想要自殺了卻殘生。當天晚上，他就夢到了文殊菩薩，文殊菩薩告訴他：「你在久遠劫前，當過許多次國王，做了許多迫害百姓的惡行，本應墮落惡道長久受苦，但因你這一世弘揚大乘教法，利益了無數眾生，所以，地獄大苦報轉變成了目前的人間小病苦，你最好還是繼續忍受。再過三年，有位大唐僧人會來此拜你為師，求受佛法。你若將佛法傳授給他，身體就會康復。」後來，玄奘得受法要之後，他的病痛果然消除了。

由此公案可以了知，有些大德顯現上生病，或者出現種種不順，這並沒有違背因果規律。同樣，我們普通修行人，學了甚深的空性法門或密法以後，生活中出現違緣，這也是將來世的大苦輕報於今生，就像本該被判死刑的人，現在只需要斷一隻手或割一隻耳朵就可以了。

大圓滿前行廣釋

這個道理不僅在《金剛經》中有，《父子合集經》也說過：「若造眾惡行，當墮於惡趣，或外遇良緣，轉重令輕受。」有些人出家後經常生病，學佛後心情不好，乃至發瘋，這都不一定是壞事。倘若以三寶的加持力，將自己來世數劫中所受的痛苦，在今生一併償還了，那再怎麼苦也是值得的，畢竟比起三惡趣來，人間的痛苦實在微不足道。

所以，這種因果關係，大家一定要明白。倘若別人學了佛、修了空性後，以前做什麼都一帆風順，現在卻是違緣重重、一波三折，那麼我們要用這種教言去安慰他，讓他在菩提道中不要退失信心。

與之相反，今生中無惡不作的人，也可能因前世所造的微小善業，暫時會感受一些善果。例如，從前尼洪國家，最初七日天降糧食雨，接著降了七天的衣服雨，之後又在七天中降下珍寶雨，最後降下土雨，使所有的人葬身土下，死後轉生到惡趣。

此公案在漢地《雜寶藏經》中也有廣述⑤：從前有個國王（優陀羨王），他有個特別寵愛的妃子，叫有相夫人。一天，有相夫人給國王跳舞，國王從她的舞姿中發現了死相，知道她七日後必將死亡。

有相夫人得知後，請求出家，並答應死後若升天，

---

⑤詳見《雜寶藏經》之《優陀羨王緣》。

會再來相見。國王因為對她特別執著，不答應她那麼快就出家，只同意她第六日出家。到了第六日，有相夫人出家後守八關齋戒，第七日早晨因飲用過多的石蜜漿，腹中絞結，即便命終。她死後得生天上，想起往日的誓言，於是去見國王。

國王見她只是出家一日，死後就能升天，於是對出家生起了極大信心，自己也捨棄王位，傳給兒子王軍，前往寂靜處出家修行，並很快證得阿羅漢果。

國王的兒子王軍繼位後，聽信讒言，不恤國事。國王愍念兒子愚癡，為了全國百姓，打算去教化兒子修善。

王軍王聽說父王將至，非常高興。但他手下的奸臣說：「老王回來，你要將王位還他，你就當不了國王了，所以應把老王殺掉。」王軍王遂生惡心，派殺手去殺父王。

殺手見到老王，將來意告訴了他，並說自己以前受他恩惠，不想殺他，但如果不殺，自己無法覆命，回去只有死路一條。老王愍念他，就讓他動手。但殺手怎麼殺，也無法傷害他的身體。

老王告訴他：「你回去替我跟王軍王傳個話，說他殺父、害阿羅漢，犯下兩個無間罪。若能好好懺悔。罪業也許可以減輕。」殺手答應後，再殺老王，才把他的頭砍下來，並帶了回去。

大圓滿前行廣釋

王軍王見父親的頭，在路上耽誤那麼久，但仍顏色不變，知道父親已經得道。於是非常後悔，痛哭得昏倒在地，很久才甦醒過來。此時，殺手把老王的遺言告訴國王，國王聽後更加悔恨。

奸臣害怕國王怪罪自己，於是欺騙國王：「世界上哪有什麼阿羅漢，您不要信那些謊話，徒增煩惱。」

國王說：「我父親的頭，死後多日，顏色不變，怎麼不是得道？況且我父在位時，曾有兩位大臣出家，並證得了阿羅漢果。他們的種種神變，我等親眼所見。他們涅槃後的舍利子，也造成了靈塔，至今還完好無損。你怎麼說這些不存在？」

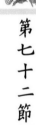

奸臣答言：「世間用幻咒術、藥力，也能出現神變。那兩個大臣，並不是什麼阿羅漢，過兩天我證明給您看。」

他回去後，在阿羅漢的靈塔上挖了兩個洞，裡面各放一隻貓，在洞裡飼養。並命人訓練這兩隻貓，叫兩位大臣的名字，牠們就出來吃肉；讓牠們回去，牠們就回到洞裡。如是訓練一段時間後，貓便養成了習慣。

於是，奸臣讓國王來到靈塔那裡，說讓他看看兩位大臣到底是不是阿羅漢。然後，他大聲地喊兩位大臣的名字，結果兩隻貓從洞裡出來，讓牠們回去，牠們就回到洞裡。

國王見了，從此不相信罪福，也不相信有聖道，行

第七十二節課

為更加無惡不作。

有一次，國王出去遊玩，見嘎達亞那尊者在靜處坐禪入定，他認為阿羅漢根本不存在，於是便生惡心，拿土撒在尊者頭上，並吩咐左右隨從也用土埋尊者，以至於把尊者全部埋在土裡。

當時有一大臣，信奉三寶。見此情景，等他們走了，趕緊為尊者除去土。見尊者神儀鮮澤，沒有被土污染絲毫，非常歡喜，以頭面頂禮尊者雙足。

尊者告訴他：「七日後，天會降下土雨，國王及人民，盡皆覆滅。

大臣聞後，心懷憂惱，把此事告訴了國王。並且自己私下挖一個地道，通向城外。

七日之後，天上突然降下香花、珍寶、衣服，城內的人無不歡喜。奸臣告訴國王：「有此瑞相，皆由國王福德所感。那些沒有智慧的人，還說要降土雨，簡直是胡說八道。」很多人聽說該國有善妙的瑞相，也紛紛雲集到這個國家。

此時，突然城的四門，降下鐵門，全部關閉，讓人無法逃出。天上也降下土雨，國王及人民全被埋沒，此國變成一座土山。只有那個信奉三寶的大臣，從地道中逃了出去。（就像當年林彪在北戴河的地下暗道一樣，那天我們去看了，據說有三十多公里，從北戴河別墅一直通往山海關機場，還是很厲害的。）

大臣到了嘎達亞那尊者所在之地，問：「國王及人民以何因緣，共同遭此災難？」

尊者答言：「過去無量劫前，某國有一長者女，住在樓上。一天早晨，她在樓上掃地，灰塵隨手倒了下去，剛好有個化緣的比丘經過，污物全部倒在了他頭上。長者女見後，絲毫沒有懺悔之意。後來她嫁了一個好丈夫，很多女人問她以何因緣，得此良配。這個女人回答：『沒什麼別的。只是我在樓上掃地時，將灰塵掃到比丘頭上。以此因緣，嫁了一個好丈夫。』其他女人聽後，也紛紛效仿。由是業緣，如今全感受了這個果報。」

由此可見，這即是眾生的一種共業。那天我在玉樹地震現場，見到許多人被埋在地下、許多屍體被挖了出來，不禁暗自心想：「這些人往昔肯定造過同一個惡業，現在果報成熟了，就一起感受這樣的痛苦。」

前不久，聽說有個特別有錢的香港女人，在上海舉行盛大生日晚宴，人均消費兩萬人民幣，一晚上總共花了數百萬。當時吃的是頂級蟹宴，不少信佛的大明星也到場了，很多媒體都罵他們，說他們不該參加。試想，晚宴上全部吃螃蟹的話，那要死多少眾生？再過幾世，這些人共同會感受什麼果報？真的難以想像。

像幾日前的舟曲縣泥石流，死傷將近有兩千人。當時，那裡突降強降雨，晚上12點鐘時，泥石流沖進縣

城，把人們全部埋在地下。所以，不管是兩千人也好、兩百人也罷，只要共同造了惡業，將來必會共同受報，這是一種必然規律。

總之，行善者受苦、造罪者得樂，其實皆是由往昔業力所致。我們現在無論行善、作惡，果報雖不一定馬上成熟，但在來世、來世的來世也必會現前。《親友書》云：「有者所造諸罪業，縱未即時如刀砍，然死降臨頭上時，罪業之果必現前。」《佛說立世阿毗曇論》[58]也說：「初造惡業時，不如火即燒，如灰覆火上，隨逐燒罪人。」又云：「惡業未熟時，癡人謂甜美，其業既熟已，方知是苦難。」世間上有些愚癡的人，認為自己不受因果約束，殺生造業沒有果報，卻不知這只是時間早晚而已。你造業雖不一定馬上受報，但只要因緣成熟了，勢必會讓你感受痛苦。

因此，對於因果的道理，我們要時刻生起定解、加以取捨，萬萬不能以「善惡無分別」、「萬法唯心造」等禪宗或大圓滿的高深法語，來輕視因果。蓮師也曾對國王赤松德贊說：「君王，我的密乘見解極其重要，但行為不能偏墮於見解方面，而要小心謹慎，不違背因果。否則，見解上一切萬法都不存在，不思善、不思

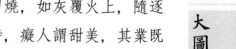

[58]《佛說立世阿毗曇論》：說國土日月等事，即佛教之宇宙觀。有二十五品，十卷，陳·真諦譯。為印度小乘論部經典之一。又作立世阿毗曇藏、天地記經、天地記經錄，今收於大正藏第三十二冊。

惡，而行為也是這樣的話，就會善空惡空黑法漫布，見解也將成為魔見。同樣，見解也不能偏墮於行為方面，否則，行為上始終有實執，見解也是如此的話，將會被實有和有相所束縛，從而在輪迴中無有解脫之日。」

這個教言，大家一定要記住！法王如意寶也常引用《前譯教法興盛之願文》的教證⑤說，作為一個修行人，見解上，要依止龍猛菩薩的空性無二見；而行為上，則應隨學靜命菩薩的小乘別解脫行為。但如今很多人往往與此相反：見解上連小乘的人無我、四法印都不懂，基本的出離心、因果觀都沒有，行為上卻遠遠超過密宗的行為，這完全是一種顛倒。

前段時間，不少人都在傳：藏地有個修行人，對許多信徒說：「你們在湖邊看著，龍王給我個伏藏品，我要從湖裡取出來。」然後就把一尊佛像用布纏在腿上，兩手空空地去到湖裡。他本打算偷偷解下那佛像，再當成伏藏品拿上來，沒想到，到了湖裡以後，腳一滑沒有站穩，竟然被淹死了。等他的屍體被撈上來後，人們才發現了他腿上的秘密。

還有一個真事，是外面很多領導講的：有個修行人為了讓信徒生起信心，就把一尊銅佛像用布緊緊纏在腰間。過了幾天以後，佛像的印跡留在了他腰上。他就掀

---

⑤《前譯教法興盛之願文》云：「希奇薩霍堪布之行為，無比具德龍樹之見二，欽定雙融傳承之教規，祈願蓮生大師教法興。」

給很多人看，說自己身體自然出現了佛像……

這種人，不要說大圓滿的見解，就連最基本的因果也不相信。就算是個在家人，也不敢如此輕賤佛像，他們卻敢這麼做，這就叫「善空惡空黑法漫布」，如此行為特別可怕！

因此，蓮花生大士所講的見解與行為之關係，是特別關鍵的問題，希望你們要明白這個道理。若想成為一個佛教徒，即使造不了什麼善業，也沒必要以佛教的名義造下滔天大罪。正如蓮花生大士所說：「是故見比虛空高，取捨因果較粉細。」所以，我們即使有再高的實相見解，不管是大圓滿、大中觀、大手印，還是禪宗、淨土宗的殊勝見，取捨因果的行為也要細緻入微，就像很多高僧大德一樣，絲毫的惡法也不做，點滴的善法也要行持。

當然，因果之間的關係，只有佛陀才能徹底了知，誠如《大智度論》所言：「雖空亦不斷，相續亦不常，罪福亦不失，如是法佛說。」因果雖是空性，但並非斷滅；雖然相續不斷，卻也不是常有；眾生所造的罪福，永遠都不會失壞。這種法唯有佛陀的智慧才能揭示，其中的甚深奧秘，凡夫人的粗大分別念無法抉擇。所以，我們一定要對因果法門有甚深的認識。

有人曾問帕單巴仁波切：「如果一個人證悟了空性，然後又造了罪，這對他有沒有害處呢？他會不會墮

大圓滿前行廣釋

惡趣？」

帕單巴仁波切回答：「假如真正徹悟了空性，那就絕對不會造罪。為什麼呢？因為證悟空性和生起悲心是同時的。」

所以，一個已經開悟的人，定會謹慎取捨因果，不可能殺害眾生，肆無忌憚地造惡業。由此也可以推知，倘若一個人隨隨便便造業，對因果根本不重視，那他肯定沒有證悟空性。現在有些人口口聲聲說開悟了，但平時造的業相當嚴重，由此，他的真實境界也可見一斑。

當然，對有些大成就者來說，為了利益眾生，行為像濟公和尚一樣吃肉喝酒，這對他的境界不會有任何影響。如《正法念處經》云：「若知業果者，常見微細義，彼惡所不染，如空泥不污。」倘若真正了知因果，取捨方面會極其細微，即使造了罪業也不會染污相續，就像泥土無法玷污虛空一樣。顯宗《正法念處經》的這個教證，跟密宗的行為和見解頗有相似之處。不過我們作為普通人，假如渴望修持正法，就必須將取捨因果放在主導地位，見解和行為不能脫離或墮於一邊。如果隨著見解越來越高，行為也越來越如法，對眾生的悲心越來越強烈，這說明你的修行沒有誤入歧途。（怎樣根據一個人的行為推斷其境界，這在《十地經》中有很多方法。）

那麼，因果不虛之引導，在相續中生起的界限是怎樣的呢？

應當像米拉日巴尊者那樣。

一次，弟子藏頓巴問米拉日巴尊者：「您的行為已完全超出了凡夫人的意境，上師仁波切，您最初是金剛持，還是哪一位佛菩薩的化身？」

米拉日巴尊者回答：「認為我是金剛持或某位佛菩薩的化身，這說明你對我有誠摯的信心，但對於正法來說，恐怕再沒有比這更嚴重的邪見了。（因為他覺得只有古佛再來才能這麼做，卻沒有認識到正法的力量。現在有些人也常這樣講：「上師是聖者，他能做到的，我怎麼做得到？」這種自我輕毀的說法，對法來講是個大邪見，其實只要像米拉日巴那樣能看破世間、相信因果，任何一個人都可以做到。）

為什麼這麼說？我最初依靠咒力降冰雹，殺了很多眾生，造了滔天大罪，當時想肯定只有墮地獄而別無出路了，於是集中精力、兢兢業業地修持正法。依靠上師傳授的密宗甚深要訣，經過一系列苦行，才在相續中生起了殊勝功德。而你們，由於對因果生不起誠信，故對正法不能如此精進。倘若你們也能發自內心誠信因果，像我那樣刻苦精進，那凡是有毅力的凡夫人，都能生起同樣的功德。到那時，你們也可以稱為是金剛持或佛菩薩的化身了。」

當時，弟子希哇俄也問米拉日巴尊者：「您老人家在求法依師時，有那樣虔誠的信心，忍耐受苦；而得法以後，又在山中那樣精進修行。無論從哪一方面看，都

大圓滿前行廣釋

尊者繼續說：「我再沒有比這更深奧的竅訣了。我是經過這樣的苦行，心中才生起功德的，所以，你也要以最大的堅忍來修行才好。」這件事在岡波巴心上留下了不可磨滅的印象，他一生對上師的教誨也沒有忘記，依靠不斷的苦行，最後獲得了無上成就。

因此，對以上因果的這些要點，我們務必從心坎深處生起堅定的誠信，並且暗下決心：「平時包括細微的善業，也要以三殊勝攝持而盡力奉行；就算是再小的惡業，遇到生命危難也不去做。」尤其在日常生活中，隨時隨地要以正知正念來攝持。

一、早上：

我們早晨起床時，不能像牛羊從圈裡爬起來一樣，一躍而起，邊擦眼屎邊上廁所。而應當在床上靜坐，自心悠然放鬆，向內反觀審察：「昨晚做了善夢，還是惡夢？」

如果夢中作惡，則應心生慚愧，覺得自己夢中都這樣太過分了，然後念金剛薩埵心咒、百字明21遍誠心懺悔。以前許多修行人都有這種習慣，我在課堂上也強調過一百次了，但你們有些人還是不聽，早上起來時連犛牛都不如。犛牛在圈裡醒來後，還要搖搖尾巴，再坐一坐，牠有牠的「入定」境界，而有些人連這個也沒有。

假設你昨晚夢到行善，就應該心生歡喜，同時將善

157

根迴向眾生，並默默發願：「昨晚行持的善法還不錯。在今天，我要繼續為一切眾生獲得圓滿佛果而竭盡全力奉行善法、斷除惡業。」

其實這個很重要！我們在實際修持當中，早晨起床時務必要有正知正念，尤其要觀察自己的夢。一個人的夢，實際上與修行有很大關係，倘若你白天對上師三寶有信心、歡喜心，對眾生有饒益心，做夢的時候，大多數也會跟上師、正法有關；反之，如果一直以貪嗔癡而奔波，那晚上肯定全是惡夢。這一點，在大圓滿的修行竅訣裡也有，假如你修行到了一定境界，夢就會統統變成善夢。

二、晚上：

到了晚上睡覺時，也不要像塊石頭「砰」一聲就倒下去，蒙頭就開始呼呼大睡。而應當在床上端坐，如前一樣觀察思維：「我白天都做了什麼有意義的事？修持了什麼善法？」

倘若成辦了善事，則應感到欣慰，並迴向一切眾生獲得佛果；假設造了惡業，就要自我呵責：「我這個人實在惡劣，今天這樣做，完全是毀了自己。」對此應生起追悔之情，誠心誠意懺悔，並發誓：「從今以後，我絕不再造那樣的惡業！」

其實，我們時時刻刻修心很重要。《佛說救疾經》中也說：「罪從心生，罪從心滅。心如天堂，心如地

獄。」假如自心沒有調柔，貪嗔癡的罪業就會從心而生；若要滅掉煩惱、轉為善法，也是源於這顆心。所以，心就是天堂，心就是地獄。

為了調伏自己的心，今年學院的道友一直在百日閉關，我通過不同的途徑了解，很多人還是修得不錯，大家對此極有興趣，這從言行舉止中也看得出來。其實，一個人在一年中閉關一百天，這是很有必要的。就算你無法拿出一整天的時間修行，那麼上午一座、晚上一座也非常需要。

我個人而言，儘管學院的事情、建築的事情特別多，但每天一到下午，就會把所有電話關掉，利用短短的時間修行。不然，成天都忙忙碌碌的，自己到死可能也沒有修行的機會，因此，我每天至少會抽出幾個小時，強迫自己觀一觀學過的法，尤其是前行。你們不要認為前行是很低的法，所以一直不願意修。其實若能將前行、尤其是共同四加行，反反覆覆觀修好，那麼通過祈禱上師加持，大圓滿等境界輕而易舉就會現前。

當然，除了學院道友以外，城市裡的人雖不可能放下一切去閉關，但早上起來用一兩個小時，甚至半個小時觀修；晚上睡覺前也是這樣；白天在工作之餘抽空修一修，這對調伏自心也非常重要。否則，你僅僅是理論上了解，卻從來沒有深入體會過，那在遇到問題的時候，根本起不到任何作用。

至於早晚應如何觀修，這裡已講得很清楚，每天按照這樣去做就可以了。我在二十多年來，一方面會修點本來清淨、任運自成的竅訣，同時，這些出離心和菩提心的教言也一直在修。不管遇到什麼情況，這個習慣都數十年如一日，從來也不會改來改去。不像有些人，今天修個拙火定，在臍下觀火焰，一直燒燒燒；明天觀個明點，從頭上降下來……氣脈明點的這些修法固然殊勝，但按照法王如意寶的傳統，這些暫時不重要。最重要的是什麼？就是先要在共同四加行、不共五加行上下功夫，只有這樣，更高的境界才會自然現前。

　　如今有些人認為，修加行只是喇榮的一種做法，其實並非如此。在藏傳佛教中，寧瑪派、薩迦派、格魯派、噶舉派儘管傳承不同，但加行修法都大同小異。此外，漢傳佛教雖沒有這麼明顯的竅訣，但教義也都可以涵攝其中。這幾年來，我翻閱了漢地很多《大藏經》的經論和高僧大德的教言，許多大德對人身難得、壽命無常、輪迴痛苦的認識，實則跟藏傳佛教並無二致。因此，大家有了這樣的傳承和教言後，希望要把主要精力放在加行上，一定要修好！

　　同時，無論在何時何地，我們都不能離開正知正念，對內外器情的一切顯現，不要有根深蒂固的實執，而應在虛無縹緲、無實如幻的遊舞中修持自心，恆時住於善法和正道中，令內心調柔。就像《大乘入楞伽經》

所說：「三有如陽焰，幻夢及毛輪，若能如是觀，究竟得解脫。」《大圓滿虛幻休息》也講了如夢如幻的許多竅訣。一個人若是有了實執，那修什麼都不會成功；但即便如此也還是要修，中間這個分寸一定要把握！

以上總結了修四種厭世心⑥的中心要義。這次可以說是講得最廣的了，我雖談不上有什麼甚深教言，但以前依止過很多善知識，對這個法門有強烈信心，並且從中受益匪淺，所以，這次將自己所懂得的一切道理，對你們毫無保留地全盤托出了。同時在傳講過程中，我查了大量漢藏兩地的公案、教證，並翻閱《大藏經》作了補充，還引用了法王如意寶和其他上師的許多教言。希望每個人在聽聞之後，務必要好好修持，若能真正生起這四種厭世心，我的一番苦心也算沒有白費了。

《前行》剩下的內容裡，共同加行還有「解脫利益」、「依止上師」，不共加行則有從「皈依」直至「頗瓦」之間的修法，這些我想講簡單點，不能特別廣，不然的話，可能兩三年都講不完。倘若講一部《前行》共需要五六年，你、我都不知道有沒有那麼長的壽命。

不過，你們每個人的想法也不太相同。我聽有些佛友說：「您這樣廣講太好了，裡面有很多竅訣，我們也

⑥四種厭世心：人身難得、壽命無常、輪迴過患、因果不虛。

想一字一句了解其中的深意。」但也有人在背後抱怨：「哎喲，《大圓滿前行》這樣一天只講幾行，哪一年才能講完啊？太囉唆了，受不了、受不了！應該講點大圓滿法，不要天天都講加行。」儘管外面有各種議論，但我也不一定聽。在我的計劃中，共同四加行會講廣一點，但後面部分可能稍略一些。

你們若能把這共同四加行修好，那在正知正念的攝持下，做什麼善事都不會離開三殊勝。這種人就像藥樹一樣，誰依止他都會帶來快樂，如頌云：「善人如藥樹，依彼勝一切。惡者如毒樹，依彼毀一切。」如此賢善之人以自心的堪忍力，能令與其結緣者心皆轉向正法，自他的廣大善業蒸蒸日上，生生世世生於人天善趣，不會墮入惡趣和邪道。

尤其是這樣具法相的高僧大德，無論住在什麼地方，當地人都會奉行善法，眾天人也會恆常護持。儘管他只有一個人，但依靠護法神的加持、自己善願力的加持，能利益無量無邊的眾生，弘法利生的事業也會自然展開，一切所願都能如願以償。如《大智度論》云：「若人滅眾惡，乃至無小罪，如是大德人，無願而不滿。」

所以，希望在座的人也要從內心中深信因果，行為如理如法地取捨，這樣一來，別人就不會對你挑毛病。只要你全心全意是為了眾生、為了佛法，這種善心和善

第七十二節課

行自會受到人們歡迎，就算你只是個普普通通的人，但也會像日輪在空中發出光芒一樣，遲早會在眾生界中顯出你的偉大。

　　以上講了業因果的重要性，下面是最後的結文：
　　雖知因果差別然信弱，雖聞眾多正法然未修，
　　我與如我惡行眾有情，自心與法相應祈加持。
　　華智仁波切謙虛地說：雖已了知因果差別，但這方面信心薄弱；雖已聽了很多正法教理，卻並沒有實地修持。對於我和像我這般惡業深重的眾生，祈願佛菩薩加持、護佑，令自心完全與因果法相應，就像前輩大德們一樣，何時何地皆能取捨因果、不造惡業！

【因果不虛之引導終】

大圖滿前行廣釋

第七十二節課

第七十三節課

《前行》已經講了人身難得、壽命無常、輪迴過患、因果不虛，下面講第五個共同加行：

五、解脫利益

首先是作者對根本上師如來芽尊者，畢恭畢敬地進行頂禮：

多成就者智者所攝受，依照上師言教而修行，

解脫勝道無誤示於眾，無等上師足下我敬禮。

他的上師究竟有什麼功德呢？為歷代大成就者、智者所慈悲攝受，並依循這些上師的言教如理修持，最終生起了無我智慧，通達一切萬法實相，同時將自己所證悟的解脫聖道，無誤地傳授給有緣眾生。在如此具無上妙德的上師足下，華智仁波切恭敬地頂禮。

我們作為後學者，也要經常對大恩根本上師為主的一切傳承上師，進行皈依、頂禮、供養等。在此過程中，既可以念誦儀軌，也可以觀想功德，還可以用這些偈頌作祈禱，以令自己生起無比的信心、歡喜心。

丙五（解脫利益）分二：一、解脫之定義；二、解脫之分類。

丁一、解脫之定義：

所謂的解脫，是指脫離輪迴這個大苦海，依靠《三主要道論》所講的出離心、菩提心、無二慧，斷除自相續的一切煩惱，遠離三界的一切痛苦，最終獲得聲聞、緣覺、圓滿菩提其中任意一種果位。

　　當然，世間人對「解脫」也有不同的定義。例如他們認為，從監獄釋放出來是種解脫，從疾病纏繞中得以康復是種解脫，擺脫困境獲得自由也是種解脫。然而，這些解脫只是相似的，唯有根除了一切煩惱種子、一切痛苦之因，才能稱為真正的解脫。這一點，我們要發自內心有種嚮往之心，否則，就不是真正的修行人了。

　　對於《前行》的這些內容，大家務必要先從文字上明白，然後再對意義不斷去思維、串習。否則，只是把所學的理論留在書本上，當翻開書或聽上師宣講時，自己好像有一種感覺，而一離開這種環境，心態馬上恢復到往常一樣，那就沒有多大意義了。

　　《前行》也好、其他法門也好，大德所講的每個教言，其實都可以滋潤我們相續，都有不可思議的加持和利益。然而，由於眾生的根基不一樣，所得的收穫也不相同：有些人依靠這些書本和教言，自相續的煩惱完全可以遣除；而有些人長年累月都在聞思，可真正要與煩惱進行搏鬥時，由於缺乏正知正念，始終不能大獲全勝。

　　所以，大家在學習的時候，哪怕每天只聽一節課，

也要有一節課的收穫。比如前面剛講了「因果不虛」，講完了以後，在沒有別人的勸導下，你應該自覺地總結一下：因果不虛大體上講了什麼內容？裡面的公案和教言對我有什麼幫助？我以前是什麼樣的心態？以後要趨向什麼樣的道路？……作為智者，理應方方面面地反觀自己，這對修行來講不可缺少。

總之，在這裡，我們首先要知道何為解脫。現在有些佛教徒，口口聲聲說希求解脫，但他們有沒有去尋找解脫之路呢？這恐怕要打個大大的問號。

丁二（解脫之分類）分二：一、能獲解脫果位之因；二、三菩提之果。

戊一、能獲解脫果位之因：

從「人身難得」開始，以四種厭世心的修法先調順相續；然後，再修持「皈依」、「發心」、「修金剛薩埵」、「供曼荼羅」等，直到聖道正行完全圓滿之間，每個修法都有各自的功德，這就是解脫之因。

其實，四種厭世心的修法——人身難得、壽命無常、輪迴過患、因果不虛，是一切修行的基礎，以此可生起真實無偽的出離心。倘若你沒有打好這個基礎，其他修法根本沒辦法進行，即使修了最高的大圓滿、大手印、大威德、大中觀，和禪宗、淨土宗的甚深法門，也將會統統成為今世之因。

今世之因與來世之因有非常大的差別。所以，在有

大圓滿前行廣釋

經驗的上師看來，要想弟子修有所成，首先必須以共同四加行看破今世，不然，修法肯定不會穩固，修行境界也不會長久。然後在此基礎上，再去了解並修持每一個不共加行。若能做到這一點，那解脫之因就具足了。

《前行》這本書從頭到尾的內容，實際上就是完整無缺地闡述了解脫之因。若能明白這裡所講的斷惡行善之路，遠離一切惡業，歡喜行持一切善法，那現世中會享受快樂，來世必定會得到解脫。誠如《正法念處經》所云：「若人遠離眾惡業，喜行善法心愛樂，此人現世常安樂，必得涅槃解脫果。」

因此，大家一定要知道修加行的重要性。這一點，我在前面也詳詳細細介紹過，相信很多人會比較重視，否則修行無法成功。然而，也有不少人不願修共同四加行，反而對氣功、瑜伽，以及觀明點、觀佛像、觀文字感興趣。其實這些修法並不難，但你若要變成個修行人，對人身難得、壽命無常等生不起定解的話，修什麼都不會太長久。因此，大家一定要再再努力，要明白解脫之因！

戊二、三菩提之果：

無論獲得聲聞、緣覺、圓滿菩提三者中任何一種果位，都是寂靜清涼的，因為已脫離了輪迴痛苦的狹道。尤其是如今我們遇到了大乘佛法和善知識，理所應當唯一希求圓滿菩提，精進奉行十善，修四無量、六度、四

靜慮、四無色、二止觀⑥等一切法門。並且在實修的時候，先要發起菩提心，然後一心專注、不被違緣所轉，最後為利益一切眾生作迴向來攝持。

就像一個人不論做任何事情，有了前因，才會有後果。同樣，在座的人都是希求解脫者，若能具備前面所講的解脫之因，最後肯定會獲得解脫之果。為了達到這樣的目標，我們首先要從出離心修起，明白輪迴中一切感受是痛苦的，一切萬法是無常的，無我寂滅才是永恆的安樂。

唐朝的義淨法師，就曾譯過一部特別短的經典，名叫《佛為海龍王說法印經》，經中記載⑥：一次佛陀在龍宮，為1250位比丘和眾多菩薩宣講佛法。當時龍王問：「有沒有一法簡單易行，卻能涵蓋一切？」佛陀說：「有四殊勝法，若能受持讀誦、深解其意，則與讀誦八萬四千法藏的功德無異。四殊勝法是什麼呢？諸行無常，一切皆苦，諸法無我，寂滅為樂。」

這即是我們平時常說的「四法印」。你們若沒時間

大圓滿前行廣釋

---

⑥二止觀：寂止和勝觀的簡稱。寂止：梵音譯作奢摩他或三摩地，一切禪定的總括或因，心不散住外境，專一安住所修靜慮之中。勝觀：梵音譯作毗婆舍那，一切禪定的總括或因，以智慧眼觀察事物本性真實差別。

⑥《佛為海龍王說法印經》云：如是我聞，一時薄伽梵，在海龍王宮，與大苾芻眾千二百五十人俱，并與眾多菩薩摩訶薩俱。爾時娑竭羅龍王，即從座起，前禮佛足白言：「世尊，頗有受持少法得福多不？」佛告海龍王：「有四殊勝法，若有受持讀誦解了其義，用功雖少獲福甚多，即與讀誦八萬四千法藏，功德無異。云何為四？」所謂念誦：諸行無常，一切皆苦，諸法無我，寂滅為樂。龍王當知，是謂四殊勝法，菩薩摩訶薩無盡法智，早證無生，速至圓寂。是故汝等常應念誦。」爾時世尊，說是四句法印經時，彼諸聲聞，大菩薩眾，及天龍八部，阿蘇羅揵達婆等，聞佛所說，皆大歡喜，信受奉行。

讀很厚的經典，那每天念一遍這個偈頌，我覺得應該沒有問題，佛陀說這就是八萬四千法門的精要。若能把這四句偈放在課誦裡，經常讀一讀、想一想：「萬法都是無常的，一切感受皆為痛苦，若能通達無我的境界，便可獲得寂滅為樂的涅槃。」這是相當有必要的。

實際上，「寂滅為樂」就是解脫之果，這也是三界眾生的究竟目標。我們行持的一切善法若以菩提心攝持，最終即可獲得這種殊勝果位。因此，大家千萬不要搞錯目標了，否則，修行再精進也是徒勞無益！

【解脫利益之引導終】

第七十三節課

六、依止上師

丙六（依止上師）分二：一、依師之必要；二、依師之次第。

丁一、依師之必要：

自古以來，一切佛經、續部、論典中，從來沒有「不依止上師而成佛」的歷史。包括我等本師釋迦牟尼佛，往昔也是在大釋迦牟尼佛面前供養、發心，後於不同的地方依止善知識，獲得許許多多教言後，最終才成就佛果的。現實生活中也看得出來，通過自學而生起五道、十地功德的人，確實一個也沒有。所有的大成就者，無論是印度、藏地、漢地，皆因依止善知識、承事善知識而通達了一切，獲得了真實果位。《華嚴經》云：「十方法界中，所有諸佛法，汝事善知識，一切皆能入。」

曾經有些孤陋寡聞的人說：「只有藏傳佛教才重視依止善知識，甚至把善知識看作是佛。」他們還引用米拉日巴、其他上師的傳記進行破斥，此舉真的很可憐！他們如此大肆宣揚邪說，很可能以盲導盲，誤導智慧不成熟的人跟著隨波逐流。其實，這種人根本沒看過佛教的大經大論，也不懂佛陀的真正教義，只是聽了隻言片語，便開始斷章取義、信口開河，這完全是愚者的行為。

大圓滿前行廣釋

佛陀在許多經典中親口說過，自己涅槃後將化現為善知識，利益末法時期的無量眾生。如《大鼓經》云：「阿難莫哀傷，阿難莫哭泣，我於未來時，化為善知識，利益汝等眾。」實際上，這也並非是藏傳佛教的一家之言，漢文《涅槃經》中也說：「我又示現閻浮提中而作博士，為教童蒙令住正法。」從這個教證可以看出，佛陀會在世間示現為善知識的形象來度化眾生。

如果沒有善知識，就算你再聰明、再能幹，不要說現前五道十地的功德，包括《大圓滿前行》的有些名詞和修法，也不可能通達無礙。以前有些道友比較傲慢，認為自學完全可以成佛，但因為缺乏善知識的引導，最終只能是虛耗光陰、一無所成。因而，在佛教中，善知識確實特別重要。倘若沒有親近善知識，就算每個眾生皆具如來德相，但也很難見到。《大般涅槃經》云：「不能親近善知識故，雖有佛性，皆不能見。」所以，若想通達佛法的甚深教義，就一定要依止善知識。《華嚴經》中說：「若欲成就一切智智，應決定求真善知識。」又云：「於一切善知識，起如來想。」「其有修行善知識教，諸佛世尊悉皆歡喜；其有隨順善知識語，則得近於一切智地。」……這方面的教證數不勝數。

當然，你若不學佛，那就另當別論了。在這個世間上，順世外道、大自在派等邪門外道比比皆是，他們並沒要求依止善知識。現在還有些人片面強調「平等論」，在

他們眼裡，老師和學生是平等的，父親和兒子是平等的，金子和石頭是平等的，所以上師和弟子也應該平等。這種說法，完全是把世俗和勝義混為一談了，卻不知世俗中應該分些層次，任何教派所講的內容，都不能逾越這種界限，否則，整個世間就沒有勝劣之別了。

因此，依止善知識特別重要。包括我們自己在內的一切眾生，無始以來對造惡業就極有造詣，所有支分都能圓滿具足，而對於解脫聖道，卻如盲人迷失在荒野中般知之甚少，誠如《大集經》所言：「眾生心亂故，墮在生死河，如盲無所見，常為苦所沒。」對這樣的我們而言，倘若沒有善知識引導，就像不依商主便無法從寶洲中取寶一樣，解脫之日會遙遙無期。所以，每個人若想獲得究竟解脫，務必要恭敬依止善知識。

丁二（依師之次第）分三：一、觀察上師；二、依止上師；三、修學上師之意行。

戊一、觀察上師：

凡夫人本來就容易隨友伴等外緣而改變，所以，我們在何時何地，都需要依止良師益友。打個比方說，普通的一節樹木落到瑪拉雅山[63]的檀香林中，經過數年之後，就會薰染上栴檀木的妙香，自然散發出芬芳的檀香味。同樣，就算是特別普通的人，如果依止一位具相的

63瑪拉雅山：「瑪拉雅」是梵語，義為檀香山，地處印度南方，是聞名遐邇的寶山，山中盛產各類檀香，其價高昂，深受世人喜愛。

大圓滿前行廣釋

不是我們能做到的。我們都不敢再修這個法了，可如此又解脫不了輪迴，該怎麼辦才好呢？」

尊者說：「我沒有別的竅訣，唯一就是要誠信因果。凡是有心的人，聽了因果能相信的話，也一定能做到像我這樣精進修持。如果你相信因果，依止上師的信心自會增長，求法遇到任何違緣也不怕。否則，若對因果半信半疑，就會缺少行持善法的心力，修行肯定不會成功。」

當然，像米拉日巴尊者那樣苦行和精進的事蹟，在印度、西藏兩地都極為罕見。《岡波巴尊者傳》中記載：當岡波巴離開米拉日巴尊者時，尊者本想給他傳個最深的竅訣，但想來想去也沒有捨得。於是尊者坐在河的此岸，目送岡波巴離開。岡波巴渡河行了一小段路後，隱約聽見尊者呼喚他的名字，就立即回到尊者面前。

米拉日巴尊者對他說：「唉，我這個竅訣雖然至為殊勝，有點捨不得傳人，但如果連你都不傳，那還傳給誰呢？還是傳給你吧。」

岡波巴歡喜雀躍萬分地說：「那麼，我是否要準備一個曼茶作供養呢？」

尊者說：「曼茶倒不需要。只要你莫辜負我這個竅訣就行了。好，現在你看——」說著，尊者就將衣袍撩起，只見他周身上下都是多年苦行而結成的網狀老繭！

大德，久而久之，自己也會薰染上他的功德妙香，所作所為都變成他那樣。如智悲光尊者在《功德藏》中說：「如瑪拉雅樹林中，漂落普通一節木，枝葉滋潤出妙香，依止上師隨行彼。」

當然，作為修行人，若想得到上師的意趣、功德，依止的時間要越長越好，不能只是一天兩天。現在有些人今天得個灌頂、求個法，明天就回去上班了，以為只要上師蓋個章，自己就萬事大吉了。其實，如果上師具有無比的加持，弟子也有前世的宿緣、不共的信心，這樣的因緣聚合下，弟子很快的時間就豁然開悟，生起無與倫比的境界，這在歷史上也是有。但一般來講，我們作為普通根基的人，在修行過程中，依止上師要越長越好。

關於遠離惡友、依止善知識，《佛本行集經》中講過一則公案：往昔難陀出家後，儘管佛陀苦口婆心地教化，可他仍不喜歡梵行，常跟惡行比丘結為朋黨，從早到晚只談論不如法的事。一次，佛陀為了調化他，就把他帶進城裡，來到一家魚店。在店裡的茅草鋪上，放著一百條臭爛的死魚，佛陀讓難陀抓一把茅草，過一陣子再放下，然後問：「你聞一下手上是什麼味？」難陀回答說：「腥臭撲鼻。」佛陀告訴他：「親近惡友也是這樣，雖然時間不長，但也會染上惡習，令你惡名遠揚。⑥⑷

⑥⑷《佛本行集經》云：爾時佛告長老難陀：「如是如是。若人親近諸惡知識，共為朋友，交往止住，雖經少時共相隨順，後以惡業相染習故，令其惡聲名聞遠至。」

第七十三節課

（像有些修行不好的人，特別喜歡聽音樂，別人偶爾去他家吃個飯，聽些亂七八糟的歌後，從此，就很容易染上他的「臭味」了。我有時候路過有些道友的家，覺得他們很可憐，為什麼呢？因為城市裡的人沒看破世間尚且情有可原，但他們既然捨棄一切來到寂靜地方，頭髮也剃得光光的，還拿個破收音機、破錄音機每天聽，這有什麼意思呢？還不如享受法義上的美味好。然而，有些人在家習氣特別重，來了學院以後，雖聽了不少殊勝教言，但自相續還是改不了。外表倒像個寂靜的出家人，別人一看就生信心，可是內在的話，不要說別人，連自己也深感厭惡，這即是《親友書》中外成熟、內未熟的類型。）

接著，佛陀又把難陀帶到一家賣香的店，讓他把香囊抓在手裡，過一會兒再放下，然後問：「你聞聞手上是什麼味？」難陀回答：「有微妙的香氣。」佛陀說：「同樣，如果親近善知識，常常薰染他的功德，自己也會功德增上、美名遠播。⑥⑤」

其實，這就是世人所謂的「近朱者赤，近墨者黑」。我們無論是什麼人，很容易受環境影響，不管接觸惡友還是善友，哪怕時間特別短，只有一兩天或一兩個月，自己也會有很大的變化。甚至有些經典中還說，登地菩薩也受環境和惡友的影響⑥⑥，那作為凡夫人，就更需要注意這一點了！

---

⑥⑤《佛本行集經》云：佛告難陀：「如是如是。若人親近諸善知識，恆常共居，隨順染習，相親近故，必定當得廣大名聞。」
⑥⑥也有說登地菩薩不受環境影響。

既然親近善知識相當重要，那一個人在依止上師之前，首先一定要觀察，否則，連認都不認識就去依止，末法時代是非常危險的。我就遇到過有些人，聽到一個上師的名字就去灌頂，我問：「那個上師你認識嗎？」「不認識，但他們都去，我也去。灌了好多頂哦，很開心，太殊勝了，上師太好了！」「這個上師有什麼功德？」「反正我感覺他很慈悲，一看他的臉就特別喜歡。」——他覺得這就是上師的法相，這是十分草率的。如今正值五濁惡世，眾多續部中講的所有法相樣樣俱全的上師，雖說難以尋覓，但我們也要依止一位具足以下法相的上師。

　　一、相續清淨：從來沒違犯過外別解脫戒、內菩薩戒、密乘三昧耶戒。如果他是出家人，至少要具備出家人的別解脫戒；若是在家人，法王如意寶講過，也要具有圓滿的居士戒。假如連一條戒都不具足，那所有功德、所有境界就失去了所依。當今末法時代，即使他無法一一護持極細微的菩薩戒、密乘戒，但最基本的、與解脫不相違的戒條也一定要守護。

　　二、廣聞博學：上師如果孤陋寡聞，什麼都不懂，連經續的名字也說不上來，那肯定不行。所以，他一定要通曉顯宗各大經典、密宗各大續部，以及後來諸位大德的教言論典。比如顯宗的五部大論，密宗的《大幻化網》，大圓滿不同續部的教言修法，至少這些應該要

懂。

三、具大悲心：對無邊眾生要像母親對獨子般慈愛。不能光是對親朋好友非常愛護，要什麼就給什麼；對關係不好的人，一提起名字就恨之入骨。若是這樣，不要說大乘的慈悲菩提心，就連世間的悲憫心、善良人格也沒有。

四、通達顯密：精通顯宗三藏、密宗四續部的儀軌。此處的「精通」還包括實修，否則，只是口頭上會講理論，自己卻從來沒有實地修持過，這樣也沒辦法引導弟子。

五、現前斷證：依靠上師教言、經續內容而修持實義，最終自相續斷除了煩惱和障礙，現前了無我的殊勝證悟。退一步說，作為上師，就算沒有證悟空性，最起碼也要能摧毀或壓服煩惱，現證前所未有的一些功德。不然，如今有些弟子的信心、境界很不錯，上師若天天貪著世間八法，精進、超勝功德都比不上弟子，那是特別可笑的事！

六、圓滿四攝：以布施、愛語、同行、共事四攝法，攝受具善緣的弟子。

布施：上師利益眾生的方法，就是先要進行財布施和法布施。

愛語：用佛法教理進行開示。有些人認為，所謂的

---

⑥密宗四續部：事續、行續、瑜伽續、無上瑜伽續。

愛語，是弟子愛聽什麼就講什麼，這也不一定。如果弟子嗔心特別大，上師天天給他講打仗的故事，這樣對他也不一定有利。其實，按照《經莊嚴論》的觀點，愛語主要是講跟修行有關的教言。

同行：又叫利行，指真正令弟子得到利益，自相續得以改變，不能對弟子從不關心。當然，世間人所謂的「關心」，要麼是指給他財物，要麼指跟他說好話、常聯繫。但此處的關心並非如此，而是讓弟子行持六度，並將他安置於其中，這對他才是莫大的利益，而其他世間行為沒有什麼實義。

共事：上師讓弟子怎麼修，自己也要這麼修。否則，對別人口口聲聲說「你們要修無我、修菩提心，不要懈怠懶惰」，他卻整天睡懶覺，從來也沒想過無我，沒想過可憐眾生，這樣口是心非，一點都不合理。

綜上所述，正如智悲光尊者在《功德藏》中說：「圓滿諸勝法相者，濁世力致故難得，三戒清淨之大地，多聞大悲潤心續，精通如海顯密儀，斷證淨慧碩果豐，四攝鮮花齊爭豔，善緣弟子如蜂聚。」這是一種詩學的修飾方法，意即上師要具備這些法相：三戒清淨猶如大地，廣聞博學、具大悲心猶如降下的雨水，通達顯密、現前斷證猶如成熟的碩果，圓滿四攝猶如盛開的鮮花，以此就會吸引善緣弟子如蜜蜂般集聚。不然的話，上師大地也沒有，鮮花也沒有，碩果也沒有，蜜蜂會餓死的！

第七十三節課

關於所應依止的上師，《經莊嚴論》也有個教證，講了十種法相，如云：「調靜除德增，有勇阿含富，覺真善說法，悲深離退減。」以前我去五台山時，書夾裡就放了這個教言，法王如意寶也經常引用。這十種功德分別是：

一、調伏：與戒學相應，故諸根調伏，身口意三門的威儀，皆要以正知正念攝持。否則，上師連自己都不調伏，性格特別野蠻粗暴，天天到舞廳去唱歌、跳舞，想調伏弟子是不可能的。

二、寂靜：與定學相應，故內心非常寂靜。就像《毗奈耶經》所講的那些比丘一樣，威儀自然而然令人生信。

三、除惑：與慧學相應，故煩惱寂滅，斷除一切不良行為。

四、德增：上師的功德、證悟應遠遠超勝，不能比弟子低劣或等同，否則弟子就不服了。

五、有勇：對利他毫不懈怠、精進努力。有些上師得到一些身分後，如同已獲得佛果一樣，從此再也不精進了。就像世間有些學生，讀書時特別用功，但工作後得到地位了，就開始懶惰起來了，這樣是不行的。上師為了利益眾生，不能有這種脆弱之心，一定要精進。

六、阿含富：由於多聞，不管是顯宗、密宗，所通達的教理十分豐富。

大圓滿前行廣釋

七、覺真：證悟無我空性，究竟現前真如。

八、善說法：說法具有善巧方便。

九、悲深：悲心深切，不求名聞利養，一心一意為弟子開示正法。當然，悲心深切並不是天天囑咐弟子：「你要好好吃飯，好好穿衣服，好好睡覺啊！每天睡24小時也可以。」而是一定要給他播下解脫的種子，讓他從佛法上得利，這才算是真正的悲心。

十、離退減：遠離一切疲厭，恆時勇猛地宣講正法。

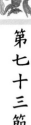

尤其是傳講密乘甚深竅訣的上師，必須具備一切續部中所講的下列條件：

一、成熟相續：要得過不間斷能成熟的灌頂。光是得過還不夠，灌頂還要如理如法，各方面因緣全部具足。

二、淨持律儀：得到灌頂之後，不同續部有不同的誓言，比如最基本的十四條根本戒、《大幻化網》的五條根本戒，從始至終沒違犯過所受的誓言和其他戒律。

三、相續調柔：煩惱和分別念微弱。否則，煩惱特別深重，分別念層出不窮，整天都胡思亂想，這樣的人不可能當密宗上師。

四、精通密宗：精通密宗基、道、果一切續部的意義。不然，何為基道果都搞不清楚，那又怎麼去教弟子

呢?

五、依修圓滿：最好是親自見過本尊；即使沒有親自見，夢境、驗相中也要見過本尊。而且，所修本尊心咒為主的咒語和驗相，都已盡善盡美。

所以，真正能傳密法或灌頂的上師，並不是那麼容易找到的。有時候我給大家輔導一些密宗修法，真的特別慚愧。我也再三強調過，這只不過是給大家種個善根、接個傳承而已，我自己的相續中，這些功德不要說全部具足，可以說一個都不具足。且不說密宗上師的資格，就連密宗弟子的資格也沒有，正如《竅訣寶藏論》所形容的[68]，弟子法相都不具足還想當上師，簡直是太可笑了。

六、解脫相續：現量證悟了萬法皆空的實相，對無我之義有所體會，心中有解脫的境界。

七、唯求利他：心相續周遍大悲心，除了利他以外，從來不考慮個人利益。

八、瑣事鮮少：斷除了對今生世間的貪執。當然，若是為了弘揚佛法、利益眾生，有一些事情是可以的。從以前高僧大德的傳記中看，他們為了弘法利生，有一些瑣事也不叫「瑣事」。

現在有些發心人員，成天抱怨瑣事太多，其實你想一想，倘若這些行為牽涉到利益眾生，那是非常有意義

大圓滿前行廣釋

---

[68]《竅訣寶藏論》云：「自尚不具弟子之法相，想做上師矛盾又可笑。」

的。但假如你天天吃喝玩樂，不是為了眾生，而是一直在想「我早上怎麼吃？中午怎麼吃？晚上怎麼吃」，連晚上做夢也在琢磨「明天早上怎麼吃」，這些都是瑣事，沒有任何意義。不過，如果你在食堂為道友發心，那就另當別論了。

九、精進修持：因為已修了四種厭世心，故對今世的考慮不是很多，唯一是為了來世精進憶念正法。

十、厭世勸他：自己現見了輪迴痛苦，生起強烈的厭離心；有了這樣的境界後，經常也給別人宣說，勸別人看破世間。像無垢光尊者、華智仁波切、麥彭仁波切，還有漢地許多大德，他們修行到了一定境界時，對世間不會有什麼好感，不像現在有些人一樣充滿信心。他們了知輪迴的一切皆無實義，同時也將自己的境界與他人分享。

十一、攝伏弟子：以種種善巧方便，不管是語言也好、行為也好，攝受調伏弟子令其得利，示現各種各樣的形象來度化眾生。

十二、具有加持：依照自己上師的言教行持，上師說什麼都全部照做，從來也不敢違背，以此緣起，自相續中具有傳承的加持。有了這樣不可思議的加持，那對弟子講法的力量會完全不同。

以上共講了十二種法相，我們應當依止這樣一位上師。如《功德藏》中說：「尤其宣講竅訣師，得灌淨戒

極寂靜，通達基道果續義，念修圓滿證自解，悲心無量唯利他，精進念法瑣事少，極具厭離亦勸他，善巧傳承具加持，依如是師速成就。」

　　倘若你記不住這麼多法相，那也可以只記岡波巴大師所說的三點：一、斷除對此生的貪著；二、以大智慧引導弟子入道；三、以大悲心不捨弟子。概而言之，就是要看破今世，有大智慧、大悲心。上師具足這三項的話，弟子就可以去依止他。

　　總之，我們如果要依止上師，尤其是一位密宗上師，事先務必要仔細觀察。倘若他不具足前面所講的這些法相，那你去受灌頂、聽密法，利益不一定很大。所以，對上師在沒有依止之前，首先觀察非常重要！

大圓滿前行廣釋

第七十三節課

第七十四節課

《前行》正在講「依止上師」。昨天從顯宗和密宗兩個角度，介紹了上師所應具備的法相。今天再講講與上述相反應當捨棄的上師相。

現在有些上師不具法相，弟子在沒有依止之前務必要觀察，就算人們稱他為「上師」，但也沒有必要去依止。

什麼樣的上師不能依止呢？下面會從四個方面進行闡述，《如意寶藏論》、《功德藏》、《大圓滿心性休息》等其他論典中，對此也有廣說。希望大家經常翻閱這些經論，詳細去了解所應依止的上師需要什麼條件？不能依止的上師又有哪些？倘若不明白這一點，依止上師幾十年才發現他是個騙子，此時，自己的精力都已經耗盡了，若再重新尋找另一位上師，人生也沒有時間了，這是相當可悲的。

因此，作為學佛的修行人，觀察上師和依止上師特別關鍵。現在漢地有一部分人，對上師根本不觀察、不了解，隨隨便便就去依止，依止完了又開始後悔、毀謗、捨棄，這樣實在沒有必要。如果上師是個騙子，不具備任何法相，沒有灌頂，沒有傳承，也不懂得佛教教理，完全是為了名利而詐現威儀、吸引眾人，那捨棄他

大圓滿前行廣釋

---

⑥此處的捨棄，是指不去依止。

也不一定有過失。但這個也不好說，倘若他以前確實聽過一些法，有這個傳承，然後再給別人念，就算目的不是為了利他，但所傳的法畢竟是如來教言，捨棄他也許還是有過失。

所以，最保險、最可靠的方法，就是在沒有依止之前，首先一定要觀察。有些人說來不及了，但又不是得急性闌尾炎，怎麼會來不及了？你二三十年、甚至七八十年都沒學過佛，現在也不必急於一時，至少應打聽一下這個上師到底如何，或者在他身邊待一待，幫他做點事情，看他到底是壞人還是好人。現在很多佛教徒，尤其是以前沒聞思過的人，經常都會犯這個毛病：依止完了發現上師有許多毛病，然後就開始後悔、誹謗，這樣有很大過失。因此，在依止上師之前，大家務必要詳細觀察。

下面講幾種不能依止的上師：

一、如木磨之上師 有些人本來沒有聞思修的少許功德，卻自以為我是某某上師的兒子或貴族子弟⑦等，種姓方面已勝過他人；或者住在聖者所在的地方，比如五明佛學院、青海等地，特別愚昧的人就把他當成了大成就者：「啊，您真是那裡來的？那我肯定要依止！」然後到處打電話，說某地來了個上師，肯定很了不起，一

---

⑦貴族子弟：舊時西藏貴族的幼弟和侄子總名。

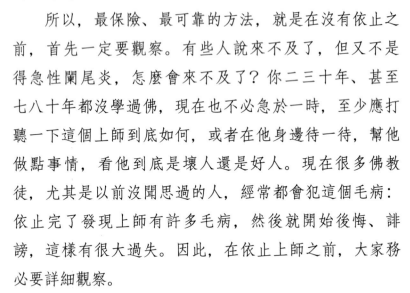

定要去灌頂、聽法。還有人說他是某某上師的兒子、侄子、孫子，這樣那樣的親戚朋友，以此也能糊弄不少信徒。其實就算上師非常了不起，他的親戚也不一定個個都好。就像釋迦牟尼佛是三界怙主、人天導師，但他的親戚提婆達多為人怎麼樣？大家應該十分清楚。

還有些人，像婆羅門世襲相傳的門第觀念一樣，到處宣揚自己的傳承如何如何；或者，雖具有少分聞思修的功德，卻並不是以希求來世的清淨心修持，而是擔心失去上師的地位等，所作所為只是為了今生。以上這些上師，都稱為「如木磨之上師」。

所謂的木磨，是指形象跟磨子沒什麼差別，發出的聲音甚至比磨子還嘈雜，但實際上根本磨不碎什麼糧食，最後只能磨損自己。同樣，有些上師外表上裝得道貌岸然，名聲可能比真正的善知識還響亮，但所作所為只不過在欺騙別人，最終只能是害了自己。

依止這樣的上師，弟子不但得不到任何聞思修的超世間功德，反而還會在他的誤導下逐漸墮入惡趣，相當危險。所以，佛陀在經典中說了，上師的種姓不重要，名聲不重要，最重要的是什麼？就是學處。學處一方面指戒律，一方面指他的境界。一個人若能具足這兩條，並通達顯密一切法要，那麼即使是個乞丐，也值得我們頂戴。

然而遺憾的是，不管古代還是現代，被虛假頭銜所

蒙蔽的，往往大有人在。《摩訶僧祇律》中就講了一則公案：從前有位弗盧醯婆羅門，他門下有五百名弟子，是位人人敬重的國師。他家有個傭人生了個兒子，名叫迦羅呵，從小就聰明伶俐、記憶力極佳。迦羅呵平時擔任孩子的僕人，年復一年，日復一日，凡是聽過的法，都能憶持不忘。有一次，他和那些孩子起了衝突，一氣之下便遠走他鄉，到了鄰國。

在那裡，他謊稱是弗盧醯婆羅門的兒子，叫耶若達多，離鄉背井特來向該國的國師求學。國師深受感動，當場就答應他的請求。迦羅呵非常聰明，表現相當優異。國師十分歡喜，不但指派他教授自己的五百名弟子，還把唯一的女兒許配給他。從此以後，迦羅呵的生活漸漸豐足安樂，但是，他身在福中不知福，常嫌棄妻子做的飯菜不合口味。妻子一點也不抱怨，甚至想學波羅奈的飲食，以討丈夫歡心。

後來，弗盧醯婆羅門得知了迦羅呵的事，準備去鄰國將他捉回。這天，恰巧迦羅呵與門徒外遊，遠遠看見弗盧醯婆羅門迎面走來，他驚慌不已，急著打發隨行的門徒離開，之後走到弗盧醯婆羅門面前，頂禮跪拜，苦苦地哀求：「我來這裡，謊稱您是我的父親，才能投靠國師學習經典，娶他的女兒。請您不要張揚我的秘密，我以後一定會侍奉您。」弗盧醯婆羅門善解世事，便不再追究，說：「你確實是我的兒子！」並跟著迦羅呵一

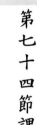

第七十四節課

起回家。

　　一進家門，迦羅呵告訴妻子，自己的父親前來探望。妻子喜出望外，忙準備了各種佳餚進行招待。用餐完畢後，妻子等到適當的時機，私下請教弗盧醯婆羅門：「我照三餐侍奉丈夫，可是他都不滿意。希望您指點我，以前耶若達多在家喜歡吃哪些菜？我願意學習。」

　　弗盧醯婆羅門見她一片真誠，卻苦於迦羅呵的挑剔，非常生氣。於是教她一個方法：迦羅呵若再嫌飯菜難吃，就在他身旁小聲地念這首偈子——「無親遊他方，欺誑天下人，粗食是常食，但食復何嫌？」

　　送走弗盧醯婆羅門後，迦羅呵故態復萌，吃飯時依舊挑剔生氣。妻子就照著這個方法，不慌不忙地誦出偈子。迦羅呵聽後滿臉怒氣，卻也不敢多言。為了怕妻子揭發他的身分，從此，他低聲下氣地隨順妻子，再也不敢挑食了。

　　如今像這位傭人之子般的相似上師，確實不計其數、比比皆是。有些人連世間人格都不具足，聞思修什麼功德都沒有，卻自以為非常了不起；有些人雖有一點點功德，可從來沒有想過出離、解脫，在別人面前顯得很莊嚴，也只為了即生獲得地位、財物等。這樣的上師，最終只能毀了自己，也毀了他人。所以，大家在學習佛法時，首先一定要擦亮慧眼，看所依止的上師是否

真正具足法相。

二、如井蛙之上師

有些上師沒有能力調伏弟子，自己也與凡夫人沒有差別，根本不具備絲毫特殊功德——不要說利益眾生的菩提心、證悟空性的智慧、廣度有情的善巧方便，甚至連基本人格也沒有，連一般的人都不如。就算是不學佛的世間人，有些也不會說妄語欺騙別人，說話實實在在，行為也能表裡如一，但這些上師連如此美德都不具足，性格品行極其低劣。

可是一些愚笨之人盲目輕信，不經觀察就將他捧得高高的，什麼「活佛」、「上師」、「堪布」、「法王」，一大堆名號輕易就加在他頭上，認為他是三界唯一的怙主。這時候的他，明明什麼都不懂，對世間和出世間的法也沒有廣聞博學，只是身邊幾個愚笨的徒弟天天奉承，以至於自己被名聞利養熏得面目全非，驕傲自滿、目空一切，對大德正士的功德視而不見，這種上師就叫「如井蛙之上師」。

以前法王如意寶出國時，印度某個中心派來的一位老上師，在眾人面前表現得特別傲慢。當時我身邊有位堪布，就悄悄地說：「這個人就是《前行》裡講的井蛙上師，自己什麼都不懂，只有去欺騙下面的愚笨徒弟了。」

確實，有些上師有了點名聲，身邊有了一些弟子，

便開始得意忘形起來。但誠如無垢光尊者在《心性休息》中所說[71]，縱然弟子多如蛆蟲，也沒有任何意義。這些弟子什麼道理都不明白，盲目地把上師看作佛。上師雖說有財、有名、有勢力，但行為非常不如法，跟特別低劣的人沒什麼差別，這樣的上師目光短淺，就如坐井觀天的井底之蛙。

井底之蛙是什麼樣的呢？據說，從前有一隻年邁的青蛙，長期居住在小小的井底。一天，大海裡的一隻青蛙來到牠面前。

井蛙問：「你是從哪裡來的？」

海蛙回答：「我從大海來。」

井蛙問：「你的海有多大呢？」

海蛙說：「大海非常非常大。」

井蛙問：「那麼，有我這個井的四分之一大嗎？」

海蛙連連搖頭：「遠遠不止。」

井蛙又問：「那麼，有沒有它的一半大？」

海蛙還是邊搖頭邊說：「不止不止。」

井蛙繼續問：「難道有這個井這麼大嗎？」

海蛙依舊重複著前面的話：「不止不止。」

井蛙不相信地說：「不可能有那麼大吧？那麼，我們一起去看看吧。」

---

[71]《大圓滿心性休息》云：「如不淨堆之上師，所化蛆眷多亦棄，引信士入歧惡道，欲解脫者永莫依。」

於是，兩隻青蛙一同前去。當見到大海時，那隻井蛙頓時昏厥，頭顱崩裂而嚇死了。

唐代韓愈在《原道》中也說：「坐井而觀天，曰天小者，非天小也。」意思是坐在井裡看天空，會覺得天很小很小，其實並不是天太小，而是自己的眼光太狹窄。《二規教言論》中也講過⑫，有些人因智慧不成熟，或者因孤陋寡聞、沒見過世面，常常認為自己很了不起，這是非常可笑的。

這個公案，在《莊子》中也有類似的敘述：有隻青蛙長年住在一口枯井裡，牠對自己生活的小天地滿意極了，一有機會就要對別人吹噓一番。有一天，東海來了隻海鱉，青蛙見後打聽東海的大小。海鱉說：「東海用千里不能形容它的廣，用萬丈不能表明它的深。夏禹時代十年九澇，海水不會因此增多；商湯時代八年七旱，海水不會因此減少。我就住在這樣的東海裡。」青蛙聽後傻了眼，茫然不知所措。

現在這個社會上，像這樣的人也不在少數。有些人本來學得特別差，對浩如煙海的經論奧義根本沒精通，但在某種情況下，被愚癡者追捧為上師，收取了各種信財，得到了很高的名利，自己就以為自己是罕見的大成就者，最終做出種種不如法的行為。像這樣井蛙般的上

---

⑫《二規教言論》云：「或由年齡未成熟，或是孤陋寡聞者，自己往昔所做事，亦有眾多自所笑。」

師，大家一定要捨棄！

三、如瘋狂嚮導之上師

上師自己從未依止過智者，也沒有精進修學顯宗經典、密宗續部，對經續教理一竅不通，一無所知；內心煩惱比凡夫人還粗重，亂發脾氣，弟子都嚇得要命；不具足正知正念，以至於顯宗的戒律也違犯了，密宗的誓言也毀壞了；自相續比凡夫人還低劣，但卻像大成就者一樣，言談舉止高如虛空；嗔恨和嫉妒心十分強烈，斷掉了慈悲心的吊索，這就是所謂的「如瘋狂嚮導之上師」。

這種人特別可怕，明明沒有真實的戒律、智慧，自己的境界特別差勁，但所作所為比大成就者還厲害，吃肉、喝酒、邪淫、殺生什麼都敢做，什麼罪都可以造，其下場就像《諸法集要經》中所形容的：「愚癡無戒人，起增上散亂，相續造諸罪，去地獄非遠。」

這樣的上師，如今確實不乏其數，因為沒有學過戒律，對吃肉、喝酒、殺生一點都不在乎。包括有些密宗「上師」，蔑視因果，欺騙信眾，像大成就者一樣行持瘋狂之舉，行為真是有點過分，讓別人看了很難對佛教生起信心。

當然，這種現象在顯宗中也不是沒有。我聽說漢地有座寺院，經濟來源相當不錯，但一點聞思修行都沒有。當家師為了招攬弟子，允許每個出家人在屋裡上

大圓滿前行廣釋

網、看電視，但唯一只有一個要求，那就是必須要上早晚課。外人單看表面的話，這個寺院裡有很多出家人，上早晚課時非常整齊，似乎一個比一個如法。但下了早課以後，白天他們要麼打牌，要麼到飯店裡吃肉，穿僧衣做很多非法事，沒有一天去聞思修行，聽起來真的很可憐！

不過，這些只是個人的問題，並不是佛教的弊病。佛教中對出家人的要求，在文字上已規定得清清楚楚，但他們自己不行持，以致令眾人生邪見，這個責任不能怪到佛教頭上來。

今天有人問我：「有些文件中規定：藏傳佛教不能傳入漢地，這一點您怎麼看待？」我回答說：「其實藏傳、漢傳只是法脈不同而已，教義上並沒什麼差別，都要修菩提心、空性等等。佛教根本不分民族、國界、地域，它是人類慈悲與智慧的思想結晶，任何人、任何地方都可以接受。只不過有時候因為跟歷史掛鉤、跟政治掛鉤、跟經濟掛鉤、跟文化掛鉤，人們才把佛教分成了藏傳、漢傳、南傳，甚至藏傳中也分為許多教派，實際上這些都是佛教。如果你只接受這個、不接受那個，如此取捨的話，肯定會犯捨法罪。所以，從廣義上講，所有傳承的教義都無有差別。」

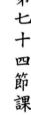

第七十四節課

四、如盲人嚮導之上師

　　有些上師不具備勝過弟子的點滴功德，不懂得打開取捨的雙眼，遠離慈悲心、菩提心，最終將弟子引入邪道，這樣的上師稱為「如盲人嚮導之上師」。

　　現在有些寺院香火鼎盛、人山人海，每次看到這種場景，我都會暗想：「這裡有個善知識該多好啊！有了善知識的話，每天就可以安排一兩堂課，給這些信眾講點基本法理。」但不少出家人只是讓人拜拜佛、燒燒香，自己只要天天吃飽飯，就什麼都不管了；那些信眾也懵懵懂懂的，只為了今生的安樂而發願，真的特別可憐。其實有些特別莊嚴的道場，若能有個善知識，把周圍的人全部召集起來，每天花半小時講一下佛法中的慈悲、智慧，對他們的利益會不可思議。否則，沒有思想上的溝通交流，純粹是物質上的供養，雖然此舉也有功德，但人們的精神空虛卻不能解決，而且沒有取捨的智慧，很容易被一些假上師欺騙。

　　我曾看過一本書叫《探索心靈的痕跡》，裡面就描述了不少假活佛。他們到了漢地之後，經常裝出一副很有智慧的樣子，對年輕的女人說：「你前世是什麼空行母，我們有很特殊的因緣，你要是能給我生個活佛兒子，將來對弘法利生會如何如何……」極個別女人竟然也信以為真，認為上師的金剛語不欺惑任何人，甚至介紹更多的人去依止他。

195

這些弟子平時談論上師，根本不關心他的境界、證量、學問，只是對上師的穿著打扮、言行舉止很感興趣。這種愚癡的師徒關係，完全是自欺欺人，但也沒辦法，現在的社會就是這樣，很多假上師的故事特別吸引人，許多人一聽就上鉤了。這些故事若是傳到上師的家鄉，當地人只會嘲笑，沒有一個相信，但在漢地有些人聽來，便覺得千真萬確、毋庸置疑，堅信上師就是這麼了不起……作者在寫這本書時，腦海中浮現出了很多匪夷所思的畫面。我覺得他說的有些話，還是比較實際。且不論他寫得好不好，最關鍵的是，此書揭露了一些事實的真相。

上述這四種不應依止的上師，智悲光尊者在《功德藏》中，用頌詞的方式進行了總結：「猶如梵志護門閥，顧慮失毀自地位，聞思非為來世果，猶如木磨之導師。雖與凡夫性不違，愚者起信置高位，獲得利養心傲慢，猶如井蛙之上師。孤陋寡聞破律誓，心劣行為高如天，折斷慈悲之吊索，若依狂師增罪惡。尤依無勝己功德，無有悲心名聲師�733，如依盲主大錯誤，欺詐相伴漂暗處。」

蓮花生大士也說過：「不察上師如飲毒，不察弟子

�733名聲師：這種上師裝模作樣、徒有虛名，對外宣稱是誰的轉世，或是什麼佛學院畢業的，但依止了他之後，弟子會永遠漂泊在惡趣的黑暗中。

如跳崖。」像元朝皇帝忽必烈，在依止八思巴為上師時，就很有智慧。他詳詳細細觀察六年後，對上師說：「我觀察您六年了，現在確信您是一位具德上師，請收我為徒吧！」八思巴回答：「你觀察了我六年，我也要觀察你六年。」

《事師五十頌》中也講過：「是故勇士先觀察，上師弟子之關係。」宗喀巴大師在解釋該頌時，還引用了《金剛鬘講續》的一個教證：「十二年間需觀察，若不了知久觀察。」即依止善知識前要觀察十二年。然而，現在很多人不要說十二年，連十二天的觀察也沒有。今天開車回家的路上接到一個電話，說某某上師來灌頂了，自己馬上就急轉彎，匆匆忙忙去依止——可能他的無常修得太好了吧，覺得一切都很無常，再過幾天不一定有這個機會，所以沒有時間觀察上師。

其實，上師是我們生生世世的皈依處，也是開示取捨道理的導師。若沒有經過慎重觀察，不幸遇到了邪知識、惡知識，那自己一生的善資都將葬送在他手中（一生積累的財富也會毀壞在他手中，這個是我補充的），使已得的暇滿人身白白虛度。如同一隻毒蛇盤繞在樹下，某人誤認為是樹影而前去乘涼，結果就會被毒蛇咬死。《功德藏》也說：「若未詳細觀察師，毀壞信士善資糧，亦毀閒暇如毒蛇，誤認樹影將受欺。」

有些人在依止上師時，剛開始覺得上師特別好，從

各方面觀察，根本挑不出任何毛病，於是認為：「能遇到這樣的上師，是我多生累劫的福報。上師肯定跟我前世有緣，我一看到上師就想哭。上師這麼慈悲，肯定對我的解脫有幫助。」然後將財富全部供養了——前不久就有這麼個人，對某位上師很有信心，但卻從來沒有見過面。後來聽說某人就是這位上師，便深信不疑，在家人不知情的情況下，把好多錢天天往他的卡裡塞。後來當見到另一位上師時，才知道自己被騙了，原來那人完全是冒名頂替。故《正法念處經》云：「若近惡知識，眾苦常不斷，當受惡道苦，此苦不可說。」佛陀在經中已經授記了，如果依止惡知識，今生的很多錢財、時間會被耗盡，來世在惡道中受苦就更不用說了。

如今有些人本性不壞，但後來遇到惡知識，在他潛移默化的誘導下，自己慢慢就變質了。我以前有一位老師說：「哎，某某人竟然貪污了，他本身不是那麼壞，但是沒辦法，被環境已經染污了。」他講得也言之有理，《增一阿含經》云：「人本無有惡，習近惡知識，後必種惡根，永在闇冥中。」可見，依止惡知識的話，必定會給自己帶來痛苦。因此，在依止上師之前，我們一定要詳詳細細觀察，正確無誤地辨別之後，才能全心全意地依止，並恆常對上師作真佛想。

這樣一切功德無不圓滿的上師，實際上就是十方諸佛大悲與智慧的本體，只是為了利益所化眾生，才顯現

為人的形象。如《功德藏》云：「圓滿德相之上師，諸佛智慧大悲體，所化前現士夫相，悉地根本即無上。」可是漢地有些人對此並不認同，他們認為視師如佛不合理，這完全是藏密的一種說法。其實這只是他孤陋寡聞而已。顯宗的很多經典中，對上師是佛陀的化身，都有過諸多說明。如《涅槃經》云：「憐愍一切諸眾生故，而復示現種種色像。」《地藏經》也說：「吾分是形百千億化度，隨其根性，而度脫之。」由此可見，上師是佛陀的化現完全可以成立。

另外，有些經典中說，上師是真正的佛，要像對佛陀那樣對待上師。如《般舟三昧經》云：「當敬於師，承事供養，視當如佛。」還有《華嚴經》中講過：「譬如明淨日，出現於世間，生盲雖不見，而能作饒益。」如同太陽掛在天空中，盲人雖然無法看見，卻能感到陽光的溫暖。同樣，佛陀以上師的形象來到世間，給我們開示解脫正道，我們雖因無明愚癡，不一定知道他跟佛無二無別，但他也能給我們帶來無比的利益。

現在漢地和藏地有一部分人，對「上師與佛無別」不但生不起定解，反而覺得：「我的上師很小氣，這事最好不要讓他知道，不然，他可能不高興，因為他像女孩子一樣斤斤計較。」「我上師行為如何如何，他最愛什麼什麼……」我聽過不少人這樣評價自己的上師，在跟別人談話時，也只把上師當成普通人，從來沒認為上

大圓滿前行廣釋

師的境界跟佛陀無別。

其實在顯宗《寶雲經》裡，佛陀親口講過：「於善知識生世尊想，依善知識住。因善知識故得勤精進，因善知識故能除一切惡法。」《華嚴經》亦云：「於善知識起如來想。」《增一阿含經》也說，所有梵行全部依靠善知識而得，佛陀自己也是依善知識證悟的[74]。

所以，我們應該了解，善知識的密意跟佛陀沒有任何差別，其本體就是諸佛菩薩。如此殊勝的上師，為了引導所化眾生，暫時的一舉手一投足，好像跟世人一模一樣；但究竟而言，他們的密意始終安住在佛陀的境界中，從這一角度來講，又與一切世人截然不同。上師的任何行為，實際上都是在順應眾生，具有密意；他既能善巧解除弟子的重重懷疑，也能忍耐弟子的一切邪行和憂心勞身，宛如獨子的慈母。如《功德藏》云：「不了義隨一切眾，了義相違諸眾生，具密意故勝有情，善遣疑忍憂邪行。」

概言之，從不了義的角度來講，上師因為要隨順眾生，行為跟眾生幾乎一樣；從了義的角度來講，上師的智慧跟佛陀並無二致，與眾生的所作所為又完全相違。就像一個幼兒園老師，為了隨順孩子、讓他們開心，她

第七十四節課

---

[74]《增一阿含經》云：爾時，阿難白世尊言：「所謂善知識者，即是半梵行之人也，將引善道以至無為。」佛告阿難：「勿作是言，言善知識者即是半梵行之人。所以然者，夫善知識之人，即是全梵行之人，與共從事，將視好道。我亦由善知識成無上正真等正覺，以成道果，度脫眾生不可稱計，皆悉免生、老、病、死。以此方便，知夫善知識之人，全梵行之人也。」

會跟小娃娃一起玩；但如果孩子做一些非法事，老師會不會也跟著做呢？不可能的。

因此，在這些關鍵問題上，就像《大圓滿心性休息》中所形容的[75]：上師因為要隨順眾生，行為會跟大家相同；但因為要度化眾生，其究竟密意和行為又截然不同，不會隨心所欲，或以貪嗔癡而行。故而，真正具有法相的善知識，表面上似乎跟我們一樣，但實際上，他是諸佛菩薩的真實化現，跟我們的境界特別遙遠。

綜上所述，具有一切德相的上師，就像大船，能救度眾生脫離輪迴大海；他如商主，能無誤指示解脫與遍知佛果的聖道；他如甘露雨，能熄滅業與煩惱的熊熊烈火；他如日月，能遣除重重的無明黑暗，現出朗朗的正法光明；他如大地，能容忍弟子憂心勞身及一切邪行，見行廣博，無所不包；他如劫波樹（如意樹），是今生與來世一切功德利樂的來源；他如妙瓶，是不可思議諸乘宗派一切意願的寶庫；他如摩尼珠，住在隨心所欲息、增、懷、誅四種事業大海的源泉中；他的慈心猶如父母，對無邊眾生無有親疏、愛憎，一視同仁；他的悲心好似河流，對普天下的芸芸蒼生廣泛憐憫，尤其對無依無怙的苦難有情更是迫切悲憫；他的喜心宛若山王，不為嫉妒之心所轉，不為實執之風所動；他的捨心恰似雨

---

[75]《大圓滿心性休息》云：「若問上師之法相，為引世間與眾同；超世間故與眾殊，三門諸行較眾勝。」

雲，自相續不被貪嗔所擾亂⑯。

《功德藏》對此歸納道：「解脫有海如大舟，無迷勝道真商主，滅業惑火甘露雨，遣無明暗等日月，囊括諸乘如大地，利樂源如劫波樹，圓具法庫如妙瓶，上師勝過如意寶，平等愛眾即父母，悲心廣切等河流，無變喜心如山王，無亂捨心如雨雲。」

因此，從大悲心、加持方面而言，上師與諸佛相同。凡是與上師結上善緣者，即生便可成佛；結上惡緣者，比如對上師生邪見、嗔恨心，誹謗上師、憎恨上師、討厭上師，甚至打罵上師，也會以此因緣最終斷絕輪迴。如頌云：「如是上師等諸佛，害彼亦入安樂道，何人正信依止師，降下一切功德雨。」

---

⑯關於善知識的比喻，《華嚴經》中也不乏其數，如云：「善男子，善知識者，如軌範師，能以善語而誨示故。善知識者，猶如伴侶，住阿蘭若不捨離故。善知識者，如勝神通，能現種種諸自在故。善知識者，如金剛劍，能截煩惱及隨眠故。善知識者，如親教師，能為懺除五犯罪故。善知識者，如勝靜慮，能滅一切隨煩惱故。善知識者，如摩尼鏡，令現前證宿住智故。善知識者猶如橋梁，能令超度諸有流故。善知識者，能斷疑網，業異熟中善決斷故。善知識者，能善安處，令速入於不退地故。善知識者，能令深信，微細業果如自見故。善知識者，善能勸修，毀呰一切不善法故。善知識者，是智能眼，一切法中不執著故。善知識者，心如明燈，順本覺性而覺了故。善知識者，如說道者，為大丈夫處會說故。善知識者，能捨惡友，不入惡人之住處故。善知識者，捨不律儀，能令增長善律儀故。善知識者，能教時語，隨眾生根而發言故。善知識者，勸隨順修，令捨衣食攝眾生故。善知識者，為先導師，令如所說而修行故。善知識者，令其深入等持等至皆深入故。善知識者，猶如良醫，能於飲食知節量故。善知識者，如瑜伽師，能令趣入相應行故。……善知識者，如威猛將，摧伏一切諸魔軍故。善知識者，為大明咒，能除一切諸苦厄故。善知識者，猶如大船，超過生死至彼岸故。善知識者，如如意珠，能令所願皆圓滿故……」

第七十五節課

前面已講了如何觀察上師，即具有法相的上師可以依止；不具法相的上師，無論怎麼樣，也不要去親近依止。這一點，佛陀及高僧大德都異口同聲強調了，所以在依止上師修行的過程中，應當如理如實地作取捨。

講完了觀察上師之後，接下來就是依止上師。

戊二、依止上師：

所謂的依止，主要是以佛法依止，即弟子要在上師面前聽法，上師要給弟子傳法。

然而，現在很多人認為，所謂的依止上師，就是弟子問上師：「您可不可以攝受我？」上師心情好的時候，點點頭，承認「你是我的弟子」；心情不好的時候，暫時就不答應。一旦得到了上師應允，弟子就特別開心，到處請客好好吃一頓。所以，很多人被攝受的界限，只是上師的口頭開許，就像世間的一種承諾。

當然，這種方法或許也可以，畢竟有些高僧大德的境界不可思議，通過他無比的加持和智慧來攝受，這也未嘗不可。不過依據諸多經論的觀點，真正的依止上師，應該是以佛法結緣，上師傳授佛法，弟子接受了之後，才算是建立了依止關係。

有些人明明在上師面前灌過頂、聽過法、得過很多竅訣教言，卻不承認這是一種依止，不承認是自己的上

師，反而跑到另一位從沒得過法的上師面前，悄悄地說：「我是您的弟子，您是我的上師。」這樣的依止，除非你是利根者，像迦葉尊者在佛陀面前說：「您是我的本師，我是您的聲聞。」承許一下就可以得戒體。此外，對普通人而言，沒有佛法經論的傳授，不可能算是依止上師。

這個問題，如今在很多城市比較常見，希望各位要詳詳細細翻閱經論，看到底什麼才叫依止。《正法念處經》中講過：「若為他人說，一句之善法，則為善導師，為眾生所尊。」如果有人對你哪怕只說了一句善法，他也稱為是你的上師，從那個時候起，你就應當對他尊重，態度要跟以前不同。如果沒有這樣，想用其他關係來依止上師，可能不太符合佛教的教義。

那麼，該以怎樣的方式依止上師呢？正如《華嚴經（33卷）》中所說：「善男子，應於自身生病苦想，於善知識生醫王想，於所說法生良藥想，於所修行生除病想。」我們要把自己當成身患重病的病人，善知識是治療我們的醫生，善知識所說的法是靈丹妙藥，依教奉行能遣除一切病苦。這個教言非常關鍵，否則，就算你依止了善知識，但以上四想⑰若顛倒了，那再怎樣精進也無濟於事。

---

⑰《竅訣寶藏論》中還講了六想，如云：「轉為道用作想之六法：殊勝上師作為名醫想；道友護士實修療病想；自作病人法作妙藥想；獲得果位作為病癒想。應當斷除一切顛倒想。」

現在有些人，在上師面前得了一個法後，從來也沒修持過，就像醫生給你問診開了藥，但你根本不吃一樣，怎麼可能對治相續中的煩惱？除非你遇到的醫生十分特殊，根本不用吃藥，只加持一下就可以。但除此之外，若想治好自己的病，醫生一定要開藥或傳授方法，你也一定要謹遵醫囑，這樣疾病才有希望遣除。

另外，看病一定要找對良醫，倘若你胃特別痛，卻去科學實驗室找一位教授，這完全是緣木求魚。同樣，我們眾生心裡特別可怕的煩惱疾病，21世紀的超級科學技術無法解決，什麼樣的知識分子或智者也束手無策。有些人皈依其他宗教，有些皈依世間的氣功師，這樣雖可以暫時帶來一些安慰快樂，但究竟從生老病死的輪迴大海中解脫，他們卻無計可施，唯有佛教才能做到。

而在學佛的過程中，你不想解脫就另當別論了，如果想要解脫，依止善知識才有希望。自古以來，雖有許許多多智慧高超的人，但要想解脫的話，沒有依止善知識絕不可能實現。因此，我們若想擺脫生死煩惱的怖畏，務必要按照此處所說的比喻，像重疾纏身的病人依止善巧的明醫，或者像恐怖路途中的旅客依止勇敢的護送者，遭到怨敵、強盜、野獸等危害時依止解救危難的友伴，去海中寶洲取寶的商人依止商主，想到達彼岸的船客依靠舵手一樣，依止一位具有救護力的上師。智悲光尊者在《功德藏》中也說：「如病依醫客依護，怖畏

大圓滿前行廣釋

依友商依主，諸乘舟者依舵手，畏生死惑當依師。」

當然，像釋迦牟尼佛那樣智悲力統統具足的上師，末法時代不一定找得到，但只要上師有一定的悲心、智慧、能力，直接或間接能改變我們的相續，實際上就可以。不過現在大城市裡的人，就算找到了具德上師，也不一定有時間去依止，在這種情況下，若通過各種途徑得到上師的教言，然後對此依教奉行，也可以叫依止上師。

其實，依止上師不一定非要天天跟著，上師走一步也不離開，上師坐著自己也在旁邊，上師吃飯就傻傻地看著，這個不一定叫依止。若能將上師相續中的智慧、悲心融入自心，逐漸獲得上師戒定慧三學的功德，這樣的方式才叫依止。有些人總以為一直陪著上師才是依止，假如上師出去不帶自己，就表明上師不攝受自己了。實際上，這樣的依止沒什麼意義，就算上師經常把你帶來帶去，你也不一定能解脫。

要知道，依止上師有不同的方式，尤其在當今時代，弟子若依靠各種方式了解上師的教言，比如人身難得、壽命無常，這些早上起來怎麼修？晚上怎麼修？白天怎麼把佛法的精神融入日常生活？對此全部明白的話，才是真正的依止上師。否則，就算是佛陀在世，也不可能天天把所有弟子帶在身邊。

看過佛陀傳記的人都清楚，昔日佛陀身邊也只有阿難尊者、迦葉尊者、目犍連尊者等幾個弟子，多的時候

第七十五節課

有250或2500個，但即便如此，也不可能讓每個弟子都跟著，成天給佛陀倒茶，跟佛陀特別親近——常有人認為，「親近」上師就一定要跟上師坐得特別近，與上師同住同睡。實際上並非如此，弟子若想親近上師，關鍵還是要將上師的密意、上師了解的經論教義盡量通達。

在此過程中，假如你信心比較大，依止很多上師也可以。現在有些法師說：「依止善知識只要一個就好，修法也不能雜了，只能修一個法門。按照古人的傳統，跟定一個老師決不可以跟第二個人學，不能聽第二個人的教誨，否則，依止多了，聽多了、想多了，煩惱就多了，智慧就沒了，最終得不到成就。」對此觀點，有人曾引用《華嚴經》中善財童子五十三參⑱進行了駁斥，該經還說：「善財得見三千大千世界微塵等諸善知識，不違其教。」

我想，這個問題也不能一概而論。假如對所有人都要求：依止上師只能是一個；或者依止一個上師不對，必須要依止很多很多，這兩種說法都過於極端。要知道，每個眾生的根基和情況各不相同，有些人具有不少煩惱和分別念，一個上師不一定能調化，故適合依止很多善知識；而有些人若依止多了，心可能會亂，煩惱也會增多，故依止一個就夠了。以前我也遇到過有些道友，依止好多上師之後，擔心這個不高興、那個不高興，把自己弄得特別累，最後跟人抱怨道：「我以後任

⑱《八十華嚴》中講的是依止了一百一十位善知識。

何上師都不依止了，一個人修獨覺果位就行了。」因此，依止上師的多少，要因人而異。但不管怎樣，只要你想從輪迴中解脫，依止上師是必需的，否則，要獲得成就非常困難。

下面講講作為弟子所要具備的條件：

一、精進大鎧：縱然遇到生命危險，也不違背上師的意願。

二、智慧極堅：心情一定要穩定，不會因暫時的一點違緣，比如上師不高興，或跟道友之間關係不太好，就認為師徒緣分已盡，馬上收拾東西，找班車離開。依止上師不像跟企業領導打交道，關係好的時候，對他畢恭畢敬、言聽計從，一旦關係不好了，不但可以隨便離開，還會用各種態度謾罵他。依止上師絕不能如此，倘若你違背了上師言教，捨棄了一位上師，那以後即使依止再多上師，也很難以獲得成就。

有些人認為這只是密宗說法，顯宗中不存在這個問題。這種觀點我不認可，不說別的，只要詳細看一看《華嚴經》中要求對善知識是什麼樣的心態、什麼樣的行為，就會明白視師如佛並非密宗的一家之言，而是大乘了義經典中再再強調的。所以，我們應該知道，解脫的因緣離不開善知識，這是誰說的呢？是佛陀告訴我們的，不是普通人隨便講的。除非你把佛陀的教言統統捨

棄，否則，根本無法否定它的合理性。

三、承事上師：要有赴湯蹈火、在所不辭的精神，為了給上師辦事，付出生命也心甘情願，如是依靠法性力，自會獲得上師的意傳加持。否則，稍微累一點、苦一點，或者遇到一點點違緣，就立刻捨棄上師，這樣的弟子肯定無法與上師相應。其實每個人在承事上師的過程中，都會出現一些暫時的違緣，但若能克服一切障礙，長期承事上師，自己的信心、境界、弘法利生的事業就會越來越廣大。

然而，有些人認為依止上師不一定重要，自己單獨搞個佛教企業，事業就會超過上師。有這種想法的話，最終不但不能如願以償，反而容易讓自己陷入絕境，連基本的衣食溫飽也無法維持。要知道，作為真正的善知識，弘法利生的事業必定不可思議，假如弟子與上師的意願一致，盡心盡力為上師做事，對自己來講，才是度化眾生的很好因緣。我以前就經常思維：「假如我只依靠自己的能力，不要說利益無量眾生，連極個別人也很難幫助。但憑藉上師的因緣，與上師的宏大事業結合起來，如今還是做了一點有意義的事。」故作為弟子，一定要好好依止上師。

記得《華嚴經》中講過，依止上師要有十種心[79]：

大圓滿前行廣釋

---

[79]《華嚴經》云：「彼菩薩摩訶薩恭敬供養親近善知識，起十種心。何等為十？所謂於善知識，起給侍心、不違心、隨順心、歡喜心、不求利心、一向心、同善根心、同願心、如來心、同滿行心。」

（一）給侍心：始終有承事上師的發心。

（二）歡喜心：承事上師時非常歡喜，不是整天愁眉苦臉、怨聲載道。

（三）不違心：上師有什麼樣的意願、想法、要求，自己都盡量不違背。

（四）隨順心：一定要隨順上師，不能上師說上，你偏偏說下，非要討價還價半天。有些人總喜歡故意刁難，本來上師讓他做件事情，他卻一直藉故推辭，直到上師特別失望了，他再開始慢慢答應，中間把上師「折磨」半天，這樣也沒有必要。

（五）不求利心：承侍上師沒有自己的利求、目的、用意。

（六）一向心：全心全意地依止上師，此外沒有別的心態。

（七）同善根心：上師做任何善事，自己都盡量參與。誠如華智仁波切在《前行》中說[80]，哪怕供養上師一點一滴，甚至發自內心隨喜，善根也能同樣獲得。

（八）同願心：上師做任何一件事情，自己都要與上師共同發願。

（九）如來心：把上師看作真正的如來。

[80]《前行》云：「當殊勝上師奉持菩薩行而積累廣大的福慧資糧時，如果自己也加入到他們的行列中，哪怕只是發心供養微薄的財物受用或身語做些力所能及的事情，甚至包括心中隨喜在內而同行，那麼依靠大德的無上發心力所得的善業資糧有多少，自己也將同樣獲得。」

（十）同滿行心：跟上師一起圓滿弘法利生廣大事業的行為和心態。

這十種心，弟子務必要具足。

四、依教奉行：上師所說的任何教授，都言聽計從，將自己置之度外，不能夾雜很多私人的要求和事情。

擁有以上法相的弟子，單單依靠對上師的虔誠敬信，也必將獲得解脫。如《功德藏》云：「精進大鎧慧極堅，不惜身命作承侍，謹遵師命不護己，唯以敬信得解脫。」

其實真正依止善知識的人，並不會特別考慮自己。以前上師如意寶在課堂上經常講：「我們學院的老管家索頓，上師說什麼他都聽，一下來便開始辦，從來也不想自己。而其他有些法師，總是考慮：『會不會別人對我看不慣？』『我會不會有一點損失？』在為上師做事時，思前想後就有很多顧慮……」

跟索頓管家平時接觸，我們也都比較謹慎，為什麼呢？因為每一次開會或私下商量，法王若問他情況，他就一五一十反映，下面誰說什麼都如實匯報。後來大家比較害怕。於是他每次開會商量前，都提醒我們：「你們說話要注意啊！否則，等一會兒法王如果問了，我什麼話都會直截了當地說出去哦。」這樣一講，大家就不敢開腔了，不然，過一會兒全部報上去了。（眾笑）

回顧以往，我們在依止上師的過程中，也有很多不如法的地方值得懺悔。但總體來說，當時學院的條件不像現在，那時候環境特別艱苦，我們以苦行來依止上師，對經論裡的要求也學過很多，現在看起來，還是稍微有點欣慰，有一種快樂之感。

實際上，弟子若能捨棄自己，一心一意地護持上師事業，以這樣的恭敬心和信心，必定會無勤獲得解脫。法王如意寶也常引用「唯以敬信得解脫」這個偈頌，教誡弟子依止善知識的過程中，一定要放棄自己的一切利益，竭盡全力依教奉行。並且，這種依教奉行不是一天兩天，而是時間要越長越好。

然而，現在末法時代，很多人依止上師的時間很短，學一段時間沒新鮮感了，就又去尋找別的上師。當然，尋找別的上師也沒什麼不可以，但從前輩高僧大德的傳記中看，他們依止上師的時間都非常長，這樣才會對自己有很大利益。

要知道，在一切修行中，對上師依教奉行的功德最大。有一次，岡波巴尊者想到上師米拉日巴尊者那裡求個甚深教言。到了黃昏時，他去了上師那兒，問上師：「積累資糧的方法，究竟是哪一個最殊勝、最無上？」

尊者回答說：「密集金剛和金剛四座等續部中都說：『供養三世一切佛，不如供師一毛孔。』所以，供養上師的功德最大，是積累資糧最好的方法。」

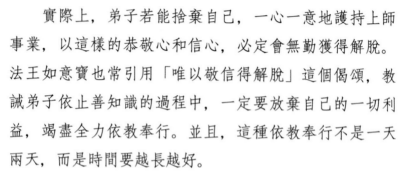

岡波巴又問：「那還有沒有比這更高深的積累資糧的方法呢？」

尊者言：「還有一個。比供養上師更大的功德，就是依教奉行，依靠上師所傳的口訣如理如實修持，如此則功德更大。」

這些金剛語若好好思維，裡面真的有很甚深的涵義。但我們在依止上師的過程中，能不能做到依教奉行呢？不說別人，我自己就很慚愧。假如法王如意寶正好講《如意寶藏論》、《大圓滿心性休息大車疏》、《大圓滿前行》中依止善知識的內容，幾天內我的態度還是很好，「噢，要把上師看作佛一樣，不能生各種分別念，一定要如理如實地依教奉行」。但過了一個月就忘了，很多道理都想不起來了。

所以，凡夫人往往都是這樣，一個法不能始終貫穿於一生。比如剛講壽命無常時，自己會觀修一下「我什麼時候會死啊」，早上起來也覺得會不會馬上死掉。但過了一個月以後，這種觀念就沒有了。為什麼呢？就是因為修行太差。因此，我們一方面要以聞法來經常充電，不然，過不了多久就會故態復萌，始終無法產生真實的定解；同時也要精進修持，只有這樣，自己所得到的定解，例如把上師看作佛、對上師要依教奉行，永遠都不會退失。所以，大家一定要在修行方面下功夫。

此外，身為合格的弟子，還要具備以下條件：

一、具大信心：將上師視為真佛。

要想具備這種心態，說難也難，說不難也不難。以前我依止善知識時，好像有時生不起這種信心，但轉念一想：無論從上師的事業、智慧、悲心哪方面看，上師都肯定是佛，如果只是個凡夫人，根本無法做到這些。比方說，學院每年開「極樂法會」、「金剛薩埵法會」，都有成千上萬的人集聚在一起，同一個時間共誦佛號或心咒。我畢竟是個佛教徒，相信念這麼多佛號肯定有極大功德。上師呼籲開一個法會，馬上就能攝受如此多的眾生，共同行持善法，從事業方面看他決定是佛，不然，凡夫人哪有這種能力？

就拿我來說，有時候很想幫助別人，求他們可不可以聽法、皈依，但真正做起來特別困難，度化眾生不是那麼簡單的。可是對上師而言，稍微一個行為，馬上就能擴展到全世界。尤其是西方國家那些人，跟東方人的心態完全不同，對一些領導、明星不會盲目崇拜。但當時法王去國外時，依靠不可思議的加持力，男女老少見了上師後，都能生起無比的歡喜心，當下就會皈依，發願修持正法。因此，把上師視為佛應該不會很困難。

二、具大智慧：了知上師善巧方便行為的密意。

上師要度化很多眾生，言行舉止勢必有不同的甚深密意。如果他只度化你一個，那天天講適合你的話語、做適合你的行為就可以了。比如你特別喜歡比丘相，上

第七十五節課

師就示現為規規矩矩的比丘；你特別喜歡坐禪，上師就天天閉目打坐，這樣的話，你一看到上師就起信心，把上師視為佛也很容易。然而，上師度化的眾生並不是一兩個，也不是幾百個，而是無量無邊的眾生，甚至包括看不見的很多非人。因此，上師所說的一句話，也許你聽了不一定喜歡，但它肯定對其他眾生有巨大利益，甚至能令其當下解脫。所以，上師不管有什麼樣的言行，我們都要有接受的能力。

三、廣聞博學：能受持上師所講的一切正法。

有些人在上師面前雖然聽了法，但下來過後天天看小說，甚至在上師講課時，也不錯過時間加緊「用功」。還有些人只是上課時聽聽，私底下從來不看書。我們學院就有這種人，居士中應該也有吧，我可以發誓：他們除了上課時看一遍書以外，其他時間根本不看。

按理來講，作為真正的弟子，不管哪個上師傳了什麼法，至少也要看一兩遍。以前我依止善知識時，無論再怎麼忙，每次聽了一堂課後，至少也會看一兩遍，看今天講了些什麼？到底是怎麼分析的？上師是怎麼講的，我的理解又是如何？這種習慣一直都有。但現在是21世紀了，弟子的好多法相也「與時俱進」，變得面目全非了。

四、具有悲心：對一切眾生有大悲心，慈愛那些無依無怙、受苦受難的眾生。

五、敬護淨戒：恭敬上師所傳授的律儀和三昧耶戒。

六、三門調柔：身語意寂靜調柔。說話也好、做事也好、跟道友接觸也好，不會特別剛強難化、野蠻粗暴。

七、寬宏大量：內心能容納上師及道友的一切行為。有些人心量太狹窄，被別人碰一下，就火冒三丈：「你碰什麼？看什麼看，我又不是鬼，有什麼看的！」

八、慷慨大方：將自己所擁有的一切，毫不吝惜地全部供養上師。

九、具清淨觀：內心很少出現不清淨的分別惡念，不會每天觀察上師和道友的過失。

其實，想挑一個人的毛病相當容易。有些人用十年的時間弘法利生，戒律也非常清淨，大家不一定看得出來，也不一定覺得他很了不起。但如果有一次他在某個場合中抽了煙，就算只有短短一分鐘，大家也會指指點點，把他以前的功德一筆勾銷。所以，人看過失的眼睛特別厲害，看功德的眼睛基本沒有。別人做再大的弘法利生事業，他也不以為然，但只要犯了一丁點過失，就被誇大得無以復加。我們作為弟子，對上師也好、道友也好，最好不要有這種分別念，如果有的話，應意識到是自己內心不清淨。

十、具慚愧心：假如造了惡業，要立即想到：「我這種惡行，定會受到正士大德的羞辱。」

慚愧心真的很重要。《增一阿含經》中說[81]，有兩

個妙法可護持世間，即知慚、有愧。倘若沒有這兩個法，整個世界就亂套了，沒有妻子丈夫、父母子女等尊卑之別，人就跟牛羊等沒什麼兩樣了。

《涅槃經》中還講過[82]，從前有個人睡覺時房子起火，衣服被燒光了。此時他若裸體逃出，尚有一線生機，但因為有慚愧心，他覺得裸體示人特別羞愧，結果寧可被火活活燒死了。以此心念，他死後立即轉生天界，數萬年中獲得天王的果位，到了人間也成為轉輪王。可見，知慚有愧的功德非常大。

然而，現在的社會不是這樣。聽說美國、包括中國都特別喜歡裸體，這樣出來的話，人們非常歡迎，自己也覺得很成功。有個明星曾說：「反正只要出名就可以，其他不管了，有沒有衣服都一樣！」這種現象非常可悲。

話說回來，弟子若能知慚有愧，依止上師就有一種約束感。不然，做什麼都會無所謂，甚至覺得上師跟自己完全平等。現在不少人強調極端的民主，聲稱老師和學生是一樣的、上師和弟子是一樣的、父親和兒子是一

---

⑧①《增一阿含經》云：「世尊告諸比丘，有二妙法擁護世間。云何為二法？所謂有慚、有愧也。諸比丘，若無此二法，世間則不別有父、有母、有兄、有弟、有妻子、知識、尊長、大小，便當與豬、雞、狗、牛、羊六畜之類而同一也。」

⑧②《大般泥洹經》云：「譬如丈夫遠行寄止他舍疲極而臥，大火卒起焚燒此家。驚覺見火逼其身欲出火難，衣服燒盡自愧裸身，不出火宅遂至燒死。以慚愧功德故，身壞命終，八十千返為三十三天王，復百千返為梵天王，來生人中常為轉輪聖王。不墮惡趣永處安樂因慚愧故如是。」

217

樣的⋯⋯這樣的話，社會倫理就全部亂了，是特別危險的。所以在這裡也講了，有慚愧心相當重要。

我們務必要具備這些優點來依止上師。《功德藏》中對此歸納道：「具信慧聞大悲心，恭敬戒律三門調，寬宏慷慨淨相愧。」

下面對弟子所應具備的法相，用幾種比喻進一步描述：

一、作為一名弟子，時時刻刻中，所作所為要隨順上師心意，萬不可做出違背上師意願的事情。無論上師如何嚴厲呵責、懲罰，既不怒氣沖沖，也不懷恨在心，猶如馴服的駿馬。

馬跟貓、狗等動物不相同，那些動物若被打了，就會對主人有怨恨心，甚至咬你作為報復。而馴服的駿馬完全不一樣，主人就算天天用鞭子打，牠也像大修行人一樣默默承受。作為弟子也應當如此，不能因為上師的幾句呵責，就忍受不了，反而把上師痛斥一頓，或者想狠狠揍他一頓。

二、上師指派你做任何一件事，都不會因來來往往而心生厭煩，猶如船筏。

三、能承受上師所吩咐的一切好事壞事，猶如橋梁。橋梁上無論是好人、壞人都會經過，橋梁不會因此不高興，依止上師也是如此，不能對上師的吩咐挑三揀

218

四，非要做好的，不做不好的。

四、能忍耐一切艱難困苦、嚴寒酷暑，猶如鐵匠的鐵砧。

五、對於上師的一切言教，唯命是從，猶如奴僕。

六、斷除我慢，常處卑位，猶如掃帚。

七、捨棄驕慢，恭敬眾生，猶如斷角的犛牛——有些人總抱怨上師不公平，天天不滿自己，其實這是上師對你的加持，你應該當「斷角牛」。

這些都是《華嚴經》等佛經中所講的依止上師之法。記得《八十華嚴》中，還宣說了要以二十一種心依止善知識⑧。這些心若歸納起來，可攝為寂天菩薩《集學論》中的九種心：如大地心、如金剛心、如鐵圍山心、如僕使心、如除穢人心、如乘心、如犬心、如舟船心、如孝子心。若能以如是心親近善知識，時時具足恭敬歡喜，遠離一切驕慢，自己決定獲得成就。

關於依止上師的比喻，《功德藏》中總結道：「極護上師具善巧，囑斥不嗔如良駒，來去無厭如船筏，猶

大圓滿前行廣釋

---

⑧《華嚴經》云：「善男子，汝承事一切善知識，應發如大地心，荷負重任無疲倦故；應發如金剛心，志願堅固不可壞故；應發如鐵圍山心，一切諸苦無能動故；應發如給侍心，所有教令皆隨順故；應發如弟子心，所有訓誨無違逆故；應發如僮僕心，不厭一切諸作務故；應發如養母心，受諸勤苦不告勞故；應發如傭作心，隨所受教無違逆故；應發如除糞人心，離憍慢故；應發如已熟稼心，能低下故；應發如良馬心，離惡性故；應發如大車心，能運重故；應發如調順象心，恒伏從故；應發如須彌山心，不傾動故；應發如良犬心，不害主故；應發如旃荼羅心，離憍慢故；應發如犗牛心，無威怒故；應發如舟船心，往來不倦故；應發如橋梁心，濟渡忘疲故；應發如孝子心，承順顏色故；應發如王子心，遵行教命故。」

219

如橋梁承賢劣，猶如鐵砧忍寒熱，依教奉行如忠僕，斷除我慢如笤帚，捨驕慢如斷角牛，契經[84]所說依師法。」

在此基礎上，弟子還要以三種承侍令上師歡喜。具體來說，上等承侍為修行供養，即以堅韌不拔的精神，歷經苦行實修上師所傳的一切正法；中等者以身語意承侍，就是自己的身語意要待奉上師，為上師服務；下等者以財物供養，也就是慷慨供養飲食、受用等。我們要通過這三種方式令上師歡喜。

然而現在有些上師，對上等的修行供養、中等的承侍供養不太喜歡，反而對下等的財物供養趨之若鶩，以至於個別弟子認為：「我對上師有什麼什麼財物供養，是個大施主，是最令上師歡喜者。」這樣可能有點顛倒。實際上，對上師最好的供養，就是修行供養。

當然，修行供養也不一定指天天修法。我們這裡有些發心人員覺得：「年底考試時我好慚愧啊，365天都在發心，從來沒有修行過，沒辦法去供養上師。所以，上師您老人家千萬不要生氣。」其實不是這樣的，倘若你在幫助眾生、攝受眾生、利益眾生，《華嚴經》中講了，這就是上等供養。如云：「諸供養中，法供養最。所謂如說修行供養、利益眾生供養、攝受眾生供養、代

---

[84]契經：此處雖然主要指《華嚴經》，但其他的佛經，如《正法念處經》、《毗奈耶經雜事》等中，也有不少依止善知識的教言。

眾生苦供養、勤修善根供養、不捨菩薩業供養、不離菩提心供養。」你若是為了眾生做事，那不捨菩提心、攝受眾生、饒益眾生、代眾生苦等諸多供養就包含其中了，這是最好的供養，是上師最歡喜的，也是諸佛菩薩最歡喜的。《功德藏》亦云：「若有財物供上師，身語恭敬承侍事，何時一切亦不毀，三喜之中修最勝。」

《長阿含經》中講過，佛陀要示現涅槃時，前往拘尸那城，準備在娑羅雙樹下入滅。佛陀讓阿難在樹間為他鋪設床座，要求頭朝北、面向西，以示佛法將傳布北方，並在那裡興盛。這時，娑羅樹雖未到開花的季節，卻突然開起花來，紛紛飄落到佛陀身上。

對於這一奇異的景象，佛陀為阿難解釋道：「這是棲居在娑羅樹林，篤信如來的夜叉天神，以非時之花來供養我，但這並非真正的供養。」

阿難問：「那什麼才叫真正的供養呢？」

佛陀回答：「只有受持我的法、修行我的法，才算是真正的供養如來。」

我們平時經常想：「佛陀的恩德特別大，用什麼樣的方法來供養呢？」其實，依教奉行就是對佛的最大供養，也是對上師的最大供養。有些人總抱怨：「哎喲，我福報太淺薄了，別人都能供養上師，我連一分錢的供養也沒有。」實際上，對上師財供養不是很重要，自己若能如理聞法、如實修行，即使上師沒有發現，佛陀沒

有馬上給你一種「反饋」，這也是他們最喜歡的法供養，我們務必要盡量做到。《法句經》云：「若有智者，見善知識，應當供養，不惜身命。」

《長阿含經》也說：「人能受法，能行法者，斯乃名曰供養如來。」此處的「受法」與「行法」還是有點區別：受法，是指在上師面前聽課或翻閱佛經論典，以此來接受法義；行法，則是明白了道理之後，實實在在去修行。然而，現在有些佛教徒很值得慚愧，不要說行法，就連受法也很難做到。漢地《大藏經》中有那麼多殊勝教義，他們從不拿出來翻一翻，只是將其束之高閣，完全當成一種收藏。前兩天聽說，學院個別法師和道友開始看《大藏經》，我真的很高興！倘若你們這樣接受佛法，然後對裡面的教義盡量行持，這就是對如來的一種報恩，也是對佛陀和上師最好的供養。

現今有些人一直浪費時間到處化緣，非要用錢來供養上師。但這樣的供養，不一定對上師有利，反而對上師的名聲、事業可能有影響。作為弟子，只有如理如法地聞思修佛法，才是最上等的供養。在此基礎上，假如你因緣、條件允許，可以再作些財供養、承侍供養。總之，孰輕孰重一定要搞清楚！

第七十五節課

第七十六節課

今天繼續學習《大圓滿前行》中的「依止上師」：

上師的行為變化莫測，沒有固定性，因為要攝受不同根基的眾生，故不能只是一種行為、一種心態或一種威儀。否則，若單單示現小乘的寂靜行為，那只能度化小乘眾生，其他根基的眾生則沒辦法引導。所以，我們觀察完上師、依止他以後，無論上師顯現什麼樣的形象，都要認識到那是度化眾生的善巧方便，唯一要觀清淨心，明白上師的本意跟諸佛菩薩無二無別，絕不會有任何過錯。一旦產生邪見、誹謗，應認識到是自己的心不清淨、眼不清淨，並且要立即懺悔。

如是對上師觀清淨心，則可得到一切正法功德。誠如《大智度論》所言：「於師一心不起增減者，汝於師所盡得妙法。」只要一心一意依止上師，不起增益和損減之心，上師的密意、智慧、悲心、利益眾生的善巧方便等功德，自己自然能全部獲得。因而，不管上師如何示現，弟子都不能妄生邪見。

下面就講一個故事：

從前，大智者那若巴獲得成就後，有一次本尊告訴他：「你生生世世的上師是聖者帝洛巴，你應當前往印度東方。」那若巴聽了之後，立即起程奔赴東方。

由於不知道帝洛巴上師到底住在何處，他便向當地

大圓滿前行廣釋

人打聽，結果他們都說不認識「聖者」帝洛巴。他又問：「那麼此地還有沒有誰叫帝洛巴？」

人們回答：「有個以行乞為生的帝洛巴，大家都叫他『乞丐』帝洛巴。」

那若巴心想：大成就者行為是不定的，很可能就是他。於是繼續刨根問底：「乞丐帝洛巴住在哪裡？」（有些人可能不會這樣。他們喜歡種姓高貴、身材魁梧、說是多少多少世轉世的上師，假如聽說是個乞丐，不一定會去親近。）

人們告訴他：「就在那邊正冒煙的破圍牆內。」（也有歷史說，尊者當時住在一個河邊。）

他大步流星地來到那裡，帝洛巴尊者果真正坐在此處。只見他面前放著一個木盆，裡面裝滿了死魚活魚混在一起。他從中取出一條魚，放在火上烤完就吃了起來，接著彈一聲響指。

那若巴上前頂禮膜拜，請求攝受。帝洛巴尊者回答：「你說什麼呀？我可是個乞丐，哪有什麼攝受能力！」

經過那若巴誠心誠意的再三懇求，帝洛巴尊者才攝受了他，並告訴他外境任何顯現都是心的妙用，執著才是一切痛苦的根源。之後又讓他經歷了很多苦行，最終那若巴從執著的境界中獲得了解脫。

事實上，帝洛巴尊者並不是因飢餓難耐，實在得不到食物才殺魚的。而是因為那些魚是不知取捨道理的惡

趣眾生，他具有超度牠們的能力，為了使之與自己結上緣，他才吃了魚肉，然後將其神識接引到清淨剎土。

一般來講，無因無緣去超度一個眾生，是相當困難的。按照藏地的傳統，哪怕你只有一條哈達或一針一線，也要用它跟上師結上緣。但是作為旁生，又沒有其他的結緣方式，唯一只能供養自己的肉身——這即是密宗中降伏的超度方法。

此公案在印藏可謂家喻戶曉。有些顯宗的初學者，剛開始聽覺得有點可怕，無法接受這種超勝境界。但你如果沒有充足的理由來駁斥，心胸應該要放開點，不要因為自己戒殺吃素，就把世界上所有殺生吃肉的人都看作壞人。畢竟聖者的境界不可思議，利益眾生的有些禁行也不能統統否定。

當然，境界不到的人，千萬不可隨意效仿這種行為。有些學密的人看帝洛巴吃魚，自己就也把死魚活魚放在盆裡，吃一條就彈指一聲。雖然你的手指可以彈響，但能不能把魚的神識超度到清淨剎土，自己應該心知肚明。假如你真有這種能力，那怎麼做都可以；但若沒有的話，最好不要在別人面前裝模作樣。有些境界儘管肉眼暫時看不到，你怎麼胡說八道都可以，但時間久了以後，別人從你的言行舉止中，也能慢慢看出你到底有沒有度化眾生的能力。

帝洛巴這樣的故事，實際上在漢地也有不少。虛雲

大圓滿前行廣釋

長老的弟子體光老和尚，就曾講過一個，說是清朝皇帝咸豐的母親死後，有一次給兒子託夢說：「我墮入了惡趣，西域寺放生場有個養豬的和尚，他是得道聖僧，你務必要請他給我超度！」

第二天，皇帝專門派欽差大臣到西域寺尋找聖僧。去了一看，豬圈裡有個僧人，穿得破破爛爛、邋裡邋遢，跟豬一塊睡，吃的是豬食。欽差見周圍沒有別人，心想可能就是他。知客罵道：「你趕快站起來，欽差大人來了！」但他無動於衷。欽差在那兒給他磕頭，他才慢慢站起來，然後被請到了皇宮。

晚上放焰口，皇帝讓他坐在正台上，其他和尚坐在兩邊。他什麼也不會，在台上竟然睡著了，睡得呼呼響，其他和尚只好把他拉起來。當天晚上，太后又給皇帝託夢說：「聖僧去救我，我拉著聖僧的衣服就要出來了，他被後面的人一拉，我又出不來了。」

第二天晚上，不管他怎麼睡，誰也不敢動他了。等焰口快放完了，他坐了起來，下面和尚拿著切好的饅頭說：「大師啊，您可不可以給惡趣眾生施施食？」

他拿著饅頭就往下丟，說：「老僧活了八十多，從沒幹過這個活，大的孤魂生淨土，小的孤魂吃饅頭。」當下，成千上萬的餓鬼就超生了。

以此因緣，皇帝封他為國師，御賜了紫金缽、鑾駕。體光老和尚說他出家時，還親眼見過這些，但後來

「文革」期間可能毀壞了，現在已經沒有了。

在這個公案中，那位聖僧平時住在豬圈裡，全身髒兮兮的，行為也瘋瘋癲癲的，請他去度化眾生，別人不一定有那麼大信心。但實際上，有些大成就者的境界是隱藏的，不是像掛在鼻子上、耳朵上，大家一看就清清楚楚。表面上，大成就者也是人，業力深重者也是人，或許後者裝得更像聖者，很多人都不辨真偽，但其實二者的境界有天壤之別。所以，我們不能僅憑外表去判斷別人的境界，不要以為除了自己之外，其他人都是壞人、愚人、凡夫人。

大圖滿前行廣釋

在大成就者中，除了剛才講的公案以外，薩繞哈巴也曾顯現為弓箭手的形象、夏瓦日巴則現為獵人的身分。如此以下賤種姓、低劣姿態出現的聖者，古往今來比比皆是。例如印度的八十四大成就者[85]，他們的境界雖不可思議，但形象上有的是獵人，有的是妓女，行為似乎很不如法。對於這些，我們千萬不要妄加評論，否則，誹謗聖者有什麼過失，大家應該非常清楚。

尤其是大成就者薩繞哈巴，歷史上說他是龍猛菩薩的親教師。有一次，他喝了金剛瑜伽母化現的賣酒女人的酒，當下分別念從心裡消失，獲得了殊勝等持。人們

[85]八十四大成就者：印度佛教時期八十四名在修行上有大成就的聖者。其中包括八十位男性、四位女性。五位是比丘，其餘則是在家瑜伽士。這些是金剛乘、大乘佛教中耳熟能詳的人物。

聽說後，說他已失壞了婆羅門種姓，向他挑釁。他在國王等眾人面前，把一塊大石頭扔進大海，說：「如果我喝了酒，願此石沉入海中；如果你們喝酒而我沒喝，願石頭漂浮在大海上。」結果那塊巨石漂浮在水面上，一直沒有沉下去，眾人當下為之折服。

後來，他在那爛陀寺出家，成為非常了不起的大智者，眾人趨之若鶩。一次他去南方，遇到了一個以做箭為生的箭女，那箭女有門特殊的工藝：無論怎樣凹凸的曲木，經過她的製作，都能變成筆直的利箭。每天她都做同樣的事情。薩繞哈巴尊者通過箭女的直指，豁然開悟，證悟了法性實相。（我們的心本來也是端直的，現在卻被無明煩惱扭曲了。只要通過上師的竅訣將其拉直，就可以現前本來面目。）

尊者帶著箭女作為明妃周遊四方，他自己也製作弓箭。因他曾是一位守持淨戒的大比丘、眾多僧人的親教師，人們對他的行為很不理解，誹謗聲四起。他面對這些譏諷挖苦，一邊做箭一邊唱道：「受持光頭比丘相，酒女一起也同行，貪與不貪無分別，也無淨與不淨念，此理他人不了知。嗚呼世人如毒蛇……」國王等人聽聞之後汗毛悉豎，都生起了無生智慧，獲得了成就。

他在給龍猛菩薩傳戒之前，就已經接受了那位箭女，並且還唱了一個道歌：「昨日之前非比丘，今日之後真比丘。」我們平時常說，通達萬法無有自性的境界

就是了義的比丘，所以他稱自己為「真比丘」，原因也在這裡。

夏瓦日巴的公案也是如此。最初他三兄妹是唱歌跳舞的，一次對龍猛菩薩作歌舞供養之後，龍猛菩薩給他們看了寶慧菩薩的畫像，夏瓦日巴覺得寶慧菩薩異常眼熟，生起了很大信心。於是他依止龍猛菩薩，通過修持大手印而開悟，現見了具有宿緣的寶慧菩薩，成就了雙運果位。之後，他前往印度南方的吉祥山，接受了兩個明妃，以獵人的形象度化眾生。這兩個明妃，後來分別成為了弘揚大手印、多哈道歌的兩個空行母。

當然，這種現象，小乘行者肯定無法接受，但在具大乘境界的人面前，則完全可以理解。現在漢傳佛教有些人，認為藏傳佛教某些教義，尤其是接受明妃的行為，非常不合理。其實這不能一概而論。假如一個人沒有真正的境界，只是以密宗為藉口，依靠貪欲行持雙運，這是任何經典、續部都不允許的；但如果他已斷除了貪欲，即使表面上接受明妃，實際上也有開許的時候。

漢地東晉時期翻譯的《觀佛三昧海經》，裡面就有一個淫女，初見佛陀與阿難、難陀在樓下化緣，便對阿難、難陀生起了貪心，日日期盼他們到來。於是佛陀幻化出無比莊嚴的童子，她見後倍加愛慕，就與其一起做不淨行。童子天天與她纏綿、不知疲倦，她由最初的欣

大圓滿前行廣釋

喜若狂變成了痛苦萬分。童子告訴她，自己一旦與女人纏綿，就必須要12天才休息。淫女厭悔不已，抱怨連連。童子不堪其辱，就在她身上自殺了，但屍體一直纏著她的身體，慢慢腐爛，直至變成白骨。淫女此時貪欲全息，祈禱淨飯王子（佛陀）來解救她。佛陀出現在她面前放光，令其身上的白骨消失，然後給她講法，她最終也獲得了聖者果位。⑧⑥

可見，漢傳佛教一些經典中，關於這方面，也以比較隱晦的方式作過描述。現在有些人一聽雙運和降伏，就擔心密宗在道理上說不過去。其實在小乘別解脫戒

⑧⑥《觀佛三昧海經》云：爾時世尊化三童子，年皆十五面貌端正，勝諸世間一切人類。此女見已身心歡喜，為化年少五體投地，敬禮年少白言：「丈夫我今此舍如功德天，福力自在眾寶莊嚴我，今以身及與奴婢，奉上丈夫可備灑掃。若能顧納隨我所願，一切供給無所愛惜。」作是語已化人坐床。未及食頃，女前親近白言：「丈夫願遂我意。」化人不違，隨己所欲即附近已，一日一夜心不疲厭。至二日時愛心漸息，至三日時白言：「丈夫可起飲食。」化人即起纏綿不已。女生厭悔白言：「丈夫異人乃爾？」化人告言：「我先世法凡與女通，經十二日爾乃休息。」女聞此語如人食噎，既不得吐又不得咽，身體苦痛猶如被杵搗。至四日時如被車轢；至五日時如鐵丸入體；至六日時，支節悉痛猶如箭入心。女作念言：「我聞人說迦毘羅城淨飯王子，身紫金色三十二相，愍諸盲冥救濟苦人，恒在此城常行福慶，放金色光濟一切人，今日何故不來救我？」作是念已懊惱自責：「我從今日乃至壽終終不貪色，寧與虎狼師子惡獸同處一穴，不貪色欲受此苦惱。」作是語已復起飯食，行坐共俱無奈之何。化人亦嘖：「咄弊惡女廢我事業，我今共汝合體一處不如早死，父母宗親若來覓我於何自藏，我寧經死不堪受恥。」女言：「弊物我不用，爾欲死隨意。」是時化人取刀刺頸血流滂沱，塗污女身萎沱在地，女不能勝亦不得免。死經二日青瘀臭黑，三日䐲脹四日爛潰，大小便利及諸惡蟲，迸血諸膿塗漫女身，女極惡厭而不得離。至五日時皮肉漸爛，至六日時肉落都盡，至七日時唯有臭骨，如膠如漆粘著女身。女發誓願：「若諸天神及與仙人，淨飯王子能免我苦，我持此舍一切珍寶以用給施。」作是念時，佛將阿難難陀，帝釋在前擎寶香爐燒燒無價香，梵王在後擎大寶蓋，無量諸天鼓天妓樂。佛放常光明耀天地，一切大眾皆見。如來詣此女樓，時女見佛心懷慚愧藏骨無處，取諸白氎無量眾香，纏裹臭骨臭勢如故不可覆藏。女見世尊為佛作禮，以慚愧故身映骨上，臭骨忽然在女背上。女極慚愧流淚而言：「如來功德慈悲無量，若能令我離此苦者，願為弟子心終不退。」佛神力故臭骨不現。女大歡喜為佛作禮白佛言：「世尊，我今所珍一切施佛。」佛為咒願梵音流暢，女聞咒願心大歡喜，應時即得須陀洹道。

第七十六節課

中，貪欲就是貪欲，這些肯定說不過去，但在大乘顯宗的了義經典中，還是間接提到了這些教義。前段時間，我也引用過《善巧方便經》⑧的幾則公案。假如說貪欲永遠不能轉為道用，那漢傳佛教中很久以前就翻譯出來的這些經典，其中的公案又該如何解釋？因此，大家不要隨便排斥藏傳佛教。

當然，有時候也不能太過激了，倘若認為學佛什麼都可以做，是非對錯不用管，這樣也不行。要知道，我們觀察善知識極有必要，有些善知識完全是假裝的，什麼法相都不具足，對這樣的人則不應依止。就像世間上買一些產品，其中有真也有假，有些只值10塊錢，但經過一番包裝，卻被貼上了180塊錢的標簽，以至於特別愚癡的人經常受騙；還有些藥不但不是藥，反而對身體有害，但因為廣告打得特別好，許多人都爭相購買，最後害了很多人。

所以，在這些問題上，我們要用智慧認真觀察，如果自己取捨實在無能為力，至少也應該問問別人。就像你買一件商品，到底它合不合格、來源怎麼樣，找有經驗的人問一問很有必要。而依止善知識的問題比這更嚴重，你東西買錯了，充其量也只是浪費了錢，或者暫時對身體不利，但依止錯了人的話，不僅僅這一生的時

⑧《善巧方便經》：《大方廣善巧方便經》之略名，四卷，趙宋施護譯。與《慧上菩薩問大善權經》，皆《大寶積經‧大乘方便會》之異譯。

大圓滿前行廣釋

間、錢財、精力被浪費了，乃至生生世世的善根也被毀壞了。所以，大家務必要尋找好的上師。

依止了上師之後，我們對上師的任何行為，都不能視為顛倒，唯一要觀清淨心。如《功德藏》云：「諸行不應生邪見，聖地數多自在者，顯現劣種惡形象，惡劣之中極惡劣。」有些上師的顯現非常非常惡劣，《密宗大成就者奇傳》中就有不少這類故事，但作為具相的弟子，對上師的許多超勝行為，都不會產生邪見，並能欣然接受。

《十住毗婆沙論》亦云：「內有功德慧，外現無威儀，遊行無知者，如以灰覆火。」有些上師內在具有殊勝的智慧，但外面的威儀不一定如法，這個時候，沒有智慧的人若輕賤他、誹謗他，就會像坐在被灰覆蓋的火上，過一會兒就燃起來了，相當危險！

如今許多人對已得過法的上師，經常議論這個不好、那個不好，包括在網上的各種言詞，讓人聽了都特別害怕。其實，這樣做對你自身非常不利。很多大成就者的密意，也許你終生都看不出來，直到死還認為他是壞人，結果他卻真是諸佛菩薩的化現。所以，我們對上師理應觀清淨心，盡量少說過失。

尤其是跟一位上師時間久了，就會把他看作普通朋友一般，將其很多行為都觀為過失，這即是所謂的「久伴於佛亦見過」。意思是說，就算是佛陀，也會有人去

見他的過失。整個三千大千世界中，一切功德圓滿、一切過失斷除的，唯有佛陀一人，但是沒有信心、具有邪見者，即使跟佛陀共住共睡，也會覺得他沒什麼了不起，就像善星比丘一樣。

善星比丘，有些經論說是佛陀的兄弟，而漢地《法華玄贊》中說是佛陀為太子時所生之子，如云：「佛有三子：一善星，二優婆摩耶，三羅睺。」《涅槃經》亦云：「善星比丘，是佛菩薩時子。」不管怎麼樣，反正善星比丘這麼一個人確實存在，而且是佛陀的親戚。他當時對佛陀的言行舉止不僅不生信心，反而經常無端誹謗。

關於他的行為，《大般涅槃經》33卷中描寫了很多，讓人看了有點啼笑皆非。比如說，一次佛陀在晚上為帝釋天傳法，善星比丘因為是侍者，必須承侍佛陀就寢後，自己才能休息。他一直在那兒打瞌睡，很不耐煩佛陀說法的時間太長。當時王舍城有種風氣：每當孩子哭鬧不休，父母就會嚇唬道：「薄拘羅鬼要來抓你了！」善星猛然想起此事，就恐嚇佛說：「世尊，快去禪堂歇息吧，不然薄拘羅鬼要來抓您了！」佛陀回答：「癡人，你不知道佛已斷除了四魔，是無所懼的嗎？」帝釋天在旁邊看到這一幕後，對善星比丘的愚癡驚訝不已。

還有一次，佛前往城中乞食，照例善星要跟在身

邊。許多人信佛虔誠，念念不忘要瞻仰佛陀，即使是佛的腳印也想頂禮膜拜。不料，善星跟在佛的後面，故意把佛的足跡踏亂抹去。結果不但抹不掉，反而讓大家十分反感。

　　他們進了城之後，在一家酒館旁，看見一個異教徒喝醉了，滿口胡言亂語。善星聽了非常敬佩，很高興地跟佛說：「世尊，如果世上有阿羅漢，此人可以說是阿羅漢中的阿羅漢。為什麼呢？因為他說：沒有善惡因果的存在。」佛陀搖頭道：「你不是常聽我說法嗎？阿羅漢是不喝酒的，也不會誹謗佛法，說善惡因果不存在。而這個人無惡不作，怎能算是阿羅漢呢？」善星聽後不服氣，也不相信佛的說法。

　　還有一次，有個異教徒叫苦得，他不承認因果，常對人宣揚：「煩惱是無因無緣產生的，解脫也是無因無緣產生的。」善星聽了又非常贊成，立刻稟告佛說：「世尊，世上如有阿羅漢，那苦得正是最殊勝的阿羅漢。」

　　佛陀回答：「苦得不是阿羅漢。他連什麼是阿羅漢都不知道。」

　　善星問：「您不是阿羅漢嗎？怎麼阿羅漢也會對阿羅漢生嫉妒心？」

　　佛陀說：「我不是生嫉妒心，只有你才有這種邪見。苦得根本不是阿羅漢，再過七天他會腹痛而死，死

後投生為食吐鬼，屍體被同學抬到尸陀林中。落到這種下場，很明顯他不是阿羅漢。」

聽了佛的預言，善星趕緊跑到苦得那兒告訴他，並說：「您一定要注意啊，千萬不要被佛言中了，要想辦法讓佛落個妄語罪。」苦得聽後便在六天中不飲不食，到了第七天，實在忍不住就吃了黑蜜，喝了點冷水，結果腹痛而死。

善星聽說這個消息後，匆匆趕到尸陀林去，見苦得的屍體旁真有一個食吐鬼。善星提心吊膽地問：「大德，您死了嗎？」「死了。」

「怎麼死的呢？」「腹痛死的。」

「誰把屍體送來的？」「我同學送來的。」

「您現在投胎轉生為什麼？」「食吐鬼。」

食吐鬼繼續說：「善星，你不要對佛起邪見。佛是真語者、實語者、不妄語者，所說的一切都是實話，你為什麼不信呢？假如世上有人不信佛語，將來也會落得我這樣的下場。」儘管如此，善星對佛的邪見仍沒有消除。⑧⑧

善星在二十四年⑧⑨中當佛的侍者，對十二部瞭如指掌，完全可以倒背如流地傳講。可是他將佛的一切行為都看成了欺誑之舉，對佛連芝麻許的功德也看不到，

---

⑧⑧這些公案，在《經律異相·善星比丘違反如來謗無因果》中也有記載。
⑧⑨關於這一時間，不同經中說法不一。

並認為：「除了我沒有佛的一尋光外，我們二人完全相同，而且我在智慧方面遠遠超勝，不應該給佛當侍者。」生起這種邪分別念後，他對佛說：「二十四年為汝僕，除身具有一尋光，芝麻許德吾未見，知法我勝不為僕。」說完就揚長而去。

當時，阿難問佛陀：「善星將來會轉生到何處？」

佛陀告訴他：「善星現在只有七天的壽命，死後將於花園中投生為餓鬼。」

阿難來到善星跟前，將佛的話一五一十地告訴了他。善星暗想：「有時候他的謊話也可能成真，不管怎麼樣，這七天中我還是要謹慎，等七天過後我再好好羞辱他。」於是他在六天當中水米未進。到了第七天早晨，他感到口乾舌燥，於是喝了一口水，沒想到水未消化而氣絕身亡，死後在花園中投生為一個具有九種醜相的餓鬼⑩。

現如今，也有不少像善星一樣的弟子，依止上師的時間長了以後，就會產生各種惡念。我曾見過有些人，剛開始對上師很有信心，但後來聽信別人誹謗，自己的信心慢慢就退了，覺得「我在你身邊做事好多年，現在不願意繼續待了」，離開時也認為自己勝過了上師，並將所了解的許多事在世人面前毀謗，這種現象也比較常見。

第七十六節課

其實作為有智慧的弟子，不會盲目地跟著愚者。根登群佩就有個格言說：「愚者雖不會跟隨我，但我也不要跟著愚者跑，這是智者的第一個誓言。縱遇命難也不要捨棄。」這是大智者的語言，我覺得裡面有很甚深的意義。我們具有智慧的人，不要跟隨世間愚人；而愚癡之人能不能跟隨我們呢？也很困難，他們就算暫時依止了智者，但時間長了以後，也總會離開的。可見，智者的路和愚者的路完全不同。《薩迦格言》也說：「智者無論再計窮，絕不邁步愚者道。」所以，有智慧的人萬萬不要學愚者捨棄上師、誹謗上師，一旦將上師的行為看作過失，就要在心裡譴責自己：「這絕對是我的心識、眼識不清淨所致，上師的行為根本不會有一絲一毫的過失或缺點。」從而對上師更加生起信心和清淨心。

剛才也講了，以外在行為去衡量內心境界，是很容易出錯的。《慧上菩薩問大善權經》中還講過一個重勝王，他雖然已得聖果，但為了度化某女人，而示現與其同床，令其發起了無上道心[91]。所以，我們無法了知別人境界的話，不能依靠外相去揣測。《十住毗婆沙論》也說：「若以外量內，而生輕賤心，敗身及善根，命終

[91]《慧上菩薩問大善權經》云：阿難白世尊曰：「憶念我昔，入舍衛城，而行分衛。見有闓士，名重勝王。在他室坐，與女人同床。我謂犯穢心用惟慮，得無異人學梵行者，於如來教，將無造見聞想念於一切乎……」佛語阿難：「……彼女人者乃往去世為重勝王百生之偶，宿情未拔故有色恩，貪重勝顏口發誓言：若與我俱得遂所娛，當從其教發無上正真道意。時重勝王心知其念，晨現整服由斯法門入之其室，觀內外地心等無持，執手同處已如其欲。」

大圓滿前行廣釋

墮惡道。」記得《親友書》曾講過四種人[92]，其中一種就是內成熟而外不熟。就像有些大成就者，雖然已獲得解脫，但有時因度化眾生的需要，示現的行為看似不如法，實際上卻能成熟眾生的善根。

故作為弟子，在依止上師時應如《功德藏》所說：「自己未調自心前，迷亂觀察無量罪，善星精通十二部，見師行為狡詐相，善加思維改自過。」自己的心尚未調伏之前，若以迷亂的錯誤觀念觀察上師，則會有無量過失。就如同善星比丘，儘管精通十二部經典，卻以自己的劣見觀察上師過失，最終墮入惡趣當中。所以，我們要善加思維上師的功德，一旦生起不好的念頭，應意識到是著魔了，要馬上懺悔。

假如上師表面上對你發脾氣，似乎特別不高興，你也切切不可氣急敗壞，覺得上師特別偏心、處理不公。（現在有很多這種人，對外道倒是很起信心，對上師卻常生邪見，這也是前世的業障吧，沒辦法。）這時候，你應當這樣想：「上師一定是看到了我的某種過失，才如此責罵我。上師觀察到以嚴厲呵責方式調伏我的時機已到，才這樣進行調化的。」然後等上師心平氣和了，再到上師面前懺悔。不然，倘若上師正在氣頭上，你懺悔了也不一定接受。

---

[92]《親友書》云：「當知人類如芒果：外似成熟內未熟，內成熟外似未熟，內外未熟內外熟。」

依止上師的時候，這些方法確實很重要。以前我還沒正式依止上師時，對此就已經學習了，所以在一生中不管遇到哪個法師，我都會以最大的恭敬心和清淨心去依止。在此過程中，自己無意中肯定犯了很多錯，但即便如此，還是盡心盡力地依止，從來沒有像現在學生對老師不恭敬一樣，把上師當成是普通人。對很多世間人來說，在跟上級打交道時，高興時可以一起合作，不高興時就可以誹謗，甚至刁難、威脅也無所謂。但佛教中不能這樣，就算你對「人」沒有感覺，對「法」也要有感恩之心。因此，我們對所有上師都要恭敬，這一點非常重要。

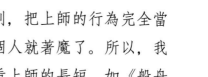

　　尤其上師示現忿怒相時，自己一定不能生邪見。《功德藏》中也說：「倘若上師現忿怒，見己過失呵責調，時機成熟應懺悔，如是智者不著魔。」上師在發脾氣時，我們應意識到是自己剛強難化，上師以寂靜的方式無法調伏，故才會嚴厲呵責的，這說明自己得度的機緣成熟了，理應值得高興。否則，把上師的行為完全當作過失，進而肆意誹謗，那這個人就著魔了。所以，我們要始終視師如佛，千萬不要看上師的長短，如《般舟三昧經》云：「當敬善師，不得視師長短。」

　　退一步說，倘若你實在無法把上師觀成佛菩薩，那也要盡量憶念他的法恩。比如我們對父母為什麼要恭敬？就是因為他們對自己有生育、養育之恩。同樣，給

你傳授一個偈頌以上的上師，可以長養你的智慧法身，如果你不是忘恩負義之人，就應該感激、恭敬上師，對上師起歡喜心。

否則，對上師不恭敬的人，就算又依止了其他很多人，佛陀傳下來的法對你也不會有利，而且成就會遙遙無期。反之，假如你對上師有恭敬心、清淨心、歡喜心，那麼佛法自然而然會滋潤你的相續，你的相續也會與法相應，生起很多證悟的功德。所以，經典中為什麼說依止善知識非常重要？原因就在這裡。這不像世間上領導和被領導之間的關係，只要沒有針鋒相對，對工作沒太大影響，二者怎麼樣都可以。然而佛教中並非如此，上師和弟子之間有種不可言說的緣起，這種緣起牽涉到你今生乃至生生世世的解脫，與你的證悟有著密切關係。所以，就算你不是為了上師或佛教，僅僅是想到自己將來的成就和命運，也要恭敬善知識！

第七十六節課

第七十七節課

現在正在講「依止上師」，這個講完以後，就要講不共加行了。在此之前，我想提醒大家：一、共同加行的基礎一定要打好、一定要修，否則，不共加行的境界很難生起來；不共加行若沒有修好，那麼，生起次第、圓滿次第、大圓滿的境界就不太容易現前。

所以，這次講《前行》，時間雖然比較長，但我認為非常有意義。無論從自身的經驗，還是其他上師的傳記看，加行修得特別好的人，後來修行不易退失；加行修得不好的話，就算暫時能生起一些驗相、獲得一些成就，但很快的時間當中，這一切就銷聲匿跡了。因此，我一再地要求修共同加行，希望你們能引起重視。

二、不共加行中的磕頭[93]，現在已經開始了。大家若能每天磕一些，日積月累就會積少成多。有些人覺得修一次加行特別累，尤其是磕頭最辛苦，但對精進的人來說，這並不算什麼。以前我好像也講過，青海那邊有位上師，他一輩子修了十六次加行。還有，前不久有位從國外回來的法師說，我們藏地公認的一位大德，50年代出去後就堅持每天磕一百個頭，如今將近五十年了，他一直沒有間斷過。就算有時候去其他國家訪問，或者參加一些國際會議，當天晚上也會抽空把磕頭補上。前幾

---

[93]磕大頭、磕小頭都可以。

年統計下來，總數大概有420多萬。

我聽了這些事蹟後，覺得人與人之間確實差別太大。表面上看來，誰都會吃飯、走路、說話，但修行的勇氣卻有天壤之別。有些人修一次加行，就叫苦不迭，覺得難如登天；而有些人無論修了多少次，對他來講也輕而易舉、易如反掌。

所以，大家在修加行時，要隨學這些大德的精進。尤其是城市裡的很多佛友，一開始都比較積極，但慢慢地，就力不從心了。也正因為如此，我才強調共修的重要性，否則，只依靠個人的力量，修加行很難善始善終。包括我自己在內，跟大家一起磕頭的話，怎麼樣也能堅持下來，但如果私下單獨修，就總有一件事情纏著自己，不能全力以赴。

其實修加行打好基礎，對每個修行人來說都非常重要，不然我也不會花這麼長時間一直講。對我個人而言，長期都在研究佛法、學習佛法，若是講些簡單的修法、儀軌或者大經大論，也不會講不來，至少字面上可以劃下去。但我通過再三觀察，覺得對大家最有用的就是加行，所以這幾年想講廣一點，讓你們對它的印象深一點，這樣各方面的修行才不容易退失。

不然，有些人剛學佛時特別積極，但是過一段時間，就開始生厭煩心了。誠如華智仁波切在《蓮苑歌舞》中所說：「聞思猶如蝌蚪身。」蝌蚪的尾巴一開始

非常長，慢慢就越來越短了。有些人的修行也是如此，最初特別特別興奮，白天不休息、晚上不睡覺，但用不了多久就放棄了，最後什麼法都不修了，這樣虎頭蛇尾就不可取。

那天我看到宗薩欽哲仁波切在網上呼籲各國的道友修加行，並說會帶大家一起修，報名條件是必須修十年，每天坐禪兩個小時以上。當時大概有三四百人報了名，中國只有幾個，大多數都是西方和東南亞國家的。我見了以後，覺得他們的善根很不錯，如果在我們這邊修五六年加行，不天天強調的話，好多人都忘了。有些人就像三年級的小學生，沒有老師整天拿教鞭盯著，就不太聽話。明明自己都是下午五六點鐘的太陽了，可還是沒有自覺性，總以為生活中這個重要、那個重要，什麼都放不下。對我來講，始終覺得修加行比什麼都重要，跟你們的想法可能有點衝突，在這個問題上，希望大家多思考思考。

今天繼續講依止上師的道理：

平日裡，我們在上師身邊時，必須恭恭敬敬、如理如法。

起身：當上師從座上起身時，自己要毫不遲疑地站起來，絕不能視若無睹，依然坐著、甚至躺著。當然，假如上師開許了，自己則不用站起來。否則，故意輕慢

大圓滿前行廣釋

上師的話，不要說來世，就算是即生中，也會感受各種果報。

安坐：上師安坐之時，要向上師請安問候，看上師身體怎麼樣、心情怎麼樣、吃得怎麼樣……然後再觀察時機，供養相合上師心意的用品等。

觀察時機十分重要，倘若上師不高興時，你非要拿個供品作供養，反而可能會觸惱上師。只有各方面因緣成熟了，供養上師才有殊勝功德。當然，供養時還要看上師的心意，假如上師根本不喜歡，或者用也用不上，你供養了也沒有多大意義；但如果上師比較喜歡，你則要盡心盡力地作供養。

作為弟子，一定要對上師恭敬。格魯派有一位甘珠爾上師說：「上師講的任何話都不能違背，就算上師說太陽是從西邊出來的，你也要承認，並堅信不疑。」以前那些有清淨心的弟子，上師說什麼都聽，並深信上師的語言與佛沒有差別。而現在很多人根本做不到了，倘若上師說太陽從西邊出來，自己馬上就會跳出來糾正：「哎呀！上師，您絕對說錯了！」

現在的這個社會，有些人片面地強調民主、平等，甚至認為自己應跟上師平起平坐，沒必要有高低之別，因為萬法本來就是空性、平等的。這種邪說非常不合理。儘管勝義中一切平等，但世俗當中，依靠恭敬上師、依止上師的緣起，最終能得到上師的智慧、慈悲、

第七十七節課

境界等超勝功德，也是不虛存在的。因此，我們在依止上師時，能令上師歡喜的事一定要做，並且要時時刻刻憶念上師。

金厄瓦上師講過，他因為經常憶念上師、恭敬上師，相續中生起了真實的功德。大家也記得吧，以前法王如意寶在大眾中，經常一提起根本上師就泣不成聲，令當場很多人對依止善知識的功德生起了堅定信心。我經常會想：現在學院的人數雖比法王在世時還要多，但講課的加持力明顯不如以前了。以前法王講一堂課，大家都會法喜充滿，內心有極大的轉變。譬如一講人身難得，全學院的人都覺得人身確實很難得，要馬上修法；一講壽命無常，每個人就不敢浪費時間了，不然無常到了怎麼辦；一講到依止上師的功德，大家就特別有感觸，覺得一定要恭敬上師。而現在，個別法師儘管也講得很精彩，口才非常好，但聽法的人有沒有轉變卻很難說。所以，高僧大德一旦離開了這個世間，許多與他直接或間接相關的眾生，心裡的正法也會隨之而隱沒。

當然，從另一方面看，現在法王如意寶的功德、事業、加持始終沒有消失，無論你見過上師也好、沒見過上師也罷，如今有機會參加聞思修行，我認為都是上師的一種事業。試想：假如上師當初沒有開創這個佛學院，沒有培養這麼多高僧大德，後學者肯定無緣學習那麼多佛教的道理。

大圓滿前行廣釋

原來上師曾講過：「學院裡的人哪怕生起一剎那善根，也都是全知麥彭仁波切的加持。」同理可推，現在我們哪怕產生一次諸法無常、諸行皆苦的念頭，也全是上師如意寶的加持。若能意識到這一點，對上師真正產生信心，如今在這個末法時代，修法才會有一種感受，法的力量才可以體現。否則，光是表面上依止上師、表面上修行，那只是一種形式，對自己的作用不會很大。

因此，大家要多閱讀前輩大德的事蹟，看看他們是怎麼依止善知識、怎麼長期祈禱傳承上師的。這些大德依靠對上師的信心，時時都處於修行之中，而我們是有空閒、心情好了，才願意聞思修行；心情不好了，或者遇到違緣逆境了，馬上將佛法完全放棄，甚至產生一些邪見，這說明法並沒有融入心。

其實，不管你修什麼法，都應觀想這是上師的加持，是諸佛菩薩的妙力。不信佛或對佛教研究不深的人，可能覺得這是天方夜譚，對這樣的感應或加持心存懷疑。但佛教中對懷疑並不排斥，一個人若能對善法生起合理的懷疑，也可以斷除輪迴的根本。誠如《四百論》所言：「薄福於此法，都不生疑惑，若誰略生疑，亦能壞三有。」

行走：上師走路時，自己倘若隨行的話，也有一些要求：如果走在前面，後背就對著上師，很不恭敬，所以絕不能走在上師的前面；

倘若走在後面，會有踩上師腳印、影子的可能，《事師五十頌》云：「若足踏師影，獲罪如破塔。」因此也不能走在上師的後面；假設走在右邊，又會處在首席之位，為此更不該走在上師右側。

在佛教中，一般右邊是首席，可世間上就不一定了。聽說美國和中國的規矩就不同，各國的國家首腦聚在一起時，一個認為左邊最尊，一個認為右邊為貴，當年周恩來請尼克松吃飯，就發生了不少笑話。但在佛教中，右邊的地位比較高，有些弟子跟上師拍照時，非要坐在上師右邊高高的位置上，這樣就不是很好。

既然以上位置都不合適，那跟上師走路時，自己該位於哪裡呢？應在上師左側稍後的地方恭敬隨行。不過，假如路途中遇到危險地帶，或擔心有恐怖事件發生，請求上師開許後，自己走在前面也無妨。關於這方面，《入行論》的講義裡講過，《金剛藏莊嚴續》也說：「夜晚與過河，處於險地時，請求師開許，先行無過失。」

坐墊和乘騎：身為弟子，無垢光尊者在《如意寶藏論》中說，除非先經上師開許，否則，絕不能任意踩踏上師的坐墊，乘坐上師的車輛等。

《事師五十頌釋》還說，對上師的鞋子、坐墊，不

---

⑨真正的上師是佛的化現，不要說身體是清淨的壇城，連所踩下的腳印，無量非人和天人也會恭敬供養。如果不慎踩踏，或像善星比丘把佛的腳印故意抹掉，都會有不同程度的過失。

要說踩踏，連跨越也不允許。如果實在不得已要跨越，功德光在戒律中講過「為三寶而清掃塗壜，可邊誦經堂偈子[95]，邊跨越佛殿、佛像、佛塔、中柱之影」，依此理可以類推，一邊誦咒一邊跨越上師身影、資具、衣服、乘騎等，這樣應該也不會有過失。

以前上師去新加坡時，好多居士信心不錯，非要給上師按摩，在上師的衣服上踩來踩去。索頓管家見後很不滿，叫他們不要踩，但因為漢語不太好，也沒辦法溝通。我見上師很開心，沒有特別排斥，就沒有出面制止。但後來他們有點過分了，說要用腳按摩上師的背，當時我們趕緊阻止了。

有些人對上師的衣服、資具，隨便跨越或踐踏，一點感覺也沒有，殊不知這有很大過失。假如你非要跨越，那一定要念金剛薩埵心咒、百字明懺悔，或者也可以念「一切有為法，如夢幻泡影，如露亦如電，應作如是觀」。

敲門：敲上師的門不能特別用力，開關門也不要很粗魯，動作一定要輕緩。

從前阿底峽尊者有個弟子，一邊敲門一邊直呼尊者名字：「覺沃傑，覺沃傑，給我傳個竅訣！」阿底峽尊者似乎沒聽到，並沒有給他開門。他又大喊一遍，屋裡

---

[95]如《金剛經》的「一切有為法，如夢幻泡影，如露亦如電，應作如是觀」。

仍沒有反應。直到他喊第三遍時，尊者面現不悅地開門說：「竅訣不是用大聲叫喊換取的，唯有以恭敬才能得到，我不給你！」

確實，現在也有很多弟子，連基本的恭敬都不懂，去上師家時拼命砸門：「喂喂喂，裡面有人嗎？上師，快開門！」這樣的行為很不如法。

舉止：在上師面前時，必須斷除身體的弄姿作態、表情的嬉皮笑臉、愁眉苦臉，口中的欺人之談、戲耍玩笑、未經觀察的胡言亂語、沒有意義的無稽之談。

有些人跟上師比較熟了，就非常放肆、言行隨便，這些都應該要禁止。當然，每個上師的心態和性格不同，假如上師不太介意，你這樣做也沒有大礙。但有些人跟上師一起時，本來大家開開心心的，非常愉快地聊天吃飯，他卻在一旁拿著轉經輪愁眉苦臉，特別傷心的樣子，這樣也不一定很適合。《如意寶藏論》、《大圓滿心性休息大車疏》中，專門講過依止上師的很多教言，這些我們一定要明白，不然，就會不經意犯下很多錯誤。

作為一個弟子，對上師始終應心懷敬畏，杜絕滿不在乎的心態，言談舉止要寂靜調柔，不能失態。現在社會上很多人，對犯錯沒有慚愧心，對因果沒有畏懼感，對父母師長沒有恭敬心，這樣真的特別可怕。每個人在依止上師時，儘管上師是人，你也是人，你某些方面甚

大圓滿前行廣釋

至超過了上師，比如年齡比上師大，個子比上師高，體重比上師重，學問比上師多，文憑比上師強……但上師的廣大智慧、無偏大悲、善巧方便、利益眾生的行為，你卻不一定趕得上。

我本人而言，以前依止一些上師的過程中，當時因為比較年輕，覺得自己好多地方都跟傳法上師相同，甚至有過之而無不及。後來隨著生活閱歷的增加，才逐漸意識到對自己有過法恩的上師們，確實有不同的功德，是自己遠遠比不上的。

在昨天的「佛教與科學論壇」中，一位博士後就說，她在依止教授的過程中，從來沒發現教授的任何過失，認為他是個十全十美的人。當時，我就覺得她的清淨心很好，不然的話，不要說世間老師，就算是出世間傳授甚深佛法的上師，不少人也很難觀清淨心，甚至覺得不如自己。一旦有了這種心念，那上師相續中的功德和超勝境界，自己肯定得不到。

昔日阿底峽尊者來藏地時，很多人問他：「藏地有這麼多修行人，卻沒人獲得超勝境界，這是什麼原因？」尊者回答：「大乘功德不論生多生少，都要依靠上師才能生起。你們藏人對上師只作凡庸想，如何能生功德呢？」

所以，我們應當把上師看成是有功德者，以此對上師生起恭敬心和畏懼心，身口意自然可以寂靜調柔，而

不會像有些人那樣，聞法的時間越長，內心就越不調順、不堪能。我們學院有個別漢族法師，藏族的喇嘛和覺姆見了也很恭敬，說他（她）講法的內容雖聽不懂，但從外在威儀上看，相續中肯定有功德，一看就讓人起信心。這也是內在境界的一種外在體現，否則，內心十分不調柔的話，走路、說話、做任何一件事，都很容易讓人生邪見。

綜上所述，弟子依止上師時，行為應如《功德藏》中所說：「上師起時莫安坐，坐時問安供受用，若行莫隨前後右，踏墊坐乘等折福，切莫猛厲敲師門，捨棄弄姿笑怒容，妄亂玩笑無關語，三門寂靜而依師。」

假設有人心懷嗔恨、惡口謗罵上師，自己絕不能與之為友。倘若你有能力制止他的邪見和誹謗，還是盡可能地加以制止；但若實在無能為力，就不要與他暢所欲言。《功德藏》也說：「罵詈嗔恨上師者，不應為友盡力止，暢所欲言增大罪，失毀一切諸誓言。」

對上師特別恭敬的人，經常跟他在一起的話，也會給自己帶來許多功德和境界；有些人不但對上師不恭敬，反而常挑上師的毛病進行毀謗，給上師造各種各樣的違緣，對於這樣的人，千萬不能與他一起聊天、同吃同住。原來學院就有個道友，看見一個人很可憐，就讓他在自己家裡住一晚。沒想到，這人對某上師有非常大

大圓滿前行廣釋

的邪見，晚上交談時一直百般誹謗。後來這個道友看制止不了，只好說：「你現在就離開吧，我不敢留你一起住！」然後半夜三更把他攆出去了。

現在也有不少人，對上師倒是信心很大，但平時與誹謗上師、甚至破了誓言的人關係特別好，這種情況按照《三戒論》的觀點，就像跟傳染病人同住而會被傳染一樣，自己也會直接或間接染上破誓言的過患。所以，密宗的有些懺悔文中，常提到需要懺悔自己破誓言的罪業，還有因為別人而破誓言的罪業。其中，後者就屬於這種情況。

一旦以上師為對境破了誓言，那麼在密宗中很難懺悔清淨。《密集金剛》有個講義叫《明炬論》，裡面就有個教證說：「一個人即使造了五無間罪、謗法罪、捨法罪等，死後要立即墮入地獄，但依靠上師的恩德，得受圓滿次第深法而修持，也可成佛。然而，若最初恭敬依止上師，通過聞思了達諸法深義後，反以不屑一顧的口吻侮辱上師。此類誹謗上師之人，甚至與其共處也不得成就，更何況是他本人了？」這個道理，在《句義寶藏論》中也講得很清楚。

當然，有些人也並沒有破金剛誓言，只不過自己說話不中聽，或者對某某上師有些意見，大家就把他歸為「破誓言者」，這樣也不合理。任何事都要一分為二地看待，倘若人家明明沒有破誓言，你卻給他扣上「破誓

言」的帽子，這會非常傷害別人；但如果以密宗續部來衡量，某人絕對破了誓言，那你跟他關係特別好的話，自身肯定也會被染污的。

因此，法王如意寶在世時就規定：學院中破了密宗十四條根本戒的人，尤其是與金剛上師、金剛道友有嚴重矛盾者，任何一個壇城灌頂或法會都不能參加。我們也曾在上師面前發過願：不與破誓言者共同參加一個灌頂或法會！當然，不知情就沒有辦法了，佛陀在世時也是如此，《別解脫戒》中說，破戒比丘尚未公開之前，與其共住的話，佛陀也沒有遮止。

剛才那個誓言，我在有生之年中都會堅守。以前也有一些灌頂自己沒得過，但聽說裡面有些破誓言的人，就不敢去了。其實去了也沒用，就如同一滴酸奶可以腐壞一大鍋鮮牛奶，同樣，一個破密宗誓言的人，也能毀壞一百個具誓言者的功德⑯。這是金剛持如來親口所說，並非凡夫人的分別念。這方面，希望大家以後一定要注意。

漢地有些懂教理的法師認為：「藏地有這種規定很好，但漢地最好不要有。」實際上，這種說法不太合理。破誓言的過患，並不是以國家、民族、地方分的，不管是任何一個人，只要受了密宗戒、依止了金剛上

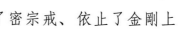

⑯如頌云：「猶如一滴腐奶汁，可毀一切鮮奶汁，失毀誓言之一人，能毀諸具誓言者。」

師，後來卻不好好守護而破了誓言，那漢族人也好、藏族人也好，都要一視同仁加以對待。

所以，在我的一生中，對那些明顯破了誓言的人，不管是藏族、漢族，寧死也不會一起接受灌頂、傳法。當然，這是我個人在上師面前發的願，至於在座的僧眾，我沒有權力要求什麼。但在我們學院，每次法會灌頂前都要作整頓，不論是什麼樣的人，只要破了誓言，這個人就必須開除，在他沒離開之前不會灌頂。以前是這樣，現在也是如此，每年灌頂前管家們都會審核，這是法王如意寶定下來的，相信只要學院存在一天，這個規矩都不會變。

你們若想參加學院的法會，希望不要破誓言。破了的話，最好不要參與，否則，一旦到時候被要求離開，這也非常麻煩。當然，我今天強調這個問題，並不是暗示誰破了誓言。有時候我說一些話，該害怕的卻不怕，不該害怕的反而一個個心驚膽戰。在這裡，我不是說你們有這種情況，而是告誡大家破誓言非常可怕，自己接受了密宗灌頂和法要之後，至少也要與根本上師和金剛道友和睦相處，不能發生非常尖銳的矛盾。一旦發生了矛盾而彼此不說話，學院要求不能隔夜，務必要當天懺悔。這是金剛上師的傳統，望大家能好好遵守！

第七十七節課

除了恭敬上師以外，作為合格的弟子，對金剛道友、甚至上師的眷屬，也要同樣恭敬。以比喻來說：

（一）無論相處多長時間，都要毫無厭煩之心，始終如一地友好，就像腰帶一樣。

在藏地，穿藏裝沒有腰帶不行，腰帶天天都用得上，我這個腰帶就用十幾年了，不會今天用、明天不用。同樣，與金剛道友相處也是如此，時間越長，要關係越好，不能像世間人一樣喜新厭舊。有些人今天認一個上師，過兩天把他捨棄了，又再尋找一個新上師；對道友也是這樣，今天跟他特別特別好，明天就把他拋棄了——這樣做不太像腰帶，而像衛生紙。

（二）在日常生活中，不管遇到任何事，自己都要放下架子，與他人來往和諧融洽，就像食鹽一樣。

無論做什麼菜，白菜也好、洋芋也好，不加鹽是不行的，鹽可以和任何食物搭配。同樣，有些道友在哪裡做事都可以，電工也行，挖地也行，打電腦也行，給上師提水、開車也行，幹什麼都跟旁人合得來。我們學院就有一些特別好的道友，誰都覺得他不錯，上上下下都交口稱讚。不像有些人，智慧還可以，但人格卻很差勁，誠如有些上師所說：人都做不好，怎麼做佛？

（三）即便對方惡語中傷、無理取鬧，或施加難以承受的壓力，自己也應盡力忍耐，就像柱子一樣。

柱子上面有再重的屋頂，它也會一直撐著。那麼，

我們遇到別人無緣無故的辱罵、呵責，或者工作上承受很多很多壓力，自己也要像柱子一樣有忍耐心。

總之，對於道友，要和睦相處、恭敬依止。如《功德藏》云：「和睦相處如腰帶，融洽交往如食鹽，極具忍耐如柱子，親近師眷與道友。」

以前上師對身邊的管家也常用這個教證，說：「你們跟道友和所有發心人員要關係搞好，這個很重要。」有些人對上師身邊的人，這個看不慣，那個也看不慣，覺得全部是老虎、惡狗，並用特別不恭敬的語言給上師抱怨，這就不具備依止上師的法相。試想，假如上師身邊誰都沒有，上師完全是孤家寡人，那上師的很多事業誰來維護？因此，弟子互相不要有嫉妒心，只要有能力、有智慧、願發心，誰都可以為上師做事，上師的眷屬應該像佛陀或前輩大德那樣無偏、廣大。

如今台灣有些法師，身邊的人非常不錯，彼此沒有競爭心，一心一意只想著眾生，這樣的話，事業自然而然可以展開。否則，內部成天都勾心鬥角，久而久之，上師也會生厭煩心，對利生的事業也有影響。要知道，任何一位上師都有不同的事業，周圍的弟子若針鋒相對、勢如水火，讓人見了也不舒服，對上師自身也不利。有些人表面上似乎在護持上師，實際上若充滿強烈的貪心、嗔心，做任何一件事都不會好。因此，為了上師弘法利生的事業，弟子們要同心同願，倘若沒有自私

第七十七節課

自利，完全是想利益眾生、護持上師，那麼做的事情一定會圓滿。

總之，作為弟子，要像腰帶、食鹽、柱子，這三樣都要具足。而不要像辣椒一樣，跟誰都合不攏，誰都不敢接觸你；或像荊棘樹一樣，用尖銳的語言到處傷人，大家一見你就特別害怕。在上師身邊做事，還要有種忍耐心，不要稍微遇到一點違緣、別人說你幾句，馬上就拍桌子走人，這樣實在不太好。一般來講，拍桌子走人是素質比較低的表現，處理任何事情都要用智慧，而不是一拍桌子，就能降伏魔眾、萬事大吉了。

戊三、修學上師之意行[97]：

前面講了觀察完上師要怎麼樣依止，現在接著講依止了以後，一定要修學上師的意行，不能違背上師的教言。就像《善恭敬經》所說：「師不發問，不得輒言，凡有所使，勿得違命。」否則，做不到這一點的話，就得不到上師的真實意趣。

看過高僧大德傳記的人都知道，無上的境界是依靠對上師最大的恭敬心而來。包括阿秋喇嘛，以前來學院時，一提起根本上師昌根阿瑞，就一邊流淚一邊合掌（他對法王如意寶也有這種恭敬心）。依止上師的三十多年中，他為了上師什麼都肯做、什麼苦都肯吃。尤其在「文革」

---

[97]「意」指上師的密意，上師內在的智慧、悲心；「行」指上師如理如法度化眾生的行為，這些我們都一定要學。

大圓滿前行廣釋

期間上師挨批鬥時，每當有人用皮鞭和棍子向上師抽來，他都用自己的身子拼命護住上師。最後依靠這種信心，上師相續中的一切功德，他完完全全地得到了。

　　所以，在依止上師的過程中，一定要有不共的信心；有了信心，恭敬心就會生起；有了恭敬心，上師相續中的超勝功德自然會得到。如是明確了依止上師的方法後，我們要像天鵝與蜜蜂一樣受持上師的密意。比如，棲身於勝妙水池的天鵝，不會攪混池水，而是在其中輕盈嬉戲，盡情享受；蜜蜂飛旋在花叢之中，不會損壞花的色香，而是吸取精華後便悄悄離去。我們依止上師也是如此，不能擾亂上師及其眷屬，有緣得受上師教言時，要全心全意、恭敬諦聽；一旦因緣已經結束，自己要離開的話，也是輕輕鬆鬆、開開心心。對於上師的教誡，若能不辭辛苦、不厭其煩、不折不扣地依教奉行，依靠這種信心與毅力，定會將上師相續中的一切功德，如同從一個瓶子倒入另一個瓶子般，融入自己的相續。如《功德藏》中說：「如依勝池之天鵝，蜜蜂品嘗花汁味，恒時相處希奇行，無有疲厭持師意，信心近取得功德。」

　　然而，現在很多修行人，做到這一點相當困難，因為自己的邪見、成見作怪，始終把上師看成凡夫人，不要說如滿瓶傾瀉般得到上師的全部功德，有時候就連百分之一也得不到。所以，我們把上師視為佛很有必要，

第七十七節課

《無二平等最上瑜伽大教王經》也說：「佛為最上阿闍梨，一切最勝常善護，了知祕密真實者，此阿闍梨佛無異。」可見，上師與佛無二無別，倘若你有這樣的信心，以歡喜心來依止上師，肯定會得到上師的功德。

我們每個人依止上師的時間都不會很長。對大多數人而言，在依止上師時，經常會覺得上師跟朋友一樣，甚至認為自己超過了上師。直到上師離開了世間，此時才想起上師的好，把上師看作真正的佛。這幾乎是每個人的通病！

大圓滿前行廣釋

第七十七節課

第七十八節課

《前行》正在講修學上師的密意和行為。也就是說，上師具有殊勝的智慧、悲心，我們作為依止者，也要得到上師的這些出世間功德。

若想得到這些功德，學習佛法、尤其是修行很重要。現在許多人認為自己是大乘修行人，但大乘的界限要以有沒有菩提心來分。你們雖然經常聽受菩提心的法要，我也經常傳講菩提心的功德和利益，但自己到底有沒有這種境界？如人飲水，冷暖自知。倘若你只是名相上的大乘修行人，則沒什麼可傲慢的。如果你連顯宗的大乘菩提心都沒有，就自詡為密宗的瑜伽士、無上大圓滿的修行者，那也只不過是自欺欺人罷了。

前段時間，很多人問我：「加行不修可不可以？」我說：「也可以。眾生各自的業力都不相同，自己不想解脫、只想造業的話，我也沒有辦法。昔日釋迦牟尼佛在世時，琉璃王滅掉了整個釋迦族，佛陀都無力阻擋，所以眾生業力成熟時，我肯定也無力回天。」對我而言，不敢要求你們每個人都必須修加行，但總的來講，還是特別希望大家能循序漸進，次第性地契入佛法，這樣至少不會毀壞你的善根。

古往今來的很多高僧大德，從傳記中看，對《前行》的重視程度都非常高。以前上師如意寶在世時，要

求每年講一遍《大圓滿前行》， 以至於不少人都能背下來。還有頂果欽哲仁波切，每到一處，總是隨身攜帶《大圓滿前行》這本書，直到他82歲時，在接近圓寂的前幾天，也仍會每天早晨修法之後讀上幾頁。這些印度、藏地最偉大的祖師⑱，尚且對《前行》如此重視，我們後學者又有什麼資格不好好學修呢？

因此，希望在座的各位應該向他們學習，以後在日常生活中，把《大圓滿前行》當作自己的人生手冊。倘若你十年後對加行的重視程度，跟十年前一模一樣，就算你沒有在大眾前口口聲聲說自己開悟了，是大中觀、大手印、大圓滿的大修行人，至少自相續也會與法相應，很多行為會以因果規律來約束。其實像頂果欽哲仁波切那樣真正的大成就者、一代高僧，不管去到哪裡，《大圓滿前行》都從不離身，我們又憑什麼對這個法門心生輕視？

今天有人打電話問我：「某某上師的傳承是只要交些錢就不用修加行，可以直接得到大圓滿的教授，據說這與某個公認的高僧大德意趣相合。我這樣可不可以？」我說：「可以，你怎麼樣都可以，只要能得到法就可以。」說是這樣說，因為我沒有權力制止別人。但實際上，像智悲光尊者、無垢光尊者、麥彭仁波切等前

---

⑱寧瑪巴的貝諾法王、法王如意寶、頂果欽哲仁波切、敦珠仁波切，都是20世紀末印藏特別偉大的祖師。

輩大德，都對加行非常重視，一生中修了不止一次兩次，我們這些人能不能用錢來換？大家應該心裡有數。

現在許多大學生的文憑和證書，通過錢就可以擺平。原來我認識一個比利時人，他在中國讀醫學博士時，只要把錢先交了，四年中參加四次考試，就能拿到證書了。對他而言，考試不太重要，錢最重要，沒錢就拿不到證書；有了錢的話，考試不及格也照樣畢業。那麼，如今能不能也用錢替代加行呢？我不敢說，但確實有點懷疑。若真能這樣，那當然很隨喜，只要你有錢，就不難得受無上密法了。但很多高僧大德的傳記中，並沒有發現這一點——或許不用發現也可以吧，現在科技那麼發達，很多東西只要有錢就垂手可得了。不過假如你現在不重視加行，就算修了無上大圓滿，再過幾十年，煩惱也仍會紛至杳來。

頂果欽哲仁波切有一個弟子，如今在西方國家很出名。1999年6月，他在美國加州舊金山講《大圓滿前行》時說：「我一輩子最重視的，就是這部法。我領受它的口傳和法教，可能超過三十次了。光是在頂果欽哲仁波切那兒，就超過十次，其中五次是我親自請求的，其他幾次是給別人傳這個法時，恰巧我也在場。還有，我在敦珠法王面前聽過三次左右，從其他上師那裡也得過這個法。如果三十年後我還活著，我還會再這麼做。」

看了這段文字，我當時就想：一個人若能真正把自己的心，與《前行》的內容天天融合在一起，修行上肯定會有進步。反之，假如把《前行》的這些教言扔在一邊，然後去另一處尋找更高深莫測的法，雖然也許能得到，畢竟每個上師的教言和傳承竅訣都不同，諸佛菩薩的化現也不可思議，但一般來講，萬變不離其宗，再高妙的法也離不開加行的基礎。

所以，希望各位對《前行》要有信心，不管到哪裡去，就算沒辦法把《前行》的講記全部背著，至少也應帶上《前行》這個法本。現在很多人出門旅遊時，帶特別特別大的包也無所謂，既然無關緊要的東西都能拿，《大圓滿前行》一本書又沒有多重，隨身帶上應該不會太麻煩。

當然，這也要有信心才可以，沒信心的話，任何法都得不到。《大智度論》云：「無信如無手，無手人入寶山中，則不能有所取。無信亦如是，入佛法寶山，都無所得。」因此，心的力量非常強，為了學佛能善始善終，大家一定要對《前行》有信心，如此，修行再難也可以成辦。

不知道你們有沒有人能發願：一生中每天對《前行》讀幾頁？這部《前行》我1999年傳過一次，當時有個別漢族的法師和居士，發願從此把法本一直帶在身上，每天都讀一些，至今始終沒有忘。當然，這需要長

久的信心和耐心，有些人兩三天倒可以做，比如今天我講了以後，讓大家發願的話，百分之八十的人都會舉手，但再過三四個月放假了，有些人可能就忘了。所以，發誓容易實行難，這確實是不少人的通病。

不管怎麼樣，希望大家還是要終生重視《前行》，若能如此，在這個基礎上，修什麼法都非常方便。這本書裡有許多甚深竅訣，我講的時候，有時候擔心你們心會散亂，如果沒有領會其意、融入其中，這就非常可惜了。其實，你在生活中若能經常觀修，以此對照自己，就會知道這裡面全是價值連城的如意寶，一句一字也不能捨棄。僅僅是依止上師這個道理，儘管看似簡單，實際上卻是解脫的關鍵，歷來為祖師們所重視。倘若離開了上師的指點，即使是佛教一些簡單的道理，自己也很難通達。正如《華嚴經》所言：「譬如闇中寶，無燈不可見，佛法無人說，雖慧莫能了。」暗室中雖有珍寶，但沒有燈就漆黑一片，根本看不見。同樣，佛法中雖講了很多殊勝道理，但若沒有上師以竅訣揭示，縱然你世間智慧再超群，也不一定能通達其中深意。所以，我們務必要好好依止上師，懂得因果取捨之理，懂得之後再身體力行，這才是修行人的根本。

大圓滿前行廣釋

下面緊接著講：

上師在行持菩薩行的過程中，會積累廣大的福慧資糧，比如傳法、印經書屬於智慧資糧，建造三寶所依的殿堂、放生、行善屬於福德資糧。這個時候，如果自己也加入其中，哪怕只供養微薄的資具財物，或者身語做些力所能及的事情（例如，為上師的事業打電話、發信息），甚至發起沒有嫉妒的隨喜心，那麼，上師以菩提心攝持所得的功德有多少，自己也將同樣獲得。

這一段話，記得我在《關於重修學院尼眾大經堂的信》中也引用過。去年修尼眾大經堂時，個別信士一直要求提供賬號，並讓我寫個簡單情況。資金方面我雖然應該沒有困難，但建經堂的功德不可思議，這麼多僧眾每天都在裡面講經說法、聞思修行，若能讓大家與此結緣，必定能種下殊勝的善根，於是我就寫了一封公開信。這麼大的經堂，不是一兩個人就能建起來的，現在依靠大家的共同努力、道友們身口意各方面的發心，沒有任何違緣，已全部圓滿竣工了，這是非常值得隨喜的事！

不僅僅是這個經堂，其實無論是哪位上師，所做的任何善法，共同做的也好、個人做的也罷，只要對弘法利生有利，能令眾生得到暫時和究竟的解脫利益，我們都應遣除嫉妒心、傲慢心、自私自利心，盡心盡力地隨喜。以前上師如意寶講修經堂、建佛塔、放生等功德時，也常要求我們有能力就幫忙；沒有能力的話，哪怕

從內心產生一剎那歡喜心，這種功德乃至上師的善根沒有窮盡之前，它也不會窮盡。

下面就講個比喻：從前，有兩個藏族人一起前往拉薩。一個人除了少量的豆粉外，沒有其他口糧。他比較聰明，將豆粉跟另一個人的一大口袋糌粑混在一起。過了幾天，有許多糌粑的人說：「你的豆粉差不多該用完了吧，我們去看看。」結果發現豆粉仍然沒用完。這樣看了好幾次，豆粉都一直沒有用盡，最後只好與所有糌粑一起吃完了。

同樣，不論別人做什麼善事，自己若僅僅通過少許財物或身語勞作等結上善緣，也將獲得同等的善根——這比較占便宜啊，假如上師花了很多錢做一件事，你在沒有吝嗇的情況下交幾毛錢，這樣一來，上師所造的善根沒有耗盡前，你的善根也不會窮盡。就像一滴水融入了大海，大海沒有乾涸之前，這一滴水也不可能乾。所以，今後高僧大德做弘法利生的大事時，我們也應當稍微參與一下，然後再將此善根如理如法地作迴向。

其實迴向很重要，看過《百業經》、《賢愚經》、《百緣經》的人都清楚，倘若你做了一件善事，如供養、禮拜、轉繞，完了以後要馬上發願迴向。發願和迴向不太相同，所謂的迴向，指造了善業後將功德迴向一切眾生；發願的話，則不一定是善業已經造下了，但可以提前心裡一直想：「但願我怎樣怎樣……」所以迴向中也可以帶有發願。

大圓滿前行廣釋

作為弟子，特別是對於上師的暫時指派，乃至包括清掃上師的居室在內，都是積累資糧的正道，自己應當盡力而為。《功德藏》云：「決定行持善法者，勝師廣積二資時，彼中皆能結上緣，役使信使清掃等，極勞具果勝資道。」

以前噶當派有個霞葉瓦格西，是金厄瓦的弟子，他平時唯一承事上師，上師說什麼，他一剎那也不會推遲，馬上就去做。如果他正在寫字，還差一個筆劃就寫完了，但如果這時候上師叫他，他不會等寫完了這一筆再去，而是馬上扔掉筆就跑去了；如果是正在修曼茶時上師叫他，他會馬上扔掉曼茶盤跑到上師面前。他就是這樣用心服侍上師的。有一天他給上師打掃衛生，把垃圾包在衣襟中準備倒在外面。當下樓梯到第三個台階時，突然入於一種禪定，在清淨境界中面見了好多佛菩薩，從此之後成為大成就者。

還有薩迦班智達根嘎嘉村，也是有一次承事生病的根本上師扎巴江村，完全沒有顧及自己的飲食睡眠。以此恭敬承事上師的緣起，他清淨了深重的罪障，並親見了文殊菩薩的尊顏，成為藏地著名的三大文殊⑨之一。龍猛菩薩曾造過一部《五次第論》，第一個自加持次第中，就闡述了依止上師獲得成就的許多道理。格魯派雍怎益西堅贊所造的《上師供》的講義中，也曾引用很多教證，說明一切

第七十八節課

---

⑨藏地三大文殊：無垢光尊者、宗喀巴大師、薩迦班智達。

成就皆來自上師的加持，因而務必要對上師恭敬承事。

當然，承事上師也要顧及上師的感受。現在不少上師有很多很多弟子，上師若到大城市裡去，這個弟子也要請客，那個弟子也要請客，弟子與弟子之間爭得不可開交。聽說以前有位老上師剛剛下飛機，就被兩派的弟子爭搶拉扯，差點當即示現了圓寂。最後勢力比較雄厚的一派，把上師強迫地塞進車裡，然後呼嘯而去。還有些弟子天天跑到上師屋裡，為了爭奪打掃權而互相吵架；或者非要把自己手裡的飲食供養上師，其他道友的統統拒絕……

其實這沒有必要。你真想為上師做事的話，不一定非要上師看見。有些弟子在上師看見時就掃個地、提個水，看不見時就呼呼大睡，這不一定會令上師歡喜。其實對上師最好的承事、最好的供養，就是直接或間接弘揚佛法、利益眾生，以及自己聞思修行。對真正有菩提心的上師而言，生活上並不會那麼欠缺，不一定非要你去財物供養。上師最喜歡的就是你好好修行，或者做對眾生、對佛法有利的事，尤其是幫助一些可憐眾生，那麼十方世界中具法相的善知識都會歡喜。

要知道，皈依上師為最究竟的皈依處，積累一切資糧的無上福田，再沒有比上師更殊勝的了。尤其是上師灌頂或講法期間，十方三世諸佛菩薩的大悲、智慧、加持會一同融入他，此時，上師的本體跟諸佛無二無別。《事師

269

五十頌》云：「得受殊勝之灌頂，金剛上師之面前，十方世界中所住，如來三時敬頂禮。」喬美仁波切在《山法》中也說：「上師在講經和灌頂時，是大成就者就不用說了，但即使不是大成就者，只是一個凡夫人，十方諸佛的加持也會融入他，與他無二無別。待傳法灌頂完畢後，諸佛菩薩才返回各自刹土。」所以，此時若對上師誹謗、生惡念、起邪見，過失會相當大；此時以信心、歡喜心供養上師一口食物，也比其他時間成百上千次供養的福德大。

當然，上師在傳法時，供養很多食物的話，上師不一定用得上。真正的供養應該像那天所講，是利益眾生供養、不捨菩提心供養、如說修行供養，以及為上師發心供養，這個才特別重要。倘若上師身邊有很多具智慧、有經驗、人格穩重的人發心，那麼上師的事業自然而然就會展開。其實上師住世的目的就是弘法利生，除此以外，不可能是為了自己而活著，不像世間人一樣，認為買個房子、買個轎車，有個家庭，房子裝修好，有穩定的工作，經常出去旅遊，有條件就出國逛一逛……這些才是人生目標。作為一個真正的善知識，根本不把這當成一回事，在他的眼中、心中，最重要的就是看眾生沉溺在輪迴苦海中，哪怕能把一個救出來，自己活在這個世間也有了意義。

明白這一點後，大家要盡力幫助上師的事業，以此作為法供養。在這個過程中，即使上師沒有看到你的付出，不能天天安慰你，但只要為上師的事業出了一分

第七十八節課

力，自己就問心無愧了。所以，華智仁波切這裡講供養食物的福德大，但我覺得，供養食物不一定很重要，關鍵要看上師真正需要的是什麼。

此外，觀修一切生起次第的本尊時，若能認識到形象雖顯現為本尊，但本體除了上師以外別無其他，那上師的加持很快就能入於你心。像格魯派修《三十五佛懺悔文》，念誦時雖有三十五尊不同的佛，但卻觀想每尊佛的本體跟根本上師無二無別，就像一個水晶所折射出的不同光。若能如此，上師的加持會迅速融入心中。否則，如果把本尊和上師完全分開，則不一定能得到如是加持。

就像馬爾巴觀修生起次第時，有一次見上師那若巴周圍顯現出喜金剛的所有壇城。上師問：「你是先向上師頂禮，還是先向本尊頂禮？」馬爾巴心想：「上師天天跟我在一起，而本尊好不容易今天才見到，所以頂禮本尊比較重要。」於是他鼓足勇氣說：「我先頂禮本尊。」結果話音剛落，所有本尊壇城全部化為一道光，融入上師那若巴的心間。那若巴尊者告訴他：「上師未曾出現前，連佛名字亦未聞，所有千劫諸佛陀，皆依上師而出現。」這時馬爾巴才認識到上師跟本尊無二無別。

所以，大家修生起次第時，無論修觀音菩薩、文殊菩薩，都應將本尊與上師觀為一體。同樣，若想生起圓滿次第的智慧，也完全依賴於對上師的信心、恭敬心。圓滿次第一般分為有相圓滿次第、無相圓滿次第，有相圓滿次

大圓滿前行廣釋

第是風脈明點的修法，無相圓滿次第則是觀想上師相續中的智慧全部融入自己，這是最了義的本尊修法。倘若你對上師有虔誠的信心，同時再加上上師的加持，自相續定會生起上師所證悟的一切智慧。故而，不論是修什麼法，首先都要想到上師與諸佛無別。佛在《大教王經》中也說：「最上大樂本，諸佛等無異，由阿闍梨故，獲最上究竟。」若能明白這一點，你的智慧才會得以成熟。

漢地曾有這樣一則公案：唐朝年間，終南山有個杜順和尚，他的一個弟子依止他三十多年了，有一次好像著魔一樣，非要去五台山拜文殊菩薩，並講了那裡的很多功德。杜順和尚再三挽留不住，見他去意已決，只能在臨行前教示弟子：「遊子漫波波，台山禮土坡，文殊祇這是，何處覓彌陀？」

後來弟子到了五台山，至誠懇切地朝山禮拜。突然，眼前出現一位老者問他：「你是從什麼地方來的？來做什麼？」

弟子答道：「我從終南山來，來禮拜文殊菩薩。」

沒想到老人說：「文殊不在這裡，終南山的杜順和尚即是文殊的化身。」

弟子驚訝地叫道：「我承事師父三十多年了，從來不知道這件事。」

老人說：「有眼不識本性！你趕快回去吧，如果今夜能趕回去，還有機會見到文殊；如果隔了一夜，恐怕

就見不到面了。」說完便消失無蹤。弟子覺得非常稀有，就趕快往回趕，但到家時仍晚了一步，師父已在前一夜圓寂了。

當然，文殊菩薩無處不在，說他不在五台山，也是針對個別眾生的方便說。對那個弟子而言，上師是文殊菩薩都看不到的話，五台山就算還有很多很多文殊，自己也根本無緣拜見。

宗喀巴大師的傳記中講過，有一次宗喀巴大師的弟子克珠傑，特別特別想念上師，於是陳設供品向上師祈請，當下就看到上師現前。他問上師現在何處，上師說自己的化身一個在五台山，一個在兜率天——這個公案記得不是很清楚了，二十多年前我寫的《五台山志》裡應該有。

總之，生起次第、圓滿次第等一切所修的本體，都可包括在上師中，所有經典、續部中都說上師就是真佛。《功德藏》亦云：「何為皈處資糧田，修師瑜伽內外二，所修生圓體攝師，經續說師為真佛。」

其實，上師的密意始終安住在與佛無別的境界中，正是為了引導我們這些不清淨的眾生，才化現為人的身相。《法華經》也說：「善知識者是大因緣，所謂化導令得見佛，發阿耨多羅三藐三菩提心。」還有《無垢虛空經》中云：「阿難，諸如來非於一切眾生前顯現，而盡現為善知識宣說佛法，令播下解脫種子，故善知識勝於一切如來，當銘記此理。」

以前法王如意寶在世時，常有許多眾生想拜見他老人家。雖然不信佛的人不一定理解，但對懂正理的人來講，真正具有菩提心的善知識，誰見到他、憶念他、接觸他、聽到他聲音，都能直接或間接成為解脫之因。利根者的話，很快就能斷除輪迴種子，趨入菩提；根基比較差的眾生，也會在相續中播下解脫的種子，善根慢慢得以成熟，將來會獲得解脫。所以，上師的本體跟佛陀沒有任何差別。

鑒於此，我們一定要在上師住世期間，全力以赴依教奉行，通過三種承事，令自心與上師的智慧成為無二無別。假如上師住世時沒有恭敬承事、依教奉行，對眾生有利的事也不肯做，一旦上師離開了世間，再口口聲聲說繪製上師身像、觀修上師瑜伽、修習實相等，另闢蹊徑去苦苦尋找別的高深大法，如是既不具備使上師斷證功德融入自相續的誠信恭敬，也不進行祈禱等，這就是所謂的「能修所修相違⑩」。

很多人依止上師常會如此，上師在的時候，上師最喜歡的事不願做，最看不慣的行為，自己倒很有信心。而一旦上師離開了，才開始想起上師的恩德，非要塑上師的像、印上師的法本。儘管這樣做也可以，但最關鍵的是，要在上師在時好好承事、祈禱，讓上師歡喜，否

第七十八節課

___

⑩能修，指一切修法的根本就是修上師；所修，指上師本人。假如所修的上師不歡喜、不攝受你，那麼以能修來修多少法，也根本不可能成就。

則，後來做什麼都意義不大。我們依止上師的機會不一定很多，所以上師在世時，務必要盡心盡力承事上師；假如上師不在了，仍要圓滿上師的意願，繼續利益眾生，這才叫真正的依止。

此外，祈禱上師也很重要。無論是薩迦派、噶舉派、格魯派、寧瑪派哪位大德，都會經常祈禱自己的上師。我也再再講過，上師儘管是如意寶，可以賜予一切所欲，但沒有祈禱的話，就不可能賜予悉地。就如同我們日常所用的電腦，只有打開它，才能做很多事；不打開的話，就算它的功能再多、再齊全，對你也沒有任何用處。所以，上師是無上智慧和無偏悲心的總集，作為接受者的弟子，應經常以恭敬心來祈禱，只有這樣，才能得到上師相續中的功德。

在我們成佛的路途中，若能經常祈禱上師，就會獲得一種無形的力量，修什麼法都很容易，內心也不會有煩惱。以前我遇到過一個居士，她說自己的人生就是一個字——煩。其實如果她多祈禱上師，上師的加持一旦融入心，「煩」馬上就不翼而飛了，只可惜她不知道這個竅訣。

我們死後在中陰時，若想蒙受上師指引、救度，也需要無限的信心、恭敬心，如此才會與上師的悲心願力聚合，顯現這樣的境界。（當然，上師並不是親自去中陰界接你。否則，弟子比較多的上師，看弟子今天死一個、明天死一個，

大圓滿前行廣釋

只有天天待在中陰界等了。）假如你不具備虔誠的信心、不恭敬上師，那無論上師再有多好，也不可能出現在中陰界，為你指引道路。《功德藏》也說：「多數愚者繪像修，上師在世不承事，不知師意修實相，能所修違誠可悲，無信中陰難見師。」

一個人對上師的信心，其實在生前也看得出來。尤其在夢境中，遇到困難和違緣時若能祈禱上師，中陰時應該不會困難。實際上我們平時的夢境，也是修行的一種體現。若是夢到恐怖的鬼神，或者地獄、餓鬼的眾生，那可能是自己生病了，身心肯定亂得一塌糊塗；當你的心很清淨，修行的諸多境界出現時，就會夢見觀音菩薩、文殊菩薩、傳承根本上師，以及美麗花園等善妙景象。我平時就是如此，修行好壞會在身體上有一些感應。

每個人在中陰時，若能觀想上師、祈禱上師，中陰顯現立即會變成清淨的現相。講文武百尊時也說過，如果你真正認識自心，文武百尊就會全部變成本尊；倘若你的心不能轉為道用，這些便會變成閻羅獄卒。所以這個很關鍵，大家要好好想一想，裡面還是有很甚深的道理。

總而言之，我們在活著的時候，一定要經常祈禱上師。為什麼每個修法前面都要加一個上師瑜伽，晚上睡覺前也要念一遍上師瑜伽？就是要將一切現象全部融入上師的身口意，這樣一來，很多境界就會顯現為清淨！

第七十九節課

　　上節課講了，《前行》若能一輩子不離身是最好的。其實做到這個也不難，望大家都默默發這樣的願。假如你經常帶著它，就算不是很想看，也總是會翻幾頁的。若能慢慢重視這個法本，那你的修行肯定會圓滿。

　　這本書中所講的內容，並沒什麼可取捨的，全部對我們解脫有利，而且非常重要。學《前行》不像是吃魚，只吃魚肉而吐掉魚刺，選擇一部分有用的，沒用的就統統扔掉。而這本書的每一字、每一句、每一段、每一章，都對我們的修行乃至解脫意義非同小可，所以沒有任何理由不依止它。

　　後面也會講到，《前行》是無有嗔心的上師。不像真正的上師，你依止他的話，天天問這樣那樣的問題，他有時候不高興，有時候心情不好，有時候特別忙，有時候找不到人，有時候找到了也不願講，有時候不會講，有時候不方便講……總之有各種各樣的情況。而這個法本隨時都可以打開看，提醒你一些關鍵問題，指導你很好的修行方法，所以，這樣的「上師」理應長期依止。

　　對每個修行人來說，一生中都會有一兩部對自己影響很大的論典。格魯派的一位大德曾說，他一輩子研究顯密所有的經論、續部，最後發現這一切皆可歸攝為

大圓滿前行廣釋

《菩提道次第廣論》。還有阿壩州的一位活佛，他去印度時遇到再大的困難，這本書也一直帶著。同樣，對於《大圓滿前行》，我們也應像頂果欽哲仁波切那樣，不管去哪裡都不離身。

頂果欽哲仁波切十分了不起，以前我在印度首都新德里、不丹首府廷布見過他。前不久印度回來的一位活佛說，頂果欽哲仁波切在灌頂時，儀軌全部能背下來，找不到儀軌也沒關係。1993年秋天，我在索甲仁波切的中心看過一個他的光碟，當時特別驚訝——他傳法時完全出口成章，教證自然而然就講出來了。這樣的大德，每天都要看幾頁《前行》，對這個法本如此重視，我們這些業力深重、具足一切束縛、貪嗔癡遍滿的凡夫人，又憑什麼不願意看呢？

有些人自以為修行不錯，只求些高法就滿足了，卻不知作為修行人，首先要找到自己的「職業」。就像田野裡的農夫職業是務農，高原上的牧民職業是放牧，而寺院裡剃著光頭的出家人，職業是聞思修行，在守持淨戒的基礎上度化眾生；皈依三寶、發了菩提心的在家居士，則應精進修學佛法，盡可能地饒益無邊有情。這是每個大乘修行人的責任，我們不能成天渾渾噩噩地過日子，除了吃飯、睡覺以外無所事事，而要以一兩部法經常對照自己、衡量自己，分析自己的功德或缺點，這一點很重要！

我寺院有位老堪布叫拉雪堪布，今年夏天我們一起交流時，我問他以前依止善知識的經歷。他說自己印象最深的，就是曾於十來天中依止過意科喇嘛，意科喇嘛告訴他，自己一生中看過《大圓滿前行》至少一百遍以上。意科喇嘛是一代高僧，在藏地可謂無人不知，法王如意寶在世時也常提起他，好像還在他座下聽過一些簡單教言。這樣的大德都對加行法門如此重視，我們這些人為什麼連看都不看，或者只聽一兩次就心滿意足了呢？

　　以前我在廈門翻譯《釋尊廣傳》時，躲在174醫院還有幾個地方，110多天中誰都不知道，過著隱士般自由灑脫的生活。後來有一天去南普陀寺，被一位居士認出來了，這居士請我去一家素食館吃飯。當時有個廈門大學的教授同桌共餐，他感慨地說：「我看過五六遍《前行》，此舉對消除煩惱十分有力。華智仁波切在根本上師前都聽過這個法25遍，更何況是我們了？我現在越看越有勁，越看越覺得加持大……」

　　因此，大家不要認為《前行》是加行法門，是特別簡單的法，裡面很多故事自己都聽過。其實《前行》的每一個公案、每一個教證、每一段文字，背後都有甚深涵義，若將此融入於心，所有內容能歷歷再現，那你的修行肯定不錯。否則，只是把法本放在書房裡，人與法之間的距離遙不可及，這根本沒有什麼意義。要知道，

聽法是為了調伏煩惱。阿底峽尊者說，能調伏煩惱的就稱為佛法，不能調伏的就不是佛法。如果你對法沒有信心、沒有興趣，它的利益就不可能現前。因此，大家在學佛時，一定要有正確的認識，認識之後再精進修持，這二者都必不可少！

總結前面所說，我們在依止上師時，要用智慧詳加觀察，在沒有結上灌頂、傳法的緣分之前，首先看他是否具足法相。如果真是具相上師，我們就應以三喜恭敬、如法地依止；假設他不具足任何法相，最好不要去依止。一旦依止了，則不能觀上師的過失，不管上師的行為怎樣，都必須視為善妙，全部看作功德，對此生起信心並觀清淨心。倘若因為心不清淨，對上師具有密意的行為、語言，以及調化眾生的各種形象，不但不生信心，反而生起惡分別念加以毀謗，那麼後果不堪設想，可以說是後患無窮。

麥彭仁波切在《君規教言論》中云：「佛說如若不恭敬，僅賜一句法上師，百世連續轉為狗，復轉生於劣種中。」且不說賜予密宗灌頂、竅訣、教言，就算是傳授你一句佛法的上師，對他也要畢恭畢敬。倘若肆意毀謗，你一百世都會轉為狗，之後再不斷投生為乞丐、妓女等低劣種姓者。

因此，我們對所有的傳法上師，都要起恭敬心、歡

喜心。俗話說：「一日為師，終身為父。」世間的老師給你教過哪怕一堂課，你都應該終生敬重——我就有個老師，只給我上過一堂課。記得那是個冬天，教室外一直大雪紛飛，我們的老師全都騎馬出去了，因大雪阻隔而回不來。那個老師就代班上了一堂數學課，學的是無限循環小數，$10 \div 3 = 3.33$……如今她常跟人說是我的老師，我也不得不承認。在所有的老師中，有些印象不是很深，但有些老師，哪怕只講了一堂課，二三十年後仍記得很清楚。

可現在有些人，自己是大學教授了，就對小學老師不理不睬，說認識他覺得不好意思，這不是知恩報恩的表現。以前我和慈誠羅珠堪布去一家念經，看到個老婦女，身體不太好，慈誠羅珠堪布主動介紹說：「這是我的小學老師。」她聽了有點不好意思，自嘲道：「是啊，你的老師很有智慧。」實際上，不管你現在變成了什麼人，都要對老師恭敬，懂得報恩。世間老師尚且要如此，那出世間傳授佛法、法恩極大的上師，就更不用說了。而且，佛教中的上師跟世間的不同，一旦你依止⑩了以後，即使他有些行為你不太接受，也千萬不能詆毀。

《高僧傳》中記載：鳩摩羅什一生的經歷特別坎

---

⑩此處的依止，並不是上師的一句口頭承諾，而是必須要結上傳法、灌頂、竅訣等法緣。

坷，南北朝時符堅曾通過發動戰爭，派大將呂光兵臨城下，才搶來了龜茲國的國寶——鳩摩羅什。大師來中國以後，在符堅執政期間，弘法利生事業並不太廣。直至姚興為他建造了譯經院，他的事業才正式展開。當時譯場差不多近八百人，規模之大，歷史上可謂首屈一指。

國王姚興覺得大師是個聰明絕頂的人，沒有子嗣的話，實在太可惜。於是專門送他十個美女，強迫他還俗。大師只好接受，從此搬出寺院另行居住。

見到大師這樣做，不少僧人也效而法之，開始破戒納色。有一天，大師召集所有僧人，在桌上放了兩碗水，水中盛滿繡花針。大師當眾吞下一碗針，聲稱誰若能吞下另一碗，便也可以娶妻生子。僧人們個個面面相覷，方知大師境界之不同一般。

大師每次給僧眾講法前，都會提醒大家：「譬喻如臭泥中生蓮花，但採蓮花，勿取臭泥也。」暗指他的身體雖沒有講法資格，無法跟其他善知識相提並論，但口裡所說的法猶如泥中蓮花，希望大家能聽取妙法，而不要效仿他的行為。

由於許多人對大師的行為頗有爭議，大師接近圓寂前，為證明他所譯的經論正確無誤，就在眾人面前發下誓言：「若是我所翻譯的經文沒有差錯，屍身焚燒之後，舌頭不會焦爛。」果然他圓寂後，屍身都燒成了灰，唯有舌頭沒有燒壞。

關於鳩摩羅什示現的一些禁行，有些分析家認為，他是為了在眾生面前顯現自己的成就相；也有人認為，他是為了證明自己所傳譯的法超勝其他人。不管怎麼樣，大成就者所示現的任何行為，即使顯現上再不如法，弟子也應該觀清淨心！

當前，很多人依止上師時經常出問題：剛開始自己不好好觀察，只要來了一位上師，根本不知道他的來龍去脈，就匆匆忙忙去依止。依止完了以後，見上師有特別明顯的不如法行為，又不能觀清淨心，把他當真佛想。此時，自己有點進退兩難：繼續依止的話，上師的行為已暴露無遺，再也沒有這個信心了；不依止的話，都已經在他面前聽了法、灌了頂，捨棄上師會有很大過失。

很多佛教徒在這個問題上，一直徘徊著、困惑著，不知道下一步該怎麼辦。有時候他們問我，我也不好回答。勸他放棄的話，也不行；不放棄的話，那個所謂的上師又不是小問題，而是有很大的問題。所以，具體該怎麼抉擇，我也是左右為難。

為了防患於未然，大家在依止上師前，首先務必要仔細觀察，看上師是否具足《經莊嚴論》、《入行論》、《事師五十頌》、《大圓滿心性休息》中所講的功德。當然，大乘的顯宗上師、密宗上師，有各自不同

大圓滿前行廣釋

的法相和要求，就如同小學教師與大學教授，條件肯定不一樣。但不管是什麼上師，只要屬於大乘，具有菩提心都是必要條件。也就是說，觀察上師概括而言，可以包含在「觀察他是否具備菩提心」這一條件中。

倘若上師具有菩提心，他不可能不成辦弟子今生來世的一切利益，所傳的法也會與大乘道息息相關，無論如何都能令弟子踏入解脫正道。如《大寶積經》云：「菩提心者應可親近，為諸智者所稱讚故。」這樣的上師，周圍自會集聚眾多弟子，誠如《水木格言》所言：「慈愛饒益士前，自然集聚眾人。」對於他，弟子可以放心大膽地去依止。

反過來說，倘若上師不具備菩提心，就必然有自私自利的牽扯，整天被世間八法纏縛著，不可能很好地調伏弟子。即使他給你灌了最高的頂、傳了最深的竅訣，口頭上講得天花亂墜，說自己有這個功德、那個功德，但到頭來，也只是落在了為現世利益的圈子裡，成天維護自己、宣揚自己、誇耀自己，除此之外，不說令弟子解決生死大事，連弟子暫時需要他幫助，他也不聞不問、無動於衷。這樣的上師就像毒蛇一般，弟子得不到真實的利益，有智慧的人理應遠離。《大寶積經》也說：「不親下劣人，見不正直者，見已當遠離，猶如避毒蛇。」

這段文字，大家一定要記住！實際上，真正具有菩

提心、利他心的人，無論住在哪裡、去哪個地方，都會受到大家歡迎；而自私自利心很強的人，即使最初有人親近他，對他有一些好印象，但「路遙知馬力，日久見人心」，大家慢慢從他的行為中，也可以看出其內心的境界。這種人不要說當上師，就連弟子的法相也不具足。

在座聽法的道友中，必定有很多了不起的法師，有些是內蔽功德的瑜伽士，現在看來是普普通通的僧人或居士，但是將來，弘法利生事業一展開，肯定會贏得眾人尊重。在那個時候，你們一定要有利他心，這是最關鍵的！這個問題，我已強調過幾百幾千次了，大家務必要引起重視。假如你有了利他心，沒有利益自我的概念，一切心、行全是為了利他，別人對你就不會有很多爭議，即使有，到一定時候也會銷聲匿跡。就像上師如意寶，當年弘法利生時，剛開始也有人不理解，甚至誹謗，但過了一段時間，這些就像雲間出現杲日一樣，全部都煙消雲散了，上師弘法利生的事業照耀整個世界。不單單是上師如意寶，藏地、漢地很多高僧大德也都是如此，甚至沒有名氣的普通人，若是有了利他菩提心，對眾生也會有極大的利益。

因此，上師所有的法相，統統可攝為具足菩提心。有了菩提心的話，就可以依止；倘若不具菩提心，就算他講的顯密佛法再高深，也只是給人種下善根而已，自

己都沒有利他心、菩提心、慈悲心，又怎能讓弟子的相續中得到這些功德呢？

其實，具有菩提心也不是那麼容易的。大家都清楚，菩提心的根本是四無量心，光是一個悲無量心，我們也很難生起，看見一個眾生想想他很可憐，這根本不能稱之為「無量」。我們的大悲是什麼樣呢？見自己的父母親友生病，就希望他快快好，而其他素不相識的人病了，自己完全沒有感覺，不可能跟父母一模一樣。這說明你的悲心不是無量，是有限的，它只局限於一個小小的範圍中，所緣的對境只是我的家庭、我的親戚，或者只是我們人類，如此又怎麼稱得上是「無量」呢？倘若你無量心都不具足，基礎都沒有，菩提心就更別提了。

可見，具有菩提心的上師，確實不容易當。西方有些國家喜歡的上師，是長得好看一點、穿得莊嚴一點，這樣的上師比較好當。因為作為上師肯定有一些錢，或者也可以讓弟子買，每次傳法都換一件高檔衣服的話，這並不是什麼難事。但相續中若要具足菩提心，卻不是每個人都能做到的。

一旦真正具有菩提心，那麼上師的所作所為，都會是利益眾生。因此，觀察上師的一切要點，皆可攝於觀察具不具有菩提心這一條件中。如果相續中遍滿菩提心，那麼無論裝束等如何，是出家或是在家，即使穿得破破爛爛，每天一邊傳法一邊喝瓶五糧液，我們也可以

接受，也應該依止。就像欽則益西多吉，拿著槍在弟子面前「啪啪」亂打，就能令結緣的眾生當下證悟無我空性。但相續中沒有菩提心的話，法座再高、給他獻的哈達再多也沒有用，人民幣多多有了也不是什麼法相，我們千萬不能去依止。

當然，這種菩提心並不是相似的菩提心。有些人看眾生好可憐，就閉著眼念「但願一切眾生獲得佛果」，口頭上說得挺好聽，看起來也特別慈悲，但人有時候是很狡猾的，內心中有沒有這種境界很難說。假設他不具備菩提心，即使表面上的出離心、厭離心再善妙，一直都閉目打坐，威儀非常如法，天天過午不食，走路特別注意，生怕踩死了路上的小蟲……我們也沒必要去依止。因為隨學上師不是只學他的身體姿態，而是要得到他內心的證悟和菩提心。因此，依止上師不能光看表面，而要觀察他的境界。

不過，對那些含而不露的高僧大德，我們凡夫人無論怎樣觀察，也不能了知他們與眾不同的功德。現在大多數騙子裝模作樣的欺誘方法很高明，冒充聖者騙人的現象到處都有，所以實在是難分真假。過去藏地就有一個故事：有戶人家每年都會請出家人念《般若八千頌》。有一次，他們請的是個騙子，根本不會念經。但這人一點也不擔心，反正這家人很少去仔細聆聽，就算碰到不會的字，他只要快速喃喃幾句就可以了。

大圓滿前行廣釋

這家有位不識字的老太太，她拄著拐杖走到出家人旁邊，很費力地磕了三個頭，然後坐下來聆聽誦經。到了吃飯時，她恭敬地問出家人：「打從我嬰兒時到現在，這家就很幸運，每年在這房間都能聽到念誦這部經典。可是以前我常聽『惹炯、惹炯[102]』被不斷提起，但這次您念的時候，怎麼一直都聽不到呢？」

出家人很圓滑地回答：「不是的，親愛的老媽媽，一點問題也沒有。事實上，我們吃完飯以後，就會念到『惹炯』的那段經文了！」然後他很機靈地翻到下一頁，繼續念誦，每四句就重複一次「惹炯」的名字，抑揚頓挫地念著。那個老太太很滿意，拄著拐杖站起來，拿著念珠邊念咒邊回到自己的房間了。

現今也有不少這樣的人，特別特別「聰明」，了解到別人的愛好之後，就投其所好，言談舉止讓對方十分歡喜；或者聽說別人對某某上師有信心，自己就說跟這個上師關係特別特別好，好到什麼什麼程度……所以，如今欺世盜名的人比較多，大家一定要注意！

也許有人認為：「既然對上師不能光看表面，那到底怎麼觀察他具不具足菩提心呢？」

正如《十法經》所說[103]，看到煙可以推測有火，看

---

[102]惹炯，是須菩提的意思。
[103]《十法經》云：「依煙知有火，依鷗知有河，具智菩薩種，由外相而知。」

到水鷗可以推測有河，同樣，看到菩薩弘法利生的行為等，大概可以了知他是否具足菩提心。話雖如此，但大家在依止上師時，最好還是尋找比較公認、對眾生有利的上師。

有些大德講「如何觀察善知識」時曾說，在依止上師之前，首先要在遠處向他周圍比較了解他的人打聽；然後到他附近，親自考察他的所作所為；最後通過直接接觸，再進一步仔細觀察上師。但這個方法也有個難點：有些人還沒有觀察完，上師就覺得他是有緣弟子，主動給他傳個法、灌個頂，此時他不接受也不行。以前我就聽說有個人實在不願接受，就在灌頂時故意去衛生間。可是，待那麼長時間一直等灌頂結束，這也不太現實吧？

既然上師很難辨別真偽，我們應該怎麼辦呢？華智仁波切認為：「依止自己生生世世有緣的上師非常重要。那麼，怎樣判斷具有緣分的上師呢？如果你面見某某上師，或聽到他的語言，甚至只是聽到他的尊名，也會周身汗毛豎立、萬分激動，生起無比信心，心情驟然改變，這說明他是自己生生世世的上師，不需要進行觀察。」

從前，絨頓拉嘎上師告訴米拉日巴尊者：「你生生世世的上師，是住在南方卓窩隆寺廟的聖者大譯師馬爾巴，你應當前往南方去依止他。」米拉日巴僅僅聽到馬

爾巴尊者的名字，不共的信心便油然而生，他暗下決心：「縱然遇到生命危險，我也一定要去拜見上師，並且受持上師的意趣。」

他到了那裡四處打聽，最初一直找不到，人們都沒聽說過馬爾巴譯師。後來他遇到一個很漂亮很可愛的小孩，穿的衣服很講究，小孩說：「你大概是找我的父親吧！我父親把家產都賣光了，換成金子帶到印度去，回來時帶了很多長頁子的經書。他是一向不種地的人，今天卻不知什麼緣故，竟去田裡種起地來了。」

米拉日巴聽了以後，很高興地繼續尋找上師。途中看到一個農夫，身材魁梧，雙眼大大的，目光炯炯的。他雖不知道這就是馬爾巴尊者，但一見到他，心裡有說不出的愉悅，分別念當下消失得無蹤無影，一直怔怔地立在那裡……

第七十九節課

不過，現在不少人盲目追求這種感覺，即使見到不合格的上師，也覺得有種不同感受，眼淚直流，汗毛都立起來了，整個身體也一陣一陣跳動，於是就輕易把他當成生生世世的上師。儘管有些人確實是前世的因緣，聽到上師的名字、見到尊顏、聽到聲音，自相續就馬上改變了，可是也有很多人，這方面還要進行觀察。否則，剛開始遇到上師時，互相很激動，心情在很長一段時間中無法平靜下來，但過了不久又開始打官司，說上師騙了他的錢……這樣真的不好。前輩的高僧大德依止

上師，剛開始非常有信心，最後成就時依然如故，這樣才是智者的行為。

實際上，我們遇到怎樣的上師，跟內心清淨與否及業力有著密切關係。對於傳授正法竅訣的恩師，不管他行為如何，自己都要力求做到心心念念不離「他就是真佛」的想法。（佛傳中講過，佛陀也常示現為凡夫的形象。譬如為了度化指鬘王，他現為比丘相；為了度化嘎朗嘎，他化現為轉輪王，目犍連化現為大臣；為了度化尋香王，他則現為尋香的身相，等等。）倘若沒有宿世的緣分，我們就不會有福報遇到賢善上師；倘若內心不清淨，即使值遇真佛，也不可能將他看作是有功德者。《佛說觀佛三昧海經》中就講過，昔日釋迦族有五百人，「見佛色身猶如炭人」；比丘眾中有一千人，「見佛色身如赤土人」。這是什麼原因呢？釋迦族的人是因為前世以惡心謗佛正法，一千個比丘則是前世對正法和上師生懷疑、生邪見。

因此，在修行過程中，值遇宿世受過法恩的上師相當重要，倘若上師往昔對自己有恩，即生中對他就容易觀清淨心。然後，我們依止上師之後，務必要做到不顧寒熱飢渴等一切困難，遵照上師言教去執行，滿懷信心恭敬祈禱。其實對上師祈禱很關鍵，若能經常祈禱上師，觀想上師的所有功德融入自相續，就像我們每天修上師瑜伽一樣，通過這種緣起力，心逐漸就會得以調柔、堪能。在此過程中，自己臨時的一切所作所為，都

大圓滿前行廣釋

要向上師請示，上師怎麼吩咐就怎麼做，必須以「我意唯您知」的誠摯信心來依止上師。倘若有了這種信心，即使上師只給你傳一次法，你也很容易獲得成就。

歷史上非常著名的當巴德協尊者，有一次給大眾灌一個特別重要的頂時，來了三個穿得破破爛爛、如乞丐般的修行人。當時寺院的每一寸土地，甚至周圍房子的屋頂上都擠滿了人。他們三個來遲了，連寺院的門都進不去，沒辦法，只好爬上遠處的一棵大樹，攀在最高的樹枝上，遙望遠處的寺廟，聽受上師灌頂和傳法。由於他們的信心十分虔誠，上師灌完頂以後，坐在寺院裡的人倒沒證悟，這三個人卻開悟了。可見，有信心的弟子，在樹上聽也能得到極大利益，而沒有信心的話，你跟上師坐得再近也沒用——我不是說法座附近的道友啊，你們也不要低著頭，呵呵！

對上師的一切經過認真觀察之後，我們一定要修學上師的意行，在實際行動中，上師是什麼樣的，自己也應原原本本按照那樣去修持。俗話說：「一切事情即模仿，模仿之中能生巧。」作為修行人，理應效仿往昔諸佛菩薩的行為，弟子依止上師也同樣是隨學上師。上師的意趣、行為怎樣，弟子相續中也要得到，就像神塔小像從印模中取出來一樣，印模中有什麼圖案，甚至有一點點缺陷，也會全部顯現在神塔小像上。同樣，上師有怎樣的功德、悲心、智慧，弟子也要與上師一模一樣，

即便不能完全相同，也要盡量具有基本相同的功德。否則，上師就像佛陀一樣智慧、悲心超勝，弟子卻什麼都不具足，反而具有很多惡行，那就稱不上是上師的弟子了。

其實，無論大圓滿還是禪宗，都強調要以心傳心。就像六祖聽五祖傳《金剛經》時，依靠上師的加持，他聽到其中一句就開悟了。此時，他深有感慨地說：「何期自性？本自清淨。何期自性？本不生滅。何期自性？本自具足。何期自性？本無動搖。何期自性？能生萬法。」這就是弟子完全得到上師功德的實例。

還有唐朝的法常禪師，初見馬祖時問：「如何是佛？」馬祖回答：「即心即佛。」他聽後豁然大悟。即使多年後經過一些考驗，他仍跟上師的密意和意趣無二無別。

所以，我們每次修完「上師瑜伽」，都要將自己的分別念安住在與上師智慧無別的境界中。倘若你實在觀想不來，也可以只想：「我現在所想、所觀的，就是上師的密意。」簡單來歸納，即我們以分別念一想上師，這就是上師的密意。

在這方面，其實還有很多道理需要發揮、值得解釋，但因為時間關係，只好簡而言之了。有些道理講多了也不一定有必要，你們有興趣的話，可以多看看《大圓滿前行》的原文。這次的講記比較廣，全部整理出來

大圓滿前行廣釋

有十幾本書，讓你一個一個看的話，有沒有時間也不敢說。但是《前行》這一本書，每年看一遍、兩年看一遍，或者十年看一遍，我想應該不會很困難吧！

第八十節課

現在繼續講《前行》中的「依止上師」。

總結前文內容，作者得出一個結論：在依止上師的過程中，首先應當善巧觀察上師，中間善巧依止上師，最後善巧修學上師的意行，這樣的弟子無論如何必定會趨入正道。如《功德藏》中說：「首先善巧觀察師，中間善巧依止師，最後善巧學意行，此人必將趨正道。」

我們依止上師，不能有疲厭心，一定要認識到它的重要性，然後如理如法去行持，這才是學佛的因緣，也是成就的因緣。《華嚴經》云：「親近供養諸善知識，是具一切智，最初因緣。是故於此，勿生疲厭。」意思是說，親近供養善知識，是具足一切智慧的最初因緣，因此，我們千萬不要有厭煩心，也不能產生邪見。即使有時候對上師的行為、密意無法接受，自己也應當默默懺悔，正面認識到上師利益眾生的超勝事業，這樣自相續就能得以平靜，許多功德也會自然生起。

作為弟子，依止具一切功德的殊勝上師後，求法過程中再怎樣苦行，也要不顧惜生命，就像常啼菩薩依止法勝菩薩、那若巴依止聖者帝洛巴、米拉日巴依止馬爾巴尊者那樣。

在這個問題上，各位一定要深深地思維。倘若自己有能力，就應該不顧生命去尋找上師、依止上師，最終

獲得上師的意趣。如是具有信心的弟子，在上師面前即使沒有待很久，短短的時間中，也能得到上師的一切意趣。

不過，假如你沒有機會親自依止上師，那通過光盤、法本來接受上師的教言，也會從中獲得真正的法益。就像法王如意寶，從來也沒見過麥彭仁波切，但因為從小就對他有信心、歡喜心，依靠麥彭仁波切的法本和自己虔誠祈禱，最終無欺得到了一切加持。後來，法王在每本著作前面，都會先頂禮麥彭仁波切。還有智悲光尊者，也沒有親見過無垢光尊者，但他看到尊者的法寶之後，對他生起了如佛陀般的信心，通過精勤祈禱、修持，感得無垢光尊者現身加持，最終自己也獲得了開悟。所以，從古大德的傳記中看，有些人儘管沒有親自在上師座下聽法，但是依靠信心，也能得到不共的成就。

第八十節課

包括現在學《入行論》、《前行》的很多人，儘管我們彼此沒有見過面，但他們從法本上、光盤上還是得到了一些利益。當然，我不敢說讓你開悟、賜予加持，我也沒有這個能力，可是我所傳下來的法，都是大德們的金剛語，依靠它而受益，這也合情合理。因此，你們跟上師見見面、說說話，這個我覺得不重要，最重要的是什麼？就是要從上師所傳的法中得到利益。

弟子要不惜生命依止上師、苦行求法，下面《前

行》講了三個典型的公案。這些文字通俗易懂，我只是從字面上給大家講一下，不必引用什麼教證、理證。

一、常啼菩薩依止法勝菩薩

《大般若經》、《小品般若經》中都有這個公案，但文字比較古，看起來不是特別好懂。所以，講這個公案時，我會以淺顯易懂的語言進行描述。

常啼菩薩，《般若經》中叫薩陀波倫，這是梵語，翻譯過來就是常啼，又作常悲。法勝菩薩，《般若經》中叫曇無竭，又名法湧、法盛、法上、法來等，有不同的譯法。那麼，常啼菩薩是如何依止法勝菩薩的呢？

常啼菩薩從小就喜歡遠離喧囂的寂靜處。有一次，他在寂靜處修行，突然從空中傳來這樣的聲音：「善男子，你前往東方，將會聽聞到智慧波羅蜜多。不要在意身體勞累、昏沉睡眠、寒冷炎熱、白晝黑夜，也不要左顧右盼，而當勇往直前，不久你就會獲得智慧波羅蜜多的經典，見到具有智慧波羅蜜多法門的說法比丘[104]。爾時，善男子，你當在這位聖者面前聽聞智慧波羅蜜多，對他生起本師想，並且恭敬正法，隨後依止而行。即使見他享受五種欲妙，也不要生邪見，要了知那是菩薩調伏眾生的善巧方便，千萬不能失去信心……」聽到這番話後，常啼菩薩立即起程前往東方。

---

[104]法勝菩薩雖現為在家瑜伽士的形象，但因已證悟空性，故可稱為真正的「比丘」。

沒走多遠，他猛然意識到：「我怎麼沒有問問那聲音到底需要走多遠呢？現在，我根本不知道宣講智慧波羅蜜多法的地方，到底該往哪裡走啊！」想著想著，他不禁傷心地失聲痛哭起來[105]。

常啼菩薩一邊啼哭，一邊暗下決心：「在沒有聞受智慧波羅蜜多法門之前，我絕不在意辛勞疲憊、飢渴交迫、昏沉睡眠、白天黑夜等，要像死去獨子的母親般，排除一切其他雜念[106]。哎，真不知何時才能聽聞智慧波羅蜜多法？」想到這裡，他心裡異常憂傷，一直哭了七天七夜。

這時，一位如來出現在他面前，連聲讚歎求法的功德，並說：「善哉善哉！善男子，過去無數如來為菩薩時，以精勤苦行求得智慧波羅蜜多，就是如你現在這樣。」

接著又告訴他：「距離此地五百由旬，有一座名叫『香積[107]』的城市，周圍有五百七寶林苑環繞，七重樓閣、七重寶樹等，環境妙不可言，一切功德吉祥圓滿。

位於此城中央的最高處，就是法勝菩薩的七寶宮殿，周圍達一由旬，林苑等受用齊全。菩薩住此宮中，常與六萬八千侍女遊諸苑池，五種欲妙應有盡有，盡情享受諸般嬉樂。

法勝菩薩三時為身居於此的眾眷屬，宣講智慧波羅蜜多，此時會有無量天龍非人恭敬供養。大眾聽完法後，有的思維，有的誦持，有的書寫，有的轉讀，有的如說修行，有的豁然頓悟……你前往他的座下，就會聞受智慧波羅蜜多。」

常啼菩薩聽了這話，當下處在無所作意的境界中。以不可思議的緣起力，他清晰地聽到法勝菩薩在那裡宣講智慧波羅蜜多的法語，現前了許多禪定法門，目睹了十方無量諸佛都在宣說智慧波羅蜜多，說法之後又同聲讚歎法勝菩薩，隨即就從視野中消失不見了。

此時，常啼菩薩對法勝菩薩生起了無比的歡喜心、信心、恭敬心。他想：「我應以怎樣的方式去拜見法勝菩薩呢？我非常貧窮，供養法勝菩薩的衣裳、珍寶、妙香、珍珠等資具一無所有，總不能空手前去吧。所以，我應當賣掉自己的身體，以此得來的資財供養法勝菩薩。」

他接著又想：「從無始以來流轉生死的過程中，我曾賣掉過無數次身體，並以貪欲之因，無數次身墮地獄，遭受砍割。那樣白白地虛度人身，既不是為了求得

大圓滿前行廣釋

這樣的正法，也不是為了供養法勝菩薩這樣的聖賢。所以這次非常值得，我一定要賣掉這個身體！」

他路經一座富饒美麗、人們安居樂業的大城市時，在集市中心，高聲叫賣：「誰想買人？有誰想買人嗎？」魔王波旬見他為正法這般苦行，心想：「假如他真得到了般若法門，必定會以此饒益有情，令他們證得無上正等菩提，這樣我的魔眾就會越來越少，不能讓他這麼做。」於是魔王從中作梗，隱蔽了他的聲音，以至於大家都聽不見他的叫賣聲。唯有一位商主之女，因宿世善根深厚，魔不能蔽，聽到了這個聲音。

常啼菩薩沒有找到買自己身體的人，便在一旁悲傷哭泣，淚水奪眶而出，心想：「我是造了什麼罪啊，連想賣掉身體換點資財的能力都沒有！」

此時此刻，帝釋天王想觀察他的意樂，化為一位少年婆羅門，來到他面前問他為什麼哭。常啼菩薩講了原因後，少年婆羅門說：「雖然我不需要人，可是我要作一次供施，急需人肉、人油以及人的骨髓[108]。如果你肯賣，我可以給適當的價錢。」

常啼菩薩喜出望外，毫不猶豫地用利刃刺穿右手，鮮血頓時噴出，他又割下右腿上的精肉，然後到牆角下準備砍斷骨骼，取出骨髓。

---

[108]《大般若經》中與此略有不同：婆羅門要的是人血、人髓、人心。常啼菩薩聽後，歡喜踴躍。先持刀刺左臂給他鮮血，再割開右腿破骨出髓，最後到牆邊準備挖心給他。這時候，商主之女出現了……

正在這時，那位商主的女兒⑩從樓上見到此景，吃驚非小。她下樓走到他近前，不解地問：「善男子，您為何這般折磨自己呢？」

（常啼菩薩這個公案若拍成電影，應該很好看。一般在電影裡，經常是一個男人正在做什麼，突然就出現一個女人。1998年學院耍壩子時，我們演過《釋尊廣傳》中義成王子的故事，還有釋迦牟尼佛十二相成道的公案。當時我們請了個導演，大概排練了一個月。導演準備按漢地的風俗，在裡面穿插一些感情的情節。我趕緊制止道：「觀眾基本上都是出家人，在出家人面前演這些，不一定很好。」但導演說：「不行啊！一定要出現這樣的情節，不然的話，沒有味道。」即便如此，我還是堅持不加，沒同意改佛經的故事。不過，她講得也有道理，你看現在很多特別清淨的佛教電影，就是因為各種需要，便加一些莫名其妙的鏡頭。

現在有些城市裡的佛教徒，經常自編自演一些佛教故事。前不久我就看了一個，光盤上寫著很吸引人的文字，當時我覺得可能特別精彩，結果打開一看，只有兩三個人在台上一直唱唱唱，然後就結束了。這樣簡單的故事，我當導演都可以，應該不是很困難。以前開金剛娛樂法會時，我就負責編排過《地藏王菩薩傳》、《西遊記》、《釋尊廣傳》等。如今個別道友還常去當年表演的地方，特別得意地告訴別人：「我曾在這裡演過什麼什麼……」

其實，以後有機會的話，這些能令人對大菩薩生起歡喜心、對

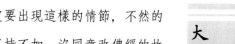

大圓滿前行廣釋

---

⑩蓮師空行母益西措嘉的密傳中說，商主之女是她的前世，她還在釋迦牟尼佛時代當過恆河女神。這樣的聖者，前世對般若法門就有非常深厚的善根，所遇到的善知識完全不相同，聽到的法要也與自己特別相應。

釋迦牟尼佛生起恭敬心的故事，拍成電影真的非常好。現在歐美國家有不少這方面的著名電影，裡面既有世間的情節，也融入了出世間的道理。通過這種方便方法，讓人了解到佛法和佛陀的偉大，對眾生也容易生悲心，確實是度化眾生的一種方便。）

常啼菩薩向她講述了為供養法勝菩薩而賣身的經過。

商主之女繼續問：「對他作如此承事，會得到什麼功德呢？」

常啼菩薩告訴她：「法勝菩薩能宣講一切菩薩的善巧方便及智慧波羅蜜多，如果依此修學，會有兩種功德：一能獲得具足圓滿功德的佛果，二能將此妙法如意寶分享給一切眾生。」

（對有智慧的人來講，這兩點非常重要。我們求法的目的是什麼？有些人根本不懂，其實從長遠來看，就是這兩點。當然，暫時想身體健康、生活快樂也可以，但這並不是究竟目的。）

商主之女由於前世的善根，聽聞空性之義後，汗毛豎立，歡喜如狂。她深為感動地對常啼菩薩說：「就是為了那些功德中的其中一分，捨棄恆河沙數身體也值得，更何況是這一個身體了？（我們學的時候也要這樣想：就算是為獲得空性法門的一分功德，恆河沙數的身體也可以捨棄，更何況其他身外之物了？）但是，請您不要令自己遭受如此痛苦，供養法勝菩薩所需的一切資具，我來給您。並且，我也想與您結伴前去法勝菩薩處，也希望得到那些功

德，增長善根。」

（她是常啼菩薩路上遇到的順緣。就像我們有些道友，計劃來學院的時候，路上碰到一個人，那人說：「沒事，你到那邊好好出家、好好修行，我可以供養你。但你一定要帶我去，不能捨棄我，我也要跟著你。」）

此時，帝釋天王也現出了自己的身相，對常啼菩薩說：「我是帝釋天，為了觀察你的意樂而來。你需求什麼，我可以拱手奉送。」

常啼菩薩說：「我不需要其他什麼，請賜給我佛陀的無上功德。」

帝釋天說：「這不是我的境界，實在無能為力。」

常啼菩薩又說：「那請賜給我智慧波羅蜜多。」

帝釋天回答：「這個願望我也沒辦法實現。要不，我幫你把身體恢復如初吧？」

常啼菩薩說：「我的身體要完好無損，不需要您費力。依靠真實諦的加持，我自己就可以做到。」他隨即說：「但願以諸佛不退轉授記之諦實，與我自己堅定不移之殊勝意樂的真實諦以及此等真實語，使我的身體恢復如初。」話音剛落，他的身體便與從前一模一樣了⑩。這時，帝釋天也不見了。

大圓滿前行廣釋

⑩《大般若經》中與此略有不同：常啼菩薩說自己以諦實語即可令身體恢復。但帝釋天祈求道：「雖然佛的神力不可思議，菩薩以誠心無事不辦，但因為是我損害了菩薩的身體，故請慈悲開許，讓我來恢復你的身體。」常啼菩薩答應後，帝釋天即現天威，令他的身體平復如故，相貌比往昔更為端嚴。

於是，常啼菩薩與商主之女一同來到她的家中。商主之女請他在門外稍等，自己先進去跟父母稟告，並請求道：「我需要金銀財寶、大象、花鬘等各種供品，而且要跟常啼菩薩一起前往東方，到法勝菩薩那裡求智慧波羅蜜多。」父母聽後很驚訝，忙問常啼菩薩到底是什麼人。商主之女就把事情前前後後詳細講了一番。她父母也是有善根之人，聽後非常讚歎，說：「你想拿什麼就拿吧。但是有一個條件：我們兩個也要跟你們去。」就這樣，商主一家三口及五百侍女、諸多隨從一起坐上馬車，隨常啼菩薩浩浩蕩蕩地奔赴東方。

（他們家還是很好，不像漢地的個別道友，求父母答應比登天還難。尤其是女眾，在求法的過程中，也像常啼菩薩一樣哭得特別多：首先家人不同意，哭了很長時間；中間找不到上師，哭了很長時間；找到以後買不到房子，哭了很長時間；買到房子以後，冬天特別寒冷，又哭了很長時間……相比之下，在城市裡學佛的道友，沒有來學院求法的道友哭得那麼多。當然，你們也會因家人反對學佛而哭，單位工作忙碌而哭，生活壓力沉重而哭，也有各種各樣的痛苦。

不過學佛的痛苦，跟世間的痛苦比，還是有差別。有時候我去外面傳法特別累，身心特別疲憊，但一想到這能將佛法傳遞給別人，或者自己可以求到法，痛苦當下就消失了。所以，心的力量非常非常大。就像我昨天去一個很遠的寺院開示，早上六點鐘出發，

第八十節課

中間講法並見了很多人，晚上兩三點才趕回來，一路上特別困、特別累。但當時我想：「這不是為了自己的生計，也不是為了名聲和地位，而是想把這麼好的佛法一點一滴傳給眾生。」一生起這樣的念頭，就覺得渾身有勁，勞累一掃而光。所以，你們在求法或弘法的過程中，倘若遇到一些痛苦，用佛法來安慰自己很重要。）

當他們一行人來到香積城時，遠遠望去，見到法勝菩薩正在為成百上千的眷屬講法。見此情景，常啼菩薩獲得了比丘入定般的安樂。眾人立即從馬車上下來，披上最莊嚴的衣服，步行直往法勝菩薩那裡去。

（原來我見到有個居士，她準備見上師時，首先要打扮半天，十個指頭戴滿金戒指、銀戒指，然後一個個手鐲、一層層衣服要佩戴齊全。她是少數民族的，說：「按照我們的民族習慣，必須穿戴最漂亮的衣飾，以最好看的樣子拜見上師。」然後她就像演皇后一樣，戴著五冠帽去見上師。呵呵，現在看來，這也是有佛經依據的。）

在途中，他們見到一所七寶組成的宮殿，由紅色栴檀嚴飾，各種珍珠瓔珞覆蓋，四方安置四盞如意寶燈（另說是如意寶珠），四個白銀香爐中燃著的全是黑沉薰香⑪。中央的四寶篋內，放置著一個經函，裡面有用琉璃汁撰寫在金箔上的智慧波羅蜜多，眾多天人紛紛前來供養。常啼菩薩不知道裡面是什麼，就詢問帝釋天。帝釋天說：「這是智慧波羅蜜多，一切諸佛之母，能生一切如

⑪黑沉薰香：沉香。梵語譯為「無重」或「去心」，分白、黑及赤色三種。

305

來應供正等覺及諸菩薩眾。」常啼菩薩聽後欣喜萬分，很想打開來看。但帝釋天說經函被法勝菩薩用七寶印封著，不能輕易示人。於是常啼菩薩和商主之女、五百侍女等，就將手中所持的供品分成兩份，一份供養般若法寶，一份帶去供養法勝菩薩。

（此處說，般若經典被安放在這個城市最豪華、最莊嚴的宮殿裡。所以，我們有條件的話，也應把般若經典放在最好的佛堂裡、最好的寶篋中，不能隨手扔在一邊。現在很多剛學佛的人，覺得佛經跟報紙、書籍差不多，經常把它到處亂扔，這是不合理的。只有對法本恭敬、尊重，自相續才會得到功德和利益。）

他們來到法勝菩薩的座前，將供品恭敬獻上。奇妙的是，這些供品全部升到空中，變成一個莊嚴無比的寶帳，一直住於法勝菩薩頭頂。常啼菩薩等人見此，生起無比的歡喜心，皆在法勝菩薩面前發了殊勝菩提心，說自己也要求得智慧波羅蜜多，獲得無上圓滿的佛果，並像法勝菩薩一樣，以神通變化利益十方無邊眾生。

之後，常啼菩薩對法勝菩薩講了自己的整個經歷，說路上曾遇到一位如來指路，還見到了很多佛陀。然後他問：「前面見到的諸佛，是從何而來？去往何處？」

法勝菩薩就宣講了《諸佛無來無去品》，告訴他如來不可以色身見，真正的如來是法身，而法身無來無去……常啼菩薩聽後，心住於無所住的境界中，為酬謝法恩又進行了供養。

第八十節課

到了黃昏，一天的傳法圓滿後，法勝菩薩從法座上站起，回到自己的宮殿，七年中安住於一等持的禪定。在此期間，常啼菩薩等人始終未曾合過眼，也沒有安坐一刻，僅僅以站立、行走兩種威儀度日，一心期盼著法勝菩薩出定演說妙法。

（這個是最關鍵的！為了求法，我們一定要苦行。有些人不要說七年，就算站了七個月、七天、七個小時，乃至七分鐘，恐怕也不一定忍得了。）

七年即將過去之時，諸天人告訴常啼菩薩：「離法勝菩薩出定宣講正法，還有七天時間。」於是常啼菩薩與眾眷屬一起去對法勝菩薩將要傳法處一由旬以內的地方進行清掃。為了不起灰塵，首先需要灑水。這時，魔王波旬使所有水都不見了。

（可見，在求法過程中，法越深，魔王波旬越不高興，不順心的事情就越多。有些人閉關修行時病倒；去上師那裡求正法時，路上遇到違緣，只好無功而返；就算已得到了法，也常身體不好、心情不好、被人干擾，各種各樣的違緣此起彼伏，這都是魔王波旬在搗亂。此時你一定要堅強，要不屈不撓，讓魔王感到羞恥。所以，每修一個甚深的法，肯定會出現諸多不順，這是必然現象，也是自然規律。你們今年聽了《般若攝頌》後，應該明白這個道理。）

常啼菩薩見找不到水，心想：「我無始以來流轉生死，數數為五欲喪失身命，未曾為正法捨過身體。所以，我今天應刺身出血。」於是他刺破身體的血管，用

大圓滿前行廣釋

鮮血灑地壓塵。商主之女等人見此，也刺破各自身體的血脈，灑血壓塵。這時帝釋天將所有的鮮血，用天界的紅栴檀加持，使那塊地變成了紅色。

然後，常啼菩薩及其眷屬鋪設獅子座。商主之女與五百侍女各脫一件乾淨的妙衣，為法勝菩薩層層敷在座上。

（他們聽了一段《諸佛無來無去品》，聽得不圓滿，就一直等了七年。而現在有些人求法時，常跟上師說：「您現在給不給我傳法？不傳的話，我馬上要走了，票都已經買了！」他們不像常啼菩薩，等了七年，一直站著，也不會說「來不及」。）

一切陳設圓滿就緒之後，法勝菩薩入座，宣講了智慧波羅蜜多。聽到這些法語，常啼菩薩當下獲得六百萬禪定法門[112]，同時，親睹了十方三千大千世界的佛陀尊容。從此以後，他行住坐臥一切威儀都是般若的幻化，甚至做夢時也常常面見如來。據說，現今常啼菩薩在妙音無盡如來座下[113]。

從這個故事中，我們應當體會怎麼樣依止上師。《華嚴經》云：「為求一切佛法故，等心敬奉諸善知識。」若能如此，便可獲得一切智慧境界，誠如《父子合集經》所言：「若能親近諸善知識，是人即得慧眼清淨。」

---

[112]《大般若經》說得到六十百千三摩地門。
[113]《大般若經》譯為大雲雷音如來；《小品般若經》譯為雷音威王如來。

常啼菩薩的求法經歷，並不是杜撰出來的，而是真正發生過。當年無著菩薩修了六年後，因見不到彌勒菩薩，對自己很失望，打算放棄修行。他下山後在一家讀了《般若經》，覺得自己苦行不夠，差常啼菩薩實在太遠，於是又回雞足山繼續閉關。

所以，你們有時間的話，最好也讀讀鳩摩羅什翻譯的《小品般若經》，以及玄奘翻譯的《大般若經》。這個故事讀了以後，很多人都會對般若法門、對依止善知識生起歡喜心。當然，前世未與般若法門結過善緣、沒有正見的人，可能對此半信半疑，甚至產生嚴重邪見。畢竟每個眾生的根基都不相同，剛才講法勝菩薩傳法時也說了，有些人聽後已經開悟了，而有些只是在讀誦。所以，聞法受益的程度因人而異，同一個故事對不同人帶來的利益，也截然不同。但不管怎麼樣，希望大家還是能或多或少得到點啟發，對依止上師、精進求法有一種信心！

大圓滿前行廣釋

第八十一節課

對我們每個人來說，在一生的求學中，依止善知識非常重要。倘若沒有善知識的引導，完全依靠自己的智慧、能力，想通達萬法的實相相當困難，也可以說絕無僅有。所以，恭敬和承事善知識，是獲得開悟的最關鍵因緣。我們為什麼常說：在學佛的過程中，依止善知識最為重要？原因也在這裡。

今天接著講下一個公案：

二、那若巴依止聖者帝洛巴

通過這個故事可以了知，在有緣依止善知識時，無論遇到什麼事情，一方面要依教奉行，同時也不能生厭煩心。

那若巴尊者出生於1016年，1100年示現圓寂，是真正出現過在這個世界上的人。所以，我們看每一個公案時，應該知道是真人真事，通過隨學他的行為，自己也可以同樣生起證悟，而千萬不能把它當成神話故事或民間傳說。

那若巴尊者是印度的一位王子，從小就有厭世之心，父母害怕他出家，想出各種辦法阻撓，但他仍於25歲捨棄紅塵，剃度為僧，後成為那爛陀寺的大智者。

有一天，那若巴專注讀誦經論時，旁邊突然出現一個老婦人，問他是否精通詞句和意義。當他說了解詞句

大圓滿前行廣釋

時，老婦人高興得大笑，並手舞足蹈。為了更進一步取悅她，那若巴補充道，他也了解其中的意義。老婦人轉而落淚，開始大聲哭了起來。那若巴問她為什麼哭，她回答說：「你說你了解詞句，是誠實的；但說你了解意義，就是在說謊了。」那若巴問：「那誰才懂得其中的意義？」她說：「你去找我哥哥帝洛巴，乞求他教你其中的意義。」說完以後，就消失不見了。

以此因緣，那若巴開始尋找帝洛巴尊者。尋找的路途中，發生了很多精彩的故事，對此，那若巴的傳記中都有描述。

比如有一次，他路過一條窄徑，一邊是急流，一邊是陡峭的懸崖，中間躺著一位麻瘋女，沒有手也沒有腳。麻瘋女說：「要麼你繞路走，要麼就從我身上跨過去。」那若巴見別無選擇，只好從她身上跨過。剎那間，麻瘋女騰到空中，光環圍繞著她，說：「如果你仍受習性的左右，執著於外貌，你如何能找到你的上師？」景象迅速消失，那若巴昏了過去。

當他醒過來時，懊惱地想：「我沒能認出那就是上師。從現在起，我對每一個人都要恭敬。」於是站起身來，心中祈禱著，踏上了旅程。

走著走著，他又碰見一條發出惡臭的母狗，身上爬著寄生蟲，橫在路中間。他閉著氣，跳過母狗。結果母狗升入空中，現出虹光環，說：「所有眾生本來都是自

己的父母，若沒有大乘悲心，又怎能找到上師？當你輕賤其他眾生時，上師如何會接納你呢？」說完，母狗就消失了，那若巴再度昏了過去。

……

中間有很多很多這樣的經歷，全部都是上師的化現，但他一次次都錯過了。

最後，他終於找到了帝洛巴尊者。此時尊者以乞丐的形象在烤活魚，周圍有些隱士見了很不歡喜，他就將這些魚吐出來，一彈指，魚又全部復活，游到湖裡去了。

那若巴上前拜見，並請求攝受。帝洛巴尊者剛開始沒有答應，經過他的苦苦哀求，才開始攝受他。此後上師無論走到哪裡，都把他帶在身邊，可是一直沒有給他傳法[114]。

後來，他經歷了十二大苦行、十二小苦行。大苦行是一年一次，上師每過一年，就把他「折磨」一番，然後又靜默地坐一年。那若巴見得不到法，特別著急，但也不敢打擾上師。他這樣一年又一年地等著，所以，依止上師的時間比較長。

以前我剛來學院時，在新華書店買過一本《那若巴尊者傳》，裡面也講了十二大苦行。後來還有一個版本，誰寫的記得不是很清楚，是不丹那邊的版本先翻成英文，再從英文翻成漢語。在這個傳記中，詳細闡述了那若巴依止上師經歷的一切苦行，過程描述得比較細

[114]也有些傳記中說，給他傳了少量的法。

緻，下面挑幾個稍微介紹一下：

一次，帝洛巴尊者帶著那若巴來到一座九層樓的樓頂上，說：「要是有依照上師言教行持的弟子，他一定會從這裡跳下去！」

那若巴想：「這裡沒有其他人，這話肯定是對我說的。」於是他沒有任何顧慮，從樓頂縱身跳下，幾乎粉身碎骨，感受了無量的疼痛和痛苦。

這時候，上師走到近前問：「痛嗎？」

他回答：「何止是痛，簡直就成了屍體一樣。」

經過帝洛巴尊者的加持，他的身體恢復如初。

一次，上師又將他帶到了一處，吩咐說：「那若巴，生火。」那若巴趕緊依教奉行。

等到火生好了，上師將許多長長的竹竿塗滿油，放在火上烤，然後做成非常堅硬、銳利無比的竹刺，說：「依照上師言教奉行的弟子，也需要經歷這樣的苦行。」說罷，便將竹刺插入他的手指和腳趾間。那若巴的所有關節都已僵直，感受了無法忍受的痛苦。

事後，上師就到別的地方去了。幾天過後，才回來取出那些竹刺。此時，那若巴的傷口流出許多鮮血和膿水。上師作了加持以後，又把他帶走了。

一次，上師說：「那若巴，我肚子餓了，你去討些

吃的吧。」那若巴就來到許多農夫正在吃飯的地方，討回滿滿一托巴⑪熱氣騰騰的稀粥，供養上師。帝洛巴尊者面帶笑容，有滋有味地吃著，顯得格外歡喜。

那若巴心想：「我以前跟隨上師做過那麼多事，可從來沒見到上師像這次這麼高興。如果現在再去討，會不會還能得到少許？」於是他又帶著托巴去了。結果發現那些農夫下地幹活了，剩下的稀粥放在原地。他想：「為了上師，我偷一點也沒事吧。」於是他拿著托巴，舀了一碗就往回跑。

沒想到被農夫們看到了，他們追上來逮住他，不由分說一頓痛打，差點兒要了他的命。那若巴疼得叫苦連天，實在爬不起來，就只好在原地躺了幾天。上師前來為他作了加持，之後又帶著他雲遊。

這段經歷，有些傳記中也略有不同：上師讓他再拿一點回來時，跟他說：「要是那些人不願給你，就把水倒在食物上；要是大夥追你，就在沙上畫一個水的符號；要是他們還不回去，就揮舞你的劍。」

這國家有個習俗：任何人第二次到別人家乞食，都不會如願。因此，農夫見他又來了，就說「你剛才已經拿過了」，不願意再給他食物。那若巴就把水倒在食物上。接著有人大喊：「這個人把飯弄砸了。」幾個男人聽到就追了過來。

---

⑪托巴：人頭蓋骨所做的碗。

一群人快追上時，他就在沙子上畫了一個水的符號，這裡竟變成一個湖，那些人都過不來。一個老女人此時出現，告訴他們可把湖水弄乾再追。大夥便開始挖地，很快湖水便被弄乾，並追上了他。

　　那若巴就舞動手中的劍，劍頓時變成一個鐵屋，那若巴躲在裡面。老女人又告訴憤怒的人拿煤炭和風箱來燒。過了一會兒，那若巴實在受不了，只好奪門而出，結果不幸被逮住，農夫們用棍棒和石頭把他打個半死。上師後來對他作了加持，他的身體即恢復如初。

　　從這個公案可以看出，我們應當以生命為代價來依止上師。《大寶積經》也說：「汝莫惜身命，持心如金剛，正問諸師道，莫捨正信意。」即我們不要珍愛自己的身命，要護持依止上師的心猶如金剛，一心一意地尋求師道，千萬不能捨棄正信。否則，捨棄了正信的話，依止上師根本不可能成功。

　　一次，帝洛巴尊者說：「我現在需要許多財物，你去偷吧！」那若巴二話不說，便到一位富翁家行竊。結果被人發覺後抓住，又被打得死去活來。

　　幾天後，上師來到他面前問：「痛嗎？」

　　他如前回答：「何止是痛，簡直成了屍體一樣。」

　　上師作了加持後，又將他帶走。

　　一次，帝洛巴尊者坐在檀香木的熊熊烈火旁。那若

巴上前請法，上師說：「要是我有弟子的話，他一定會跳入火中！」那若巴毫不猶豫地跳了進去，結果全身嚴重灼傷，痛苦難忍。

上師淡淡地問：「那若巴，你是怎麼了？」

那若巴說：「這個由前世業力形成的身體被火吞噬了，非常痛苦。」

上師以手碰觸那若巴，又對他作了加持。

大圓滿前行廣釋

一次，帝洛巴尊者來到一又黑又深、充滿水蛭的潭邊坐了下來，說：「要是我有弟子的話，他就會在這潭上搭一座橋。」那若巴立刻開始建橋。

當他下半身全浸到水裡時，不慎滑倒，成群的水蛭蜂擁而至，咬噬他的身體。大量失血令他虛脫，水灌入傷口，令他產生徹骨的寒意。

上師問：「那若巴，你是怎麼了？」

那若巴答：「水蛭的啃噬令我虛脫而寒冷，我無法控制自己，真是痛苦萬分！」上師又給他作了加持。

一次，帝洛巴尊者和他走在一片草原上，有個男人背著個包袱，上師說：「去追他！」

那若巴就跑過去。但那人就像幻人一樣越跑越遠，怎樣追都追不到。那若巴精疲力盡地倒在地上，一動也不能動。

上師又給他作了加持。

一次，他們遇到一位大臣，正在迎娶坐在大象上的新娘回家。帝洛巴尊者說：「要是我有弟子的話，就會把新娘拉下來拖走。」

那若巴聽了，就不顧一切地照辦。結果大臣和手下把他打得遍體鱗傷，那若巴痛得一動也不能動。

上師又給他作了加持。

一次，他們遇到一位國王帶著王后及隨從。帝洛巴尊者說：「要是我有弟子的話，就會撞倒王后，將她拖走。」

那若巴依言而行。結果國王和隨從痛打那若巴，那若巴只剩下一口氣了。

上師又給他作了加持。

一次，他們遇到一位王子，剛沐浴完，眾寶嚴飾，坐於馬車中，周圍禁衛兵力森嚴。帝洛巴尊者說：「若是我有弟子的話，就會將這位王子拖出來，推著他繞圈子！」

那若巴依言照辦。結果士兵們用箭、矛、劍和石頭，將那若巴打得命如懸絲。

然後，上師又給他作了加持。

一次，帝洛巴尊者讓那若巴去找個女人。那若巴本已出家，特別不願意，但因師命難違，只好去找了一個。過了不久，上師要求他將女人供養自己，他完全照辦了。但那個女人不理帝洛巴，只是向那若巴微笑。帝洛巴就打她，並說：「你根本不在乎我，你只喜歡那若巴。」但那若巴對上師的行為不起絲毫邪見。

這也算是內心的一種苦行吧。

一次，帝洛巴尊者讓那若巴用身體做曼茶，切開血管，用血作為供養的水；把頭割下來放在曼茶中間，將四肢放在頭周圍，作為供養的花。那若巴依教奉行，因失血過多而昏死過去。

上師作了加持之後，他的身體又得以恢復。

這樣的大苦行，他飽嘗了十二次。另外還有十二次小苦行，前前後後加起來共經歷了二十四種苦行。

（從傳記中看，那若巴依止上師的行為，真的非常感人。現在好多人依止上師，除了天天看過失以外，別無其他。當然，如今像帝洛巴那樣的上師很少，所以像那若巴那樣的弟子也很少，以此因緣，現在開悟的人就越來越少了。）

那若巴所有的苦行圓滿後，有一天，帝洛巴尊者說：「你去打水，我在這裡生火。」那若巴趕緊去提水。上師生完火後，來到他面前，左手抓住他的喉竅說：「那若巴，把頭伸過來。」然後，右手脫掉鞋子，

大圓滿前行廣釋

猛擊他的頭。那若巴一下子昏了過去，完全失去知覺。等到甦醒過來時，他相續中生起了上師的所有功德，師徒二人的意趣成了無二無別。

以前黃檗禪師攝受臨濟禪師時，也是如此。臨濟禪師問：「如何是佛法大意？」問三次就被打了三次。黃檗禪師一共打了61棒，造就了曠古絕後的一代宗師，而使叢林中有了「臨濟將軍，曹洞農夫」之說。可見，禪宗中也有一些不共的接引方法。

還有，了義禪師依止高峰禪師時，高峰禪師讓他參「萬法歸一」的話頭。有一次，他見松樹上落下雪花，若有所悟地寫了一首偈子，呈現給師父印證。師父不由分說，提起木棒就是一頓痛打，將他打下了數丈深的懸崖。結果他遍體鱗傷，七天七夜要死不活，此時他突然大悟，脫口說道：「大地山河一片雪，太陽一照便無蹤，自此不疑諸佛祖，更無南北與西東。」

我覺得這個偈頌很好。猶如山河大地覆蓋著一片雪，太陽出來一照，雪便全部融化、消失無蹤。同樣，他被上師用棍棒加持了以後，世俗的不清淨顯現統統斷除，徹底證悟了清淨的境界，此時對諸佛菩薩的金剛語沒有任何懷疑，東南西北等一切戲論也銷聲匿跡。我在《旅途腳印》中就引用過這個公案，很期待上師也能給我當頭一棒，令我當下開悟。所以，無論藏地、漢地還是印度的佛教，都是要依靠上師的不共加持，以及自己

第八十一節課

的虔誠信心，才能認識心的本來面目。

　　剛才所說的那若巴經歷二十四次苦行，實際上都是上師的吩咐，結果全部成了清淨業障的方便。表面上看來，那些似乎只是無義的徒勞，沒有一個是正法。而且在十幾年的依止過程中，上師從來沒有宣說一句正法，弟子也未曾實修過一次諸如頂禮之類的善法。但是因為遇到了成就者的上師，弟子全然不顧艱難困苦，百分之百依教奉行，從而使障礙得以清淨，最終在相續中生起了證悟。

　　其實，歷史上也有很多這種現象。上師通過不共的表示或加持，強行消除弟子的業障，而弟子前世的善根和今生的信心具足後，當下便可以明心見性。不過，作為一個上師，假如沒有帝洛巴那樣的境界，對弟子就應以負責任的態度來攝受，不能天天用棍棒打他，或者讓他做些很過分的行為。否則，你讓弟子從九樓跳下去，一旦他殘廢了、甚至死了，那他家人肯定會跟你打官司的。

　　所以，一般來講，上師最好是通過開示、傳法等，以比較柔和的方法來攝受弟子。不然，故意用棍棒打弟子的頭，萬一碰到致命的太陽穴，讓弟子徹底「昏厥」，再也醒不過來了，那就太不負責任了。作為具有法相的善知識，是絕不會把弟子打死的。然而現在末法時代，什麼事都有可能發生。有些上師連一分成就都沒有，卻隨意模仿超世間的許多行為，認為只要是上師，誰都可以這樣做，這是很不合理的。所以，在依止上師

大圓滿前行廣釋

的時候，大家一定要值得注意！

倘若你依止的上師具有法相，那在所有的修法中，再也沒有超過遵照上師言教行持的修法了。依教奉行的功德極為廣大，《十住毗婆沙論》亦云：「從他求智慧，應不惜身命。」其實不要說殊勝的大乘佛法，就算是世間的學問、婆羅門的學問，要想真正獲得，也需要經歷一番苦行。所以我們修學佛法時，理應不顧一切磨難，有了這樣的毅力和決心，依靠上師的加持，自己得到的境界也會完全不同。

我們若能如理如法地親近善知識，面見諸佛菩薩、得到一切功德就不會很難。如《華嚴經》云：「親近善知識，速見彼諸佛。」反之，假如你的行為不如法，信心也很低劣，經常產生一些邪知邪見、惡分別念，那自相續已被染污了，真實的功德絕不會呈現出來。

第八十一節課

大家要明白，智慧不可能無緣無故獲得。在古印度，若想從上師那裡求到殊勝教言，要麼用財物來換，要麼用生命或身體承事來換，除此之外別無他選。而現在，學佛的因緣輕而易舉，但若對上師沒有恭敬心、歡喜心、清淨心，是不可能得到佛法加持的。因此，古往今來的高僧大德，沒有一個不恭敬自己上師的。也許外人不理解他的行為，但實際上，若是有了上師的加持，不但自己會修有所成，直接或間接利益眾生也易如反掌。這一點，平時從有些人的行為中就看得出來。

與之相反，假如對上師的教言置之不理，過失也特別嚴重。有一次，帝洛巴尊者說：「那若巴，你不要擔任布札馬希拉寺護門班智達的職務。」

後來，那若巴去印度中部地區時，正巧遇到布札馬希拉寺的護門班智達圓寂了，沒有其他人能與外道辯論。該寺住持便請求他：「無論如何，請您做北門的護門班智達。」經過再三懇求，他只好答應下來。

一次他與外道辯論，接連幾天也不能取勝，於是祈禱上師。有一天，他定睛一看：帝洛巴尊者出現在自己面前。他傷心地說：「上師，您的悲心實在微弱，弟子遇到這麼大困難，您怎麼不早些降臨？」

上師說：「我不是說過不讓你做護門班智達嗎？現在你將我觀在頭頂上，以契克印指著外道進行辯論。」那若巴依照上師所說而行，結果大獲全勝，一舉擊敗了外道所有的唇槍舌劍。

可見，我們平時遇到違緣時，假使上師不在身邊，也可以將上師觀在頭頂上，如此就能消除一切障礙。喬美仁波切就有這樣一個故事：在他很小的時候，有一次，當地來了個特別有名望的瑜伽士，是公認的大成就者。一位喇嘛很想去拜見他，但聽說他十分厲害，在人

⑯布札馬希拉寺：又名戒香寺，與那爛陀寺並稱為古印度兩大著名寺院。
⑰護門班智達：往昔印度外道非常猖狂，寺院的四門都設有護門班智達，請本寺最有智慧的長老擔任。如果護門班智達沒有智慧，讓外道輕易闖進了寺院，佛教就會岌岌可危。從多羅那他的《印度佛教史》中看，當年印度的護門班智達非常重要。

群中動不動就批評別人，甚至出手打人，心裡有點緊張，於是和喬美仁波切商量。喬美仁波切說：「我倒是有個辦法。我們可以把他的上師——瑪吉拉准空行母，觀在自己的頭上。不是他的神通特別大嘛，他肯定不敢打上師。」結果去了以後，瑜伽士一見到他們，感到親切無比，笑逐顏開，十分盛情地款待他們……

這倒是一個好辦法。有些大成就者顯現上特別愛批評人，許多人都不敢拜見。原來霍西地方就有個曲恰堪布，是很了不起的善知識，我跟諾爾巴堪布想去見他，但聽說他每次對來訪者批評得特別厲害，我們就有點害怕。後來有一次，我去寺院回來的路上，我倆下決心一定要去。結果到了那個地方，他們正在耍壩子，上師坐在法座上，周圍有很多人。我們都不敢走過去，擔心當著那麼多人的面，萬一被批評了，可能接受不了，就只好在遠遠的地方祈禱，沒有勇氣上前去。所以，每個上師的行為不相同，有些顯現上確實比較嚴厲。

三、米拉日巴依止馬爾巴尊者

從前，阿里貢塘地方有個叫米拉希日暮途窮嘉村的富翁，他膝下有子女兩個，長子叫做米拉聞喜（米拉脫巴噶瓦），也就是至尊米拉日巴。兄妹童年時，過著非常幸福的生活，後來父親不幸去世，家中所有的財產被伯父勇仲嘉村所霸占。母子三人一無所有，淪為乞丐，遭受了種種艱辛。

（米拉日巴的故事，很多道友都看過，我在這裡就不廣說了。以前我編寫《智海浪花》時，裡面很多人都是看這個傳記而趨入佛門的，有些甚至哭了三天三夜。）

後來，米拉日巴從勇敦措嘉、拉吉俄窮那裡學了咒術與降冰雹術，壓死了伯父的兒子、兒媳等三十五人。因為當地的人欺人太甚，他又降了三牆板高⑱的冰雹，以至於屍橫遍野，不要說是人，飛禽走獸都死了一片。米拉日巴的母親見此特別高興，唱了很多很多歌（這些藏文的歌，我有些都背得來，但現在不講這些吧）。事後，米拉日巴對所造的惡業追悔莫及，於是生起修法之心。

（最近，印度的有些藏族上師，拍了一個米拉日巴的傳記，還附有漢文字幕，我大概看了一下。其中演米拉日巴的，是個康巴漢子，跟我心目中的米拉日巴稍微有點出入。）

遵從上師勇敦的言教，他來到一位大圓滿上師絨敦拉嘎面前求法。絨敦拉嘎上師說：「我這個殊勝大圓滿法門，根為生起殊勝，頂為獲得殊勝，果為證悟殊勝。白天修白天成佛，晚上修晚上成佛，具有宿緣者不需要修，僅僅聽聞就能解脫。這是極為利根者才有緣修行的法門，現在我將這個法賜給你。」於是，上師為他灌頂並傳授竅訣。

米拉日巴心想：「我最初學咒術時，僅僅用了十四天就已大見成效，學降冰雹術也只用七天就成功了，看

---

⑱三牆板高：大約有三尺厚。

大圓滿前行廣釋

來這一法門與咒術、降冰雹術相比更為容易。上師說『白天修白天成佛，晚上修晚上成佛，具宿緣者無需修』，我既然已遇到此法，肯定算是具有宿緣的人。」所以他沒有修行，整天沉湎於睡眠，或者到處玩耍，結果正法與人的相續背道而馳。

就這樣過了幾日。一天，上師對他說：「聽說你是個大罪人，這話果然不假。我對此法也有點過於誇張了，看來現在我無法調伏你。在南岩卓窩隆寺，有印度大成就者那若巴的親傳弟子——聖者大譯師馬爾巴羅扎，他是新密宗的成就者，三地無與倫比，你與他具有前世的緣分，你去那裡好了。」

當時，米拉日巴僅僅聽到馬爾巴譯師的尊名，內心就有說不出的歡喜，敏銳的分別念當下消失，全身汗毛豎立、無比安樂，熱淚盈眶，生起無比的誠信與恭敬⑲。他不禁暗想：「不知何時才能遇到上師，得以見面？」於是立即起程，前往南岩卓窩隆——

南岩卓窩隆，我沒有去過，但去過的道友曾拍了一些照片給我。當年米拉日巴依止馬爾巴的很多地方，包括上師以農夫形象第一次見他的地方，現在都有。這些對我們來講，是非常有加持的聖地。你們以後如果朝拜拉薩，方便的話可以去一下。但聽說離拉薩也比較遠。

第八十一節課

---

⑲米拉日巴是大手印的根基，所以在大圓滿的上師面前沒有成就，而一聽到馬爾巴羅扎非常歡喜。

通過學習米拉日巴的公案，很多人都能認識到依止善知識的重要性。米拉日巴的傳記如今已被譯成英文，很多西方人都特別特別喜歡，看了它之後，有種不同的信心會油然而生。世間上有那麼多的著名傳記，為什麼這個傳記卻能廣為流傳？它裡面肯定有種無形的加持力。因此，對這個傳記，我們千萬不能生邪見，也不能生懷疑。

據說以前馬來西亞、新加坡的個別漢傳佛教法師，公然宣稱米拉日巴的這個傳記不合理。這樣做，一方面是他自己不懂，另一方面，有非人來擾亂自己的思緒時，出現胡言亂語也是正常現象。但我們真的沒資格妄評高僧大德的事蹟。實際上，米拉日巴的故事真實發生過，而不是一種神話傳說。所以，在學的過程中，大家理應生起歡喜心，以後有機會的話，最好能詳細看一下張澄基翻譯的米拉日巴傳記和道歌集。

大圓滿前行廣釋

第
八
十
一
節
課

第八十二節課

現在正在講米拉日巴尊者依止馬爾巴羅扎的故事。這是往昔曾發生過的真人真事，不但歷史上有年代的記載，而且如果你親自去南岩地方，就會發現尊者當年所修的建築物至今仍存。所以，這並不是一個神話傳說，而是確確實實發生過的，米拉日巴尊者通過自己的精進和毅力，依靠上師的加持，最終獲得了無欺成就。同樣，我們在依止上師、希求佛法的過程中，也應像他一樣不顧惜身體和性命，無論遇到什麼困難，也不生厭離心。誠如《大寶積經》所云：「為求法故，不惜身命，修諸善根，心無厭足。」

在座除了極個別人以外，大多數對這個故事的情節，應該都能一目了然。就算我不講，你們花幾分鐘時間，自己也能看一遍。然而，字面上你看得懂，固然很重要，但內心有所觸動，在實際行動中對照自己，這一點更為關鍵。只有這樣，當你產生煩惱時，才能立即將它壓服並鏟除，即使不能立竿見影、當下成就，但你的善根也會逐漸得以增長。否則，對佛法從來不聞思、不串習，自相續就會與正法越來越遠。

所以，不管是城市裡的修行人，還是住在寂靜地方的修行人，都需要用佛法甘露不斷滋潤自己的心田。如果沒有這樣，我們無始以來的習氣根深蒂固，再加上今

大圓滿前行廣釋

生受環境、教育、親友的影響，行為就會變得漸漸不如法，最終與正法背道而馳，這樣一來，你得個人身也就白白浪費了。

尤其是善知識，對我們來講非常難以值遇，倘若你有機會卻沒有去依止，沒有接受他的教誨，一旦離開了這種因緣，內心中肯定會後悔莫及。《六波羅蜜多經》也說：「善知識者，難遭難遇，若不信受，後悔何追？」所以，大家如今直接或間接依止善知識時，務必要珍惜這種緣分，一定要以此求得解脫之法。

有時候我回憶自己的人生，感到非常欣慰。為什麼呢？因為在短暫的幾十年中，曾有過依止善知識的美好經歷。那個時候，生活上雖然比現在貧苦，精神上卻非常富足，對自己的今生來世也最有意義。

當然，在依止上師的過程中，千萬不能把上師看成是一般的老師，認為只要有點恭敬心、尊重心，不違背世間道德就可以，除此之外，沒有必要像米拉日巴、那若巴那樣虔誠。其實，大乘佛法與世間完全不同，在這個問題上，大家應該反反覆覆去觀察。

關於米拉日巴的傳記，我以前見過一個厚厚的版本。當時我在讀中學，生了一場大病，只好離開學校去治療。醫生是我的一個親戚，他是出家人，在半個多月的治療期間，我讓他每天晚上給我讀這個傳記。那時候，我對它的印象非常深，覺得每一段經歷都特別特別

第八十二節課

感人，但現在有些情節已經忘了，有些只是有點印象而已。

下面繼續講這個故事：

昨天講到米拉日巴前往南岩卓窩隆，尋找上師馬爾巴尊者。在他到來的前一天晚上，上師和師母出現了許多殊勝夢境。什麼樣的夢境呢？

馬爾巴尊者夢到了上師那若巴，上師給他一個琉璃的金剛杵，杵尖上沾有一點灰塵，同時又給他一個盛滿甘露的金瓶，吩咐他用金瓶裡的甘露，洗淨琉璃金剛杵上的灰塵，然後把金剛杵插在勝幢的頂上。馬爾巴遵照上師的教言做完後，金剛杵忽然大放光明，普照三千大千世界，上令諸佛菩薩歡喜，下令六道眾生獲益。

上師早上醒了以後，心裡非常高興。此時他的空行母跑過來說，自己做了一個夢，夢到鄔金剎土來了兩個年輕美女，手裡捧著一個琉璃的寶塔，上面稍有一點塵垢。她們說：「這是上師那若巴的旨意，要你把這個塔開光後放在山頂。」於是你就洗淨了寶塔，又開了光，把寶塔放在山頂上。寶塔忽然放出如日月般的無量光明，光明中又化現出無數的寶塔來。

師母問上師：「我昨天做了這樣一個好夢，到底是什麼意思呢？」馬爾巴明知道她的夢與自己的夢完全相合，心裡非常高興，但表面上卻一本正經地說：「夢都是幻想無實的，沒什麼可執著的，我也不知道你的夢有

什麼意思。」（從故事的整個情節看，馬爾巴顯現上脾氣特別不好，不管是對空行母、對弟子，還是對周圍的人，經常都合不攏。）

接著，上師又說：「今天我要到地裡去種田，你給我準備一下！」師母說：「像您這樣一位大上師，去做這種事，別人會說閒話的。還是不要去吧。」上師不聽，又吩咐說：「給我拿一罐美酒來，我還要招待今天來的客人！」然後帶著酒，拿了耕地的工具，裝扮成耕地的農夫，到龍達路邊迎接米拉日巴。

米拉日巴一路打聽至尊馬爾巴大譯師，但當地的人都說不認識。後來遇到一群放牧的人，他又去打聽，一個老人說不知道，但他旁邊有個漂亮可愛的小孩，看起來很聰明伶俐，他說：「你是在找我的父親吧。我父親把所有家產都換成黃金，從印度帶回來很多長頁子的書函。他一向是不種地的人，但今天不知道什麼緣故，在那邊田裡種起地來了。」

米拉日巴非常高興，然後繼續趕路。來到一個叫法廣坡的地方，得知馬爾巴上師就住在這裡，覺得緣起非常好。沒過多久，他看到路口有個身材魁梧、雙目炯炯的農夫。他雖不認識這就是馬爾巴尊者，但剛剛見面，就產生了不可言表的喜悅之情，滅盡了今世所有敏銳的分別念，稍怔片刻，處於一種了然明然的狀態中。

他跟這個農夫打聽馬爾巴上師，並講述了前來拜見

的原因，說：「我是來自後藏的大罪人，聽說馬爾巴羅扎名氣很大，我想來跟他學法。」

那個農夫說：「我可以把你介紹給馬爾巴，你來幫我耕這塊地。」說完，拿起旁邊的一罐酒，嘗了幾口，好像很好喝的樣子，然後把酒罐放下就走了。

米拉日巴等他走之後，把留下的酒一飲而盡⑫，接著就開始耕地。不一會兒，剛才那個很漂亮可愛的小孩跑來說：「喂！上師叫你去呢。」他說：「我要先把田耕完了再去。剛才那個人幫我傳話給上師，我也一定要替他把田耕完。」然後一口氣把田全部耕完了。以後這塊田就叫做「順緣田」。（我看過那裡的一張照片，是夏天拍的。現在好像沒什麼田地了，只有一塊看起來很舒服的地。）

耕完了田，小孩就帶他去見上師。結果看到剛才那個農夫，坐在鋪有三層厚墊的高座上，座上刻有金牛星和大鵬鳥的花紋。他好像剛剛洗完臉似的，但眉毛上還有點灰塵，肚子胖胖地凸了出來。米拉日巴打量了他一下，然後就東張西望地尋找馬爾巴上師。

上師笑著說：「看什麼呀！我就是馬爾巴，你磕頭吧。」

米拉日巴趕緊恭敬頂禮，說道：「上師啊，我是來自拉多地方的一個大罪人，願將身口意三門供養您，請

---

⑫這也是一種緣起。象徵著馬爾巴羅扎的所有證悟，都會以滿瓶傾瀉的方式融入他的相續。

求您恩賜衣、食與正法，願我即生成佛。」

上師說：「你罪孽深重，關我什麼事，又不是我讓你造罪的。不過，你究竟造了什麼罪？」

於是，米拉日巴詳詳細細敘述了造罪經過。

上師說：「哦，原來如此。不管怎樣，你供養身口意很好，（現在很多人喜歡供養身口意。以前法王也講過：「很多人第一次見我，就說要供養身口意，但過兩天連招呼都不打就走了。明明他身體都是我的了，結果卻把它帶走了。」）但是衣、食和正法這三者，不能全部給你。要麼給你衣食，你去別處求法；要麼傳授你正法，你到別處尋找衣食，二者只能任選其一。如果選擇我賜予正法，即生是否能成佛，主要還是看你自己的精進與毅力。」

米拉日巴說：「我來依止上師的目的就是求法，上師不能提供衣食的話，那我可以去別處尋找。」說完，他就拿著一本經書到佛堂裡去。

上師看見了，說：「把你的書拿到外面去，我的護法神聞了你邪書的氣，說不定會打噴嚏！」米拉日巴詫異地想：「上師大概已知道我的書裡有咒術和誅法了吧。」

然後上師騰了一間房子給他住，他在裡面住了四五天，做了一個放東西的皮口袋。師母又給了很多好吃的東西，待他非常好。

（這個故事的情節很精彩，以前我看書的時候，覺得馬爾巴尊

者特別威猛，凡事都很難相處一樣；而師母處處顯得特別慈悲，可惜她沒有權力，只有一顆善良的心，所以每次都在哭，什麼事情都用眼淚來表示。不知道他們演得怎麼樣？那天我隨便看了一眼，後來就沒時間看了。演電影必須要演出每個人的個性，每個人的個性都不相同，這是最根本的一點。）

米拉日巴住了幾天，就到南岩一帶化緣去了，結果收穫還不錯，得到了二十一藏斗㉑青稞。他用其中十四藏斗，換了一個像四角銅鍋般的燈器；又用一藏斗買了些肉酒，準備供養上師；剩餘的都裝在自己做的皮口袋裡，帶這些回到上師面前供養。

米拉日巴把青稞背進上師房裡，此時身體已疲憊不堪，於是「砰」的一聲，把幾乎占滿整個房間的東西卸在地上，房子都震動了。

上師站起來罵道：「你這個小子好大的力氣，想把房子弄倒，壓死我們這些人呀！趕快把青稞給我拿出去！」一邊說一邊用腳踢他。米拉日巴只好把青稞背到外面，心裡暗想：「這位上師真不好惹，以後得謹慎伺候才是。」但心裡並沒有生起一點不滿或邪見。

然後，他只供養了那口空空的大銅燈。馬爾巴手裡拿著銅燈，閉著眼默思了一會兒，不禁流下淚來。他顯得非常歡喜，很感動地說：「緣起太好了！這是供養至尊那若巴上師的。」他結印作了供養之後，用棍子把銅

㉑二十一藏斗：約為二十一升，一升四斤左右，共計八十斤左右。

燈敲了敲，銅燈發出鏗鏗的聲音來。然後，又把銅燈拿到佛堂去，在銅燈裡裝滿酥油，裝好燈芯，把燈點了起來。

米拉日巴藉機向上師求法，上師說：「許多來自衛藏對我有信心的弟子，經常遭到雅卓打隆巴及浪巴地區人們的毆打，以致不能順利前來供養飲食。你到那兩處降一次冰雹，這也是修法，如果有效，我會傳你殊勝竅訣。」

米拉日巴或許很高興吧，因為降冰雹可以說是他的「專業」，對他來講易如反掌。於是就到那兩個地方降了冰雹，莊稼全部被毀壞了，人和動物也死了不少。然後，他回去請上師賜予竅訣。

上師說：「你想得真美，降了三粒冰雹，就想得到我千辛萬苦從印度求來的法？如果真想求法，南岩拉卡瓦地區的人，經常毆打我來自涅洛若的弟子，對我也是非常輕蔑，你去那裡詛咒他們。假如咒術靈驗，卓見成效，我就把大智者那若巴即身成佛的竅訣傳給你。」

（倘若換成其他人，可能心裡會產生分別念：「這個上師怎麼這樣？對自己的弟子和施主非要保護，對輕蔑自己的人還一定要降伏、詛咒。他對自己如是執著，一點菩提心都沒有！」現在不少弟子，懂得一點點法理，就開始衡量上師的行為。

我以前讀到這裡時，很佩服米拉日巴尊者的清淨心，他除了依教奉行外，沒有一念看上師的過失。如果是我們，對馬爾巴的所作

所為不一定生得起信心。可能在當時的人們眼裡，他也只不過去印度得了一些竅訣，家裡還有空行母、孩子，家庭不是很富裕，有時候似乎很貪財，性格也比較粗暴，這樣的話，若要一心一意依止，對他的命令言聽計從，恐怕有一定的困難。

其實在修行過程中，上師是給我們帶來竅訣的最根本因緣，這個因緣最好不要破壞，否則，完全以自力想得到出世間的證悟境界，簡直是難如登天。自古以來的高僧大德，都是依靠對上師的恭敬心、虔誠心、歡喜心，最終得到了心心相印的加持，令上師的智慧與自己的分別念融為一體。一旦獲得了這樣的境界，你所說的語言就會如理如法，哪怕只有一句，對無量眾生也有不可思議的加持。不然，你什麼證悟都沒有，完全是地地道道的凡夫人，那說的話再天花亂墜，對眾生也不一定有什麼利益。因此，擁有上師的攝受，是每個人學佛歷程中最精彩、最主要的一段，大家務必要仔細體會。）

無奈之下，米拉日巴又開始放咒。不久，拉卡瓦地區果然起了內亂，殺死了很多人，與上師作對的都死了。上師見他的咒術很靈驗，就說：「人家說你的誅法厲害，咒力很大，倒不是假的啊！」自此，上師就叫他「大力」。

他再次向上師求法，不料上師冷笑道：「哈哈！你造了這麼大的罪，還想我把不惜身命到印度，用黃金供養上師求得的竅訣、空行母的心要，如此輕易地傳給你嗎？就是開玩笑，也未免太過了。如果不是我脾氣好

大圓滿前行廣釋

點，而是換了另一個人的話，可能會殺了你。好，現在你要是能賠償雅卓地區人們的莊稼，使拉卡瓦所有人起死回生，我就傳給你竅訣。否則，不要來我這裡。」

受到上師這樣的呵責，米拉日巴傷心到極點，幾乎萬念俱灰，哭了很長時間。幸好師母一直安慰他，說以後肯定能求到法。（其實在依止上師的過程中，由於上師一直不給傳法，反而經常把他折磨得很厲害，他好幾次都想自殺。）

第二天早晨，上師來安慰他說：「昨晚我對你訓斥得太重了，你別不高興。慢慢來，不要著急，我會傳給你竅訣。你是一個勤於做事的人，先給我建造一間裝經書的石屋，這個竣工之後，我不但會傳你竅訣，還將為你準備衣食。」

米拉日巴說：「在這期間，如果我沒得到法而死去了怎麼辦？」

上師回答：「我可以保證這期間你不會死，對法也不能太誇張了。據說你是個十分精進的人，如果能下苦功修我的竅訣，或許即生就能成佛。」

這樣諄諄教誨一番以後，他讓米拉日巴在東山建一座圓形的房子。米拉日巴就從很遠的地方背木頭石頭，一個人辛辛苦苦地修建。但房子建了差不多一半時，上師來了，對他說：「前些日子我考慮欠妥，這地方不大好，你現在把石頭和材料都運回原地吧！」他只得把石

頭木頭，一塊塊地從山上背到山下。

上師又把他帶到西山，說在那裡建一座半圓形的房子。這一次真是非常費力，每一件材料都要從幾里外的山下背到山頂上，實在苦不堪言。等到蓋了一半時，上師又來了，說道：「這房子看起來好像還是不對，你把它拆掉，木頭石頭仍舊送回原地吧！」他只得照上師的話辦，一塊一塊把房子拆下來，又運回原地。

上師又把他帶到北山，說：「那幾天我喝醉了酒，沒有說清楚。現在，你在這裡好好給我修一所房子吧。」

米拉日巴說：「您這次要考慮清楚啊，否則，修好了又拆掉，我白吃苦，您也白花錢。」

大圓滿前行廣釋

上師說：「沒問題，我今天既沒有喝酒，也充分考慮過了。我需要一所三角形的房子，你就開始建吧，這次不會再叫你拆了。」

米拉日巴又開始造這個三角形的房子。等到做了三分之一，上師又來了，說：「這個房子，是誰叫你做的？」

米拉日巴急了，馬上回答：「是上師您親自吩咐的呀！」

上師搖頭道：「我從來沒有這樣說過，這個地方對我壽命有害，你的話要是真的，那我不是發瘋了嗎？你說是我吩咐的，有什麼證人啊？」

米拉日巴實在沒辦法，只好又把它全部拆毀，所有的土石運回原處。

在揹運這些土石的過程中，米拉日巴後背生了一個瘡。他想：「如果請上師過目，只有挨罵；假設請師母看，又會說在誇功。」所以，他沒有給他們看，只有獨自哭泣。

因為已修了三次房子，米拉日巴就招呼道友去祈求傳法，師母也請求上師賜法予他。

上師對師母說：「你去準備一些豐盛的飲食，然後帶大力到我這裡來。」

米拉日巴來了以後，上師就給他念了皈依的傳承，傳了皈依戒。之後，對他說：「這些都是共同之法，若想求不共的密宗竅訣，需要按照這樣去做……」隨即簡略講了那若巴尊者經歷的十二大苦行和十二小苦行。然後又對他說：「你能這樣苦行嗎？看來很困難吧！」

米拉日巴聽了那若巴尊者的苦行傳記，生起了強烈的信心，淚流滿面，並在心裡暗暗發誓：「上師的一切話，我都要聽從；一切的苦行，我都要克服。」

幾天過後，上師又將他帶到西南方的一個險處，這裡是族人禁止造屋的地方。上師對他說：「你在這裡建造一幢灰白色、四方形的九層樓，加上寶頂（另說是庫房），共十層。建好後不會再讓你拆毀，並會傳給你竅訣。你一心修持時，我將為你準備修行的口糧。」

米拉日巴想了想，說：「上師命我蓋房子，我建了三次，拆了三次。第一次是因為沒想好；第二次是您說喝醉了酒，沒有計劃好；第三次您說忘記了，又問誰是證人。那這次我請師母來當證人，好不好？」上師同意了，並找了師母來作證，保證這次不拆。

當他在打地基時⑫，上師的三大意子遊戲過程中滾來一塊大石頭，他也就順勢用來砌地基。二層樓剛剛修好，上師來看，指著那塊基石問：「這石頭是從哪裡來的？」

他講述了緣由。上師顯得特別不高興，說：「我那幾位弟子是修生圓次第的瑜伽士，豈能做你的奴僕？快取出那塊石頭，送回原處。」

米拉日巴說：「您不是讓師母作證，說這次不拆嗎？」

上師回答：「我不是叫你拆，只是叫你把下面的大石頭取出來。」

米拉日巴無可奈何，只得又從頂上拆起，拆到基層把那石頭取出來，再從山上背回山下去。

上師又說：「現在你可以再把這石頭搬回去做基石了。」

米拉日巴不解地問：「您不是說這石頭不能用

大圓滿前行廣釋

---

⑫那個地方像劍一樣，又陡又險，周圍都是萬丈深崖，在這裡建房子特別不容易。

嗎？」

上師答道：「我不是不要這塊石頭，而是要你自己搬，不能占人家的便宜。」

米拉日巴只好又搬上去，如前一樣放好，繼續建造。

當他在山頂打好地基時，族人們見後商量：「馬爾巴在禁地上造房子，我們要去干涉！」其中有個人說：「馬爾巴發瘋了，不知從哪裡來了一個氣力很大的青年。凡是高的山頭，馬爾巴就叫他在那裡修房子，修了一半又叫他拆掉，把木石都運回原處。這一次恐怕還是要拆掉，等他不拆的時候，我們再去干涉也不遲。且等一等，看他拆不拆。」

可是這次，上師卻沒有要求拆房子。米拉日巴蓋到七層樓時，腰上又生了一個瘡。

那時族人就聚議說：「這一次看樣子不會拆了，起先拆了幾次，原來是想在這個地方蓋房子。這次我們一定要把它拆掉！」於是集合人馬衝往這個房子。哪知馬爾巴上師幻化出很多士兵，屋裡屋外都遍滿了。族人們見後大為驚異，一個個不敢妄動，只好磕頭請上師饒恕。後來，他們也變成了上師的施主。

事後，上師對米拉日巴說：「你暫時把這個工程放下，在下面修一座帶有十二根柱子的內殿。」米拉日巴又開始修建。當這一建築竣工時，脊背上又生了一個瘡。

當時，藏絨地方的梅敦村波來求勝樂金剛的灌頂，多勒地方的策敦旺額求密集金剛的灌頂。他們二人來時，因為建房這一事情馬上就要完成了，所以米拉日巴也跑去，希望能得到灌頂。他坐在灌頂行列中，上師問他要供養，說沒有供養的話就滾出去，結果他又遭到上師的責罵和痛打，並從灌頂行列中被趕了出來。

師母看見這情形，過意不去，就安慰他說：「上師他老人家常說：他從印度求來的法，是為一切眾生而求的。平常就是一條狗走到他面前，他也要對牠說法和迴向。但對你，卻總是故意刁難，我也莫名其妙，不知道是什麼緣故。你可千萬別起邪見啊！」

此時，米拉日巴整個背上已是傷痕累累，三個瘡口流出膿血，疼痛難忍。可是他仍然背上土器，繼續修建房子。

又有一次，絨地的鄂敦秋多來求喜金剛的灌頂。當時，師母將私房財產──一顆大松耳石（另說是紅寶石）給了他，作為灌頂的供品。師母說這是自己的嫁妝，以前出嫁時家人說，上師的脾氣不太好，擔心以後生活遇到困難，就偷偷給了她這寶石，叫她不要被人家看見。（就像現在城市裡的一些在家人，在丈夫或妻子不知道的情況下，自己偷偷在銀行裡存點錢一樣。）

米拉日巴帶上它坐在灌頂行列中，又被上師發現了。上師問這寶石從哪裡來的。他說是師母給的。上師

大圓滿前行廣釋

343

說：「師母的一切都是我的，這顆寶石當然也是我的。你用我的東西供養我，這算什麼？」結果他又像上次一樣挨了痛打和責罵，依舊沒有得到灌頂。

第八十三節課

下面繼續講米拉日巴的故事。昨天有些人說，這個故事應該講完，不然就沒辦法連起來。但我覺得應該沒問題，就像一部很長的連續劇，分成好幾集也可以，每集在最精彩的地方戛然而止，這樣也能吸引大家。

昨天講了米拉日巴本想跟鄂敦秋多一起，獲得喜金剛的灌頂，但是上師不開許，連師母達媚瑪也挨罵了。米拉日巴被趕出去後痛苦萬分，他想：「現在肯定不會得到法了！」師母見後很難過，就想了一個辦法，用計想讓上師早日傳法。

她讓米拉日巴在上師看得見的地方，故意裝成要離開的樣子，一邊哭一邊收拾行李，還帶了些糌粑。師母假裝一直在挽留他。上師見了，怒氣沖沖跑進房去，拿了一根皮鞭，照著米拉日巴一頓亂打，說：「你這個混賬東西，起初來的時候，把身口意都給我了，現在還想往哪裡走？我要高興的話，可以把你的身、口、意割成千條萬片，這是你給我的，我有這個權利。現在不管怎樣，你要滾，就滾好了，為什麼把我的糌粑拿走？這是什麼道理？」上師又把糌粑搶了過去。當時米拉日巴真是難過極了，又不敢說這是自己假裝的，只好跑進房去痛哭一場。

然後他決定真正離開，這次連一點食物都沒帶，只

大圓滿前行廣釋

拿著自己的書物就走了。因為想到師母的恩德，離開時沒給師母打招呼，他一路上都很難過。到了中午，他跟別人討了點糌粑，又借了一個鍋，燒了點水喝。

吃完飯後，把鍋還過去時，主人對他說：「你年紀輕輕的，什麼事不好做，卻來討飯？你要是識字，可以替人念經；不識字，替人打工也可以混到衣食。小夥子，你識不識字，會不會念經啊？」米拉日巴說：「我雖然不常念經，但會卻是會的。」主人說：「那太巧了！我正要請人念經，如果你會，就替我念五六天經吧，我會給你供養的。」米拉日巴歡歡喜喜地答應了。

於是，這戶人家請他念誦《般若八千頌》。在經中，他看到了常啼菩薩的傳記，心想：「原來常啼菩薩跟我一樣窮，但他為了求法，連生命都不顧了。人人都知道，把心挖出來只有一死，但他為了求法，仍舊毅然把心挖出來。跟他比起來，我這點苦頭，算得了什麼！為了求正法，我也應該堅持苦行，恭敬上師，依教奉行，令師歡喜。」他又想：「只要不斷地承侍上師，上師也許會給我傳法。就算不傳也不要緊，師母還可以給我介紹別的上師。不管怎麼樣，還是回去吧。」這樣一想，他又動身回去了。

回到上師那裡，他還是依然如故挨打受罵，上師讓他再修一座三層樓的房子，沒有修完就不給傳法。他一句話也沒有說，跑到師母那裡，對師母說：「上師又不

肯傳法了，說要把房子蓋好了再傳。以前也是這樣，可一直都沒有傳。我心裡一點底都沒有，還是回家鄉去吧。」說完，卷起行囊就準備上路。

師母勸他說：「實在不行的話，鄂敦喇嘛是上師的大弟子，他是得了竅訣的，我想辦法把你送到他那裡學法吧。你先不要忙，暫時住幾天。」於是他就沒有走。

按照那若巴尊者的傳統，每月初十，馬爾巴上師都會作大薈供。過幾天到初十時，師母就趁這個機會，用一大口袋麥子，釀了三種酒：一種是濃酒，一種是中酒，一種是淡酒。在薈供期間，師母請上師多喝濃酒，其餘的喇嘛喝中酒，自己跟米拉日巴就喝淡酒。那天敬酒很多，喇嘛們都醉倒了，上師也喝醉了。等上師醉意朦朧時，師母就偷偷走進上師屋裡，找出了上師的圖章和印件，以及那若巴尊者的身莊嚴⑬、紅寶石印。師母把提早寫好的假信拿出來，偷蓋了上師的印，跟紅寶石、身莊嚴一併交給米拉日巴，然後把印悄悄放回原處。師母對他說：「你就說這是上師送給你供養鄂敦喇嘛的，趕快去吧。」

米拉日巴叩別了師母，動身前往鄂敦上師那裡。他到了那裡以後，見鄂敦上師正在講法，便在遠遠的地方向他禮拜。鄂敦上師對弟子們說：「這是馬爾巴學人的禮拜姿勢，修法的緣起很好，將來此人當成就為一切法之王。」

⑬身莊嚴：是上師身上所用的飾物。

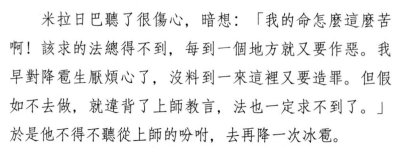

　　之後，米拉日巴把上師的信、加持物交給他，鄂敦上師非常高興。可是在給他傳法前，鄂敦上師也有一個條件：「我這邊有些施主經常來，但多雅波地方的那些壞蛋，總不讓他們供養我。你先去向他們降冰雹，然後我就傳你灌頂和竅訣。」

　　米拉日巴聽了很傷心，暗想：「我的命怎麼這麼苦啊！該求的法總得不到，每到一個地方就又要作惡。我早對降雹生厭煩心了，沒料到一來這裡又要造罪。但假如不去做，就違背了上師教言，法也一定求不到了。」於是他不得不聽從上師的吩咐，去再降一次冰雹。

　　在降冰雹時，有個老太太特別傷心，哭著說：「冰雹把我的莊稼打了，我以後拿什麼生活啊！」米拉日巴見後不忍心，問了她的田在哪裡，然後特意作了加持，她的田因此而得以保全。據說以後任何降冰雹時，這塊田總是不落冰雹，這老太太也就再不用出錢請喇嘛修法防雹了。

　　冰雹降完之後，米拉日巴在一塊草地上，拾了很多被冰雹打死的動物屍體，用衣服把這些包好，背了滿滿一包回去。一見鄂敦上師，他就把鳥獸的屍體堆在他面前，說：「上師啊，我是來求正法的，誰知又造了惡業，請慈悲看看我這個大罪人吧！」說著就痛哭了起來。

　　上師說：「沒事，你用不著害怕。大班智達那若巴、梅志巴的傳承，能令這些眾生一剎那就得到解脫。這次給冰雹打死的一切眾生，未來在你成佛時，都將往

生你的淨土，成為你的首批眷屬。這些眾生在未能往生之前，依靠我的力量，也可以不墮惡趣。若是不信，你看——」上師靜思片刻，於一彈指頃，這些鳥獸都甦醒復生，然後走的走，飛的飛，都跑掉了。

米拉日巴見後，覺得上師的加持不可思議，心中生起了無限的歡喜與羨慕，悔恨自己當時殺得太少了，否則就可以多度一些眾生。

隨後，鄂敦上師給他灌頂、傳法，他精進地進行修持。但因為沒有得到上師的開許，所以一直未能生起少許功德。鄂敦上師得知後，就覺得很奇怪，懷疑他是不是沒得到上師開許。米拉日巴也非常害怕，可又不敢說出事情的原委。

後來馬爾巴上師來信說，讓鄂敦喇嘛帶著米拉日巴一起過去。到了上師那裡，鄂敦喇嘛把內外所有財產都供養了上師，家裡只留了一隻跛腳的老山羊。馬爾巴上師跟他說，若想求得無上正法，必須要全部供養，假如他不親自去把老山羊扛過來，就不給他傳法。鄂敦喇嘛只好一個人跑回去，把老山羊背回來供養給上師。

過了幾天，在一次薈供中，上師在身邊放了一根長長的棍子，聲色俱厲地質問鄂敦喇嘛：「你為什麼給大力這個惡人，傳授灌頂及竅訣？」一邊說著，一邊瞧著那根棍子，手也慢慢地伸過去。鄂敦喇嘛嚇得發抖，一邊磕頭一邊說：「是您老人家給了我一封信，讓我傳法

大圓滿前行廣釋

給大力。同時又賜給我那若巴大師的身莊嚴、紅寶石玉印。我的傳法是奉命行事，還請您老人家原諒！」

上師又指著米拉日巴，惡狠狠地問：「這些都是從哪裡來的？」米拉日巴渾身戰慄，話都幾乎說不出來了，他戰戰兢兢地回答：「那……那……那是師母給我的。」

上師一聽，一下子從座上跳下來，拿起木棍就去打師母。師母早知道這事會發生，所以遠遠地站在外面。一見情勢不好，她拔腿就往房裡跑，跑進房，「嘭」一聲把房門關上。上師一邊咆哮著，一邊追過去，用棍子狠狠地打門，打了半天，才回到法座上。（看了這些情景，對上師觀清淨心真的很重要。不然，如果是我們在場，可能覺得不要說是大手印成就者的遊舞，好像連一般在家人的生活都不如。）

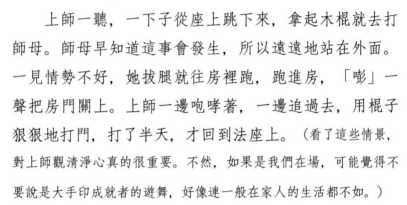

米拉日巴見此，心想：「我所造惡業的罪障如此深重，不但自己受苦，還連累鄂敦上師及師母受這樣的罪，看來現在實在得不到正法了。與其活著造罪，還不如死了好。」想到這裡，他找了一把藏刀準備自盡，幸好被鄂敦上師及時勸住。

鄂敦上師對他說：「在密乘中，壽命未終時，即使行轉識法，都有殺佛的過患。世上再沒有比自殺更大的罪了。就是在顯宗中也說：沒有比自斷生命更重的罪了。你要好好想想，放棄自殺的念頭吧，上師也許會給你傳法的。就是不傳也不要緊，向別的喇嘛請法也可以。」

這時，馬爾巴上師的怒氣已消，便命人將他們幾個

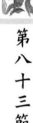

喚到面前，說：「照過去的事看起來，我們誰都沒有錯。我為了要清淨大力的罪業，故意讓他苦行，叫他修房子；達媚瑪是個女人，心腸太軟、太慈悲，難怪她；俄巴也沒有錯，但要先把身莊嚴和玉印還給我，我以後再給你；至於大力，他因為求法心切，用盡一切方法想得法，也沒什麼可責怪的。

我這個兒子大力，如果能受九次大痛苦、大折磨，他將不受後有，即身成佛。現在還有一點點餘業未淨，這完全是達媚瑪女人心軟的緣故。話雖如此，但他的大部分罪業已清淨了。從今以後，我要攝受他，傳給他最無上的灌頂和竅訣，還要給他修行的資糧，讓他好好修行。」然後，上師傳授了許多善妙教誨，為他取名為「米拉金剛幢」⑭，並以此為法名，給他授了居士戒和菩薩戒。

第二天早上，上師為他灌勝樂金剛的頂時，指著繪畫的壇城說：「這是人間顏料繪成的表相壇城，而真正的壇城，你看——」說著，手指虛空，一彈指間，空中顯出了勝樂金剛六十二本尊壇城。此時，上師與諸佛皆賜他密名為「笑金剛」。之後，上師所有的灌頂與竅訣以滿瓶傾瀉的方式，毫無保留地傳授給了他。

上師還告訴他：「你初來的時候，我就知道你是有根器的弟子。你把我給的酒都喝完了，把田耕得一點不剩，這是你將領受竅訣成為法器，達到圓滿證悟的徵

⑭這是夢到那若巴尊者讓他把金剛插在佛幢上而取的名字。

大圓滿前行廣釋

兆；後來你供養我一個四角銅鍋形的燈盞，這表示你將
成為我四大弟子之一；你用空器來供養我，表示將來在
修行時會遭受飢餓的痛苦；我為了使你的後半生得大受
用，使有根器的弟子依竅訣精要生起喜樂，就在空器中
裝滿酥油，燃成明燈；為了使你的名聲遍於十方，我敲
燈讓它發出響聲。」

從此，米拉日巴得到上師的竅訣之後，歷盡千萬苦
行，修持正法，終於獲得了共同和殊勝的成就⋯⋯

米拉日巴的這個傳記，不僅在藏族、漢族中廣為流
傳，而且英美等國的修行人，對此也特別特別有信心。
世界上各種傳記不勝枚舉，但這本之所以能影響成千上
萬的人，肯定有一種加持和不共的緣起。

其實，藏地、印度、漢地曾出世的無數大成就者，
都是依止真正的善知識，完完全全依教奉行，最後與上
師意趣成為無二無別的。所以，我們要想得到成就的
話，依止上師非常關鍵。

《事師五十頌》的作者跋維諦瓦，是特別精通佛法
的人，但最初沒有弘法利生的機會，於是他就離開寺
院，想去東方朝拜一尊度母像。途中乘船過海時，他被
劫持到了一個海島上。他很想回印度去，可不知道離開
的方法，就每天向度母祈禱。終有一天，度母在夢中指
示說：「你想去什麼地方，頭就朝什麼方向睡。」

他按度母的指示回故鄉後，發現寺院有了很大變化，同時代的人許多都圓寂了，年輕的又不認識他。於是他對島上的人生起瞋心，認為是他們導致了這樣的結果，就修法結手印指向海島。海島頓時發生地震，整個陷入大海之中。

做完以後，他立刻就後悔了，於是準備從故鄉磕頭到文殊菩薩的聖地，通過苦行來懺悔惡業。這時度母出現在他的夢中，告訴他：「你即使這樣做，也消不了你的罪業。但是，如果你用多年修行的經驗，抉擇出成佛最快的一條道路，用來指導未來眾生，讓他們能快速成就，這個功德就能抵消你的惡業！」

隨後，他經過多次閉關修法、思維抉擇，終於找到了一條最快的成佛之路——如理依止上師。他把依師的具體內容撰寫出來，這就是《事師五十頌》。表面上它只有五十個頌詞，但實際上，依靠它能迅速清淨罪業，成就無上菩提。

可見，依止善知識無論從哪方面來講，都非常重要。《大悲經》云：「若有說法者，及聽佛正法，二俱得福多，能建諸仙幢。」所以，我們對上師的一切言談舉止，絕不能視為顛倒，也萬萬不可懷有狡猾之心，務必要以正直的秉性，老老實實依止上師。否則，對上師僅僅說一句小小的妄語，罪業也極其嚴重。

從前，印度的阿闍黎佛智⑫，攝受了眾多眷屬。有一

353

次他正在說法時，看到上師以乞丐的形象來到面前，穿得破破爛爛的。他覺得在大庭廣眾中禮敬這樣的上師，實在太丟臉了，就裝作沒有看見。直到下午傳法結束後，他才去拜見上師，並恭敬頂禮。

上師希望他對剛才的行為懺悔，以消除由此產生的業障，就問：「剛才為什麼不頂禮？」

他沒有體悟到上師的苦心，反而掩飾說：「當時我沒有看見上師。」話音剛落，他的眼珠就掉落到了地上。後來他請求上師寬恕，並說了實話。蒙受上師加持後，他的眼睛才得以恢復。

佛智在最初依止上師時，也曾因傲慢而出現過違緣：當時，他想去五台山拜見文殊菩薩，路上遇到一個在家僧人，法衣纏在頭上，和一個醜女在田裡耕耘，旁邊還有一條骯髒的白色母狗。晚上他在他們家借宿，並拿出《密集金剛續》開始誦讀。每每念到心存懷疑之處，醜女便一臉不悅。他這才察覺到她不是一般人，於是心生慚愧，請她解除自己的懷疑。

她說：「我不能解除你的懷疑。那個在家僧人精通《密集金剛續》。」

過了一會兒，那僧人喝得醉醺醺地回來了。此時，他已斷除了邪見，並知道這個僧人是在行持密宗的特殊

行為，於是在他足下頂禮，請求解除自己的疑惑。

「可以。」在家僧人說，「不過，我先要給你灌頂。」隨後，所有的本尊壇城都現前了，醜女和母狗也站在壇城前。

僧人問：「你想在誰面前得灌頂？是本尊還是我？」

佛智毫不猶豫地說：「在本尊面前。」

僧人說：「那好。」說完，他和醜女、母狗離開了這裡。本尊當下也自行隱沒，只留下了他一個人。此時，他才明白所有的壇城本尊，皆為上師的幻化。

另外，印度大成就者黑行大師，有一次和眾多眷屬航船渡海時，他想：「我的上師雜蘭達熱巴雖然是真正的成就者，但從世間的眷屬、受用等方面來說，還是我更勝一籌。」剛剛生起這個念頭，航船即刻沉入海中。在水中遇到極大的艱難時，他馬上祈禱上師。上師親自降臨，解除了他的怖畏。

上師說：「因你生起了很大的傲慢心，所以得到這樣的報應。實際上，我是沒有致力於尋求眷屬受用，否則，如果也將精力放在這上面，成為與你同樣的人肯定不成問題。」

印度還有一個瑜伽士，他的上師是個平民，而他出身高貴，是婆羅門種姓，並成就了一些共同悉地，可自在地在空中飛行。有一次，他在空中飛行時，看到上師

大圓滿前行廣釋

在下面講法，就帶著一顆傲慢心，故意從上師的頭頂上飛過。結果當下墜落到地上，從此失去了飛行的能力。

還有阿難尊者，跟在佛身邊那麼久，其他人都證得阿羅漢果了，為什麼他偏偏沒有呢？原來，他前世在迦葉佛時代是一個太子的上師，因為特別傲慢，好多次都不願意見迦葉佛。以此原因，今生在釋迦牟尼佛的教法中，也很難得到成就。

還有涅嘉那革瑪繞，僅僅認為自己的智慧略勝上師一籌，即生便遭遇了七次危及生命的違緣。

此外，滾巴瓦格西有一位弟子，不論怎麼修行，也無法生起修證功德。後來他請教格西，格西問：「你是不是做過不恭敬上師的事？」他回答：「確有此事。」格西告訴他，必須向上師真實地懺悔。於是他按格西所說，如法地懺悔之後，又去修行，便生起了修證功德。

其實作為弟子，這種傲慢心很容易生起。比如，上師顯現上不懂建築學、不懂數學，而你比較精通這個專業，就認為自己肯定超過了他。一旦生起這種念頭，我們應立刻意識到：「上師肯定是懂的，只不過大智若愚，故意裝得那麼迷糊。」

若能對上師有不共的恭敬心，就算是一個小小的因緣，也可以讓自己開悟。漢地曾有個和尚，一次給師父提水洗澡，看到水已經夠了，就順手把剩下的水潑在地上。師父見狀，氣得大罵：「笨蛋，為什麼要浪費一滴水！大

356

小事物各有用處，何不活用？給樹樹也歡喜，給花花也歡喜，而且水也活著。」他聽了以後，當下開悟，於是將法號改為「滴水」。這就是歷史上著名的滴水和尚。

要知道，上師的恩德非常大。往昔曾出世了數不清的佛陀，他們的大慈大悲也無法救度我們這些眾生，直到現在，我們仍沉溺在輪迴的大苦海中。如寂天菩薩云：「饒益眾有情，無量佛已逝，然我因昔過，未得佛化育。」昔日還湧現了不可思議的高僧大德，可我們因為業力深重、心不堪能，也沒能成為他們慈悲觀照的對境，甚至連見面的緣分都沒有。

彌勒菩薩說過：「如天雖降雨，種壞不發芽，諸佛雖出世，無根不獲善。」天上雖然降下妙雨，但被燒壞的種子不可能發芽，同樣，諸佛菩薩、善知識們雖來世間講經說法，開演了無量法門，可我們因為根基不成熟，一點一滴的利益都得不到。所以，大家一定要讓自己的心先得以堪能，否則，佛再偉大、上師再好，也不能真正度化自己。

如今佛法已到了末期，五濁橫流，許多人雖然得了人身，卻隨不善業而轉，不明取捨之理，猶如無依無靠的盲人漂泊在荒野中一樣。此時，上師以無量悲心垂念我們，相應眾生的不同緣分，以不同的身相現於世間，恩德確實不可思議。

大圓滿前行廣釋

尤其在利益我們時，上師不是用財物或地位等其他方法，而是用佛法進行饒益。《正法念處經》講過：「若人能說法，利益於他人，其人如父母，示以涅槃城。」我覺得這個教證很好，若有人用說法來利益別人，實則與親生父母的恩德一樣。父母教給我們的是人生知識，而善知識則引導我們前往涅槃大城，讓我們永遠離開痛苦。

輪迴確實是個大苦海，這一點，每個人應該都有不同的感受。不管你再怎麼有福報，但沒有擺脫生死的話，也不可能獲得真實的快樂，就像不淨室中絕不會有妙香一樣。只有依止了善知識，依靠善知識潛移默化的引導，我們才能改變自相續，誠如《大悲經》所云：「若有眾生，遇善知識，得生善心……所作皆善。」這樣一來，自己才能得到究竟解脫。

所以，佛教的教義至關重要。現在很多世間人缺乏精神食糧，表面上似乎生活不錯，但內心實際上並不幸福。而學院或寺院中的有些出家人，活著的時候特別灑脫，沒有什麼壓力和顧慮，死了以後往生極樂世界。這種自在，城市裡的人是很難感受到的。而這一切的來源是什麼？就是如理依止善知識。

當然，依止善知識並不是讓上師給你露一個微笑，說幾句好話，或者僅僅作個加持。雖然這也是上師調化眾生的方便，我們也不可否認，但最關鍵的是什麼？就是上師

要給你開示取捨之理。只有這樣，你的內心和行為才能有所改變，進而，對生活及外境才有一定的影響。

作為真正的善知識，其實密意與佛沒什麼差別，但行為卻隨順我們凡夫人，同樣也要吃飯、走路，就像剛才講的馬爾巴，特別生氣的時候，顯現上也會生嗔恨心，讓弟子十分害怕。但你不能引用教證去指責上師：「您一剎那的嗔恨心，要毀滅多少善根啊！」要知道，上師的一切都是善巧方便，以此可攝受我們趨入正法，打開我們取捨的雙眼。

如今常有人認為：「我的上師竟然生病了！上師不是佛嗎，怎麼還會生病？」《維摩詰經》中對此就有很好的解釋：因為諸佛菩薩把眾生都看成自己的兒女，兒女生病了，做父母的也不會健康。諸佛菩薩所化現的善知識生病，也是同樣的道理，如云：「眾生病，則菩薩病；眾生病癒，菩薩亦愈。」

而且，為了度化眾生，善知識必須示現生老病死等凡夫相，不然，在凡夫群體中就沒辦法待下去。以前上師也講過：「諸佛菩薩度化旁生時，必須示現旁生的形象，否則無法跟牠們相處。」比如，要度化一群麻雀的話，他就要變成麻雀，跟牠們一起吃、一起睡、一起叫、一起玩，這樣經常接觸，才有機會度化牠們。否則，他變成一個轉世活佛，麻雀一見就嚇得飛走了，更別說去聽他講法了。所以，善知識在不同的眾生面前，

大圓滿前行廣釋

必定要顯示不同的身相，甚至可以變成屠夫、妓女，如此才能利益相應的眾生。

總之，上師的功德與諸佛無別，而且對我們來說，上師以一般人的形象給我們講經說法，指點迷津，讓我們相續中生起善根，在恩德方面遠遠勝過諸佛。故我們應當隨時隨地以三種信心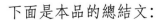，全力以赴謹慎地依止上師！

下面是本品的總結文：

雖遇聖士仍為劣行誘，雖獲勝道仍漂非道中，

我與如我惡性諸有情，正法調伏自續祈加持。

華智仁波切謙虛地說：雖已值遇諸佛菩薩化現的善知識，但仍常被惡劣的行為所誘惑，所作所為不如法；雖已獲得即生可超越輪迴的顯密勝道，卻不好好行持，仍一直不斷造惡業。對於我和像我這般性格惡劣的眾生，祈願諸佛菩薩加持，一定要以正法來調伏自相續，不要再如此剛強難化，聽了多少法都當成耳邊風。

對我們每個人而言，今生能轉生於南贍部洲，獲得如意寶般的人身，遇到佛陀般的善知識，聽聞甘露般的大乘教法，這種因緣非常殊勝，如果沒有以這樣的人身追求解脫，真的相當遺憾。因此，大家哪怕只聽了一節課，也要以此來調伏自己，令法融入自心。現在大城市裡的很多人，因為沒有佛法的滋潤，一天比一天墮落，

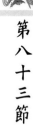

第八十三節課

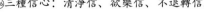

⑫三種信心：清淨信、欲樂信、不退轉信。

造的惡業越來越多、越來越順，造的善業卻寥寥無幾，而且違緣重重。所以在這種大環境中，大家務必要以正知正念來守護自己，盡量克服困難行持善法。

當然，在行持的時候，首先要祈禱諸佛菩薩加持自己遇到善知識，否則，沒有福報的人常會遇到一些邪知識，把所有的時間、財產、精力都搭上了，到頭來卻是一場空，連解脫的慧根都斷了，實在特別可惜。因此，大家遇到一位上師時，首先必須要仔細觀察，千萬不要急著去依止。現在很多人一點都不觀察，聽說來了位上師，就迫不及待地跑去，這樣真的比較危險。假如他是公認的大德，許許多多眾生已經依止了，那你不經觀察直接依止也可以。但一般來講，依止善知識不能太草率、太盲目。

而且你依止之後所修的法，一定要是自古以來許多大德都修過的。現在很多人對公認的法不修，卻對一些人自編自造的法趨之若鶩，這種行為很不合理。就像一個病人，對有權威的良藥不願意接受，卻偏偏喜歡來路不明的小醫師所開的藥，這樣對自己不一定有利。因此，在依止善知識時，希望大家要注意這些！

【依止上師之引導終】

大圓滿前行廣釋

以上講完了共同加行的所有內容。其中人身難得、壽命無常、輪迴痛苦、因果不虛，又叫做四種厭世心。若想生起這樣的境界，必須依靠善知識的引導，後面學的道理也是如此。

這些殊勝竅訣，大家務必要認真對待。假如你對《大圓滿前行》真有信心，就算沒有修持，光是聽聞也能解脫。我在《密宗虹身成就略記》中就講過，我的家鄉爐霍有個人叫嘉傑珠托，他幼年時與普通人無異，後來在上師面前聽受《大圓滿前行》時，突然頓悟本性。從此不依聞思，顯示神變，行為瘋瘋癲癲的，圓寂時有許多瑞相，當地人為其遺體造塔供養。1959年有人拆毀遺塔時，見其肉體已縮小為八歲童子之身，且沒有腐爛乾枯。此為當時上羅科馬慶洛等人親眼所見，我還對他們專門採訪過。

因此，對於這部《前行》，大家一定要有信心，不能覺得「它只是個基礎法，我不需要前行，我要正行」。假如你的基礎沒有打好，即使求的正行再高，也不一定對自相續有利。就像農民種莊稼，先要把田地耕耘好，拔除所有雜草，肥料和水準備齊全，這樣種下的莊稼才能豐收。修持佛法也是如此。這是我多年來聞思修行的經驗，在此與大家分享。當然，願不願意聽，就看各人的因緣和意樂了。

共同前行圓滿矣！

《前行廣釋》思考題

『因果不虛』

第64節課

252、意惡業分為哪幾種？請一一說明。其分別會導致什麼過患？

253、眾生的邪見無量無邊，歸納起來可攝於哪兩種邪見中？請詳細說明各自的定義。為什麼說它不是正見？

254、在對待其他宗教的問題上，我們應持哪種態度？若想在別人面前成立前世後世、因果不虛的道理，前提必須要樹立什麼觀點？請說明理由。

255、為什麼說在十不善業中，殺生和邪見最為嚴重？你對此有何體會？

第65節課

256、十不善業的異熟果是什麼？它有哪兩種劃分方式？

257、現在許多人肆無忌憚地造惡業，不擇手段地賺錢，從而獲得了不錯的名利，那麼這種現象是否有違因果規律？請說明理由。

258、什麼是同行等流果？什麼是感受等流果？請舉例說明二者的差別。

大圓滿前行廣釋

259、殺生、不與取的感受等流果分別是什麼？你從自他身上能發現這些規律嗎？

第66節課

260、請引用《華嚴經》的教證進行分析，邪淫、妄語、離間語、惡語、綺語、貪心、害心、邪見，分別會招致什麼樣的感受等流果？你自己如今正在感受哪些？

261、現在社會上，很多夫妻關係都非常緊張，這是什麼原因造成的？明白這個道理，對你有哪些幫助？

262、我們今生在遭受一些痛苦時，應當以什麼心態來面對？如何將其轉為道用？

263、你平時喜歡給人起外號嗎？看到身體有缺陷的人時，你對他們有起碼的尊重嗎？通過學習這節課，你以後會有哪些改變？

第67節課

264、什麼叫增上果？它是不是指所造的業會成熟在外境的地水火風上？為什麼？

265、十不善業、十善業的增上果，分別是什麼樣的？請一一說明。

266、如今天災人禍頻頻不斷，這是什麼原因造成的？要想改變這種現狀，應當從何處下手？你對此有哪

些看法？

267、若想受持十善戒，應當具備什麼樣的條件？倘若不能全部受持，那該怎麼辦？你是如何受持的？

第68節課

268、佛教徒現在最需要的是什麼？為什麼？怎樣才能達到這個目標？

269、一切為業之自性，是否就是「命裡有時終須有，命裡無時莫強求」？請談談你對它的理解。

270、為什麼要重視業因果之理？假如你周圍的人對此根本不相信，你打算如何說服他們？

271、佛陀在成佛之後，還感受了哪些果報？這是往昔什麼業力所致？明白這個道理，對你有何幫助？

第69節課

272、「神通第一」的目犍連會被外道打死，這說明了什麼？它是什麼業緣所導致的？這對你理解「神通抵不過業力」有哪些幫助？

273、有些人認為，佛菩薩感受果報只是顯現，並不是真實的，故無法證明因果不虛。你認為這種觀點對嗎？為什麼？

274、明白一切都是業的自性後，對你在日常生活中處理問題有什麼助益？請具體舉例說明。

大圓滿前行廣釋

第70節課

275、為什麼說就算行善、造惡很微小，最終成熟的果報也不可思議？請引用教證、公案進行分析。

276、翳羅葉龍王的故事，揭示了什麼道理？明白這些對你有何幫助？

277、我們平時所造的業中，哪些是善、哪些是惡，這取決於什麼？若是如此，那麼能否單憑表面來判斷一個人？為什麼？

278、密宗中有雙運、降伏，這些在顯宗中有嗎？這是佛陀的教言嗎？請詳細說明理由。

第71節課

279、十種不善業中，哪些可以開許，哪些不可以？為什麼？請詳細說明。通過學習這些內容，你明白了什麼道理？

280、現在許多人請客時，常喜歡說「酒肉穿腸過，佛祖心中留」，你對這種現象如何看待？

281、修持佛法的過程中，什麼才是最重要的？奔公甲的那些故事，對你有何啟示？

第72節課

282、有些人沒學佛還挺好，學了佛倒百病叢生、萬般不順，這是什麼原因造成的？如果你周圍有這種

人，你會怎麼安慰他？

283、因果中雖說善有善報、惡有惡報，但在現實生活中，為什麼會有行善者受苦、造罪者得樂的顛倒現象？請詳細談談你的理解。

284、在修行過程中，見解和行為之間到底是什麼關係？請從凡夫、聖者的側面分別說明。

285、你在日常生活中，是怎麼隨時隨地調伏自心的？請從早晨、白天、晚上三個角度來闡述。

286、什麼是四種厭世心？通過學習共同四加行，你有哪些明顯改變？今後打算如何修持？

『解脫利益』

『依止上師』

第73節課

287、什麼叫解脫？若想獲得解脫，必須具備哪些因？最終能得到什麼樣的果？

288、依止上師有什麼必要？這是否只是藏傳佛教的特色？請說明理由。

289、我們在依止上師之前，應當如何觀察上師？尤其是密乘上師，必須具足哪些法相？假如你認識的

人，不觀察上師就隨便依止，你會怎麼做？

290、什麼叫四攝？請一一解釋其具體含義。

第74節課

291、哪些上師是不能依止的？請一一說明其法相。你是否曾遇到過這樣的上師？通過學習，你最大的收穫是什麼？

292、為什麼說上師是真正的佛，只為了利益眾生才示現為人的形象？顯宗對此是否承認？你對此能否生起定解？

293、為什麼說對具德上師無論結上善緣、惡緣，皆可成為解脫之因？請談談你自己的理解。

第75節課

294、什麼叫依止上師？哪些是錯誤的依止方法？該以怎樣的方式依止上師？

295、我們依止上師的數量，應該是一位還是多多益善？為什麼？

296、作為弟子，應當具備哪些條件？並請以比喻進行說明。對照自己，你能做到哪幾條？

297、弟子要以哪三種方式承侍上師？其中，上師最歡喜的是什麼供養？這種供養包括哪些內容？

第76節課

298、如果上師的行為變化莫測，沒有一定之規，弟子應當如何理解？

299、有些上師的行為特別低劣，作為弟子應當如何看待？這能否一概而論？請從兩方面進行分析。假如你遇到這種上師，你會怎麼做？

300、關於密宗的降伏、雙運，能從道理上說得過去嗎？請引用教證、公案具體說明。

301、善星比丘的故事看似好笑，但哪些方面足以引起我們的深思？你自己有什麼體會？

302、倘若對上師很難產生清淨心，這時候該怎麼辦？

第77節課

303、平時在依止上師的過程中，我們有什麼需要值得注意？請一一說明。你以前沒有做到哪些？

304、倘若有人誹謗上師，對上師有邪見，你與這種人應當如何交往？為什麼？

305、不與破誓言者為伍，這是否不慈悲？請說說你的看法。

306、對待金剛道友應以什麼樣的態度？請用比喻加以說明。你能做到多少？

大圓滿前行廣釋

第78節課

307、學了這麼多節課，你是否認識到了《前行》的重要性？以後打算怎樣重視前行？

308、上師在弘法利生時，作為弟子，應當如何隨喜、承事、供養？這樣會有什麼功德？

309、修生起次第、圓滿次第時，有何關鍵竅訣？以此類推，你還能想到什麼？

310、如果自己不修，只把解脫的希望寄託在上師身上，這樣做對嗎？在中陰時，怎樣才能得到上師的救度？你準備以後如何串習？

第79節課

311、依止上師時，顯宗與密宗的上師法相和要求各不相同，簡而言之，我們應當依止什麼樣的上師？為什麼？具有這樣的條件容易嗎？請說明理由。

312、我們沒有神通的話，如何判斷上師是否具足菩提心？觀察上師比較保險的方法是什麼？

313、怎樣才能遇到跟自己有緣的具相上師？對此你有哪些體會？

314、遇到具有法相的上師後，如何才能讓自己與上師心心相印？你是怎麼做的？

《前行廣釋》思考題

第80節課

315、常啼菩薩是怎樣尋求智慧波羅蜜多，並依止法勝菩薩的？從這個公案中，你得到了哪些收穫？今後有何打算？

316、我們求法的目的是什麼？在此過程中，假如遇到各種各樣的磨難，你該如何面對？

第81節課

317、通過學習那若巴依止聖者帝洛巴的公案，你有哪些收穫？你認為這是神話故事嗎？為什麼？

318、作為弟子，對上師的教言應當如何對待？請從依教奉行、置之不理兩個角度進行分析。

第82節課

319、通過了解米拉日巴尊者依止上師所經歷的苦行，你有哪些感觸？

320、馬爾巴上師為什麼處處刁難米拉日巴？你在依止上師時，倘若遇到類似的情況，你能做到多少？

第83節課

321、請引用公案說明，如果對上師不恭敬，會有什麼樣的後果？假如上師有些地方不如你，你應該如何對待？

322、為什麼說上師的恩德勝過佛陀？對於這種說法，別人若不能接受，你該怎麼解釋？

323、通過學習這一品，你都有哪些收穫？請說出來與大家分享。

324、為什麼說修共同加行很重要？你以後打算怎麼修？

《前行廣釋》思考題

蓮花塔

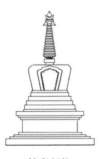

菩提塔

轉法輪塔

神變塔

八大佛塔

天降塔

和合塔

尊勝塔

涅槃塔